数字化变革中崛起的

新信息文化

陆秀红 著

人民出版社

目　录

序　言

　　新信息革命以其独特的方式建构了一个新的文化时代,引起了众多学者的关注与研究。但何为信息文化? 论者有不同的理解。一是技术文化说,认为信息文化的形成源于信息技术对人类社会生活的全面渗透,是信息技术带来了革命,产生了信息文化。二是文化形态说,即对应于信息社会的文化形态称为信息文化,如同对应于农业社会的文化形态是农业文化,对应于工业社会的文化形态是工业文化一样。三是赛博文化说,即与电脑、网络直接联系的电子信息文化。本书却给予信息文化更丰富的内涵,既包含又不限于由某种具体的信息技术形成的文化样式,如计算机文化、网络文化,也不是简单地对应于信息社会的文化形态,而是将信息文化看作一种以广义信息技术为支撑的文化形态。同时,又把信息文化视为一个随着广义信息技术的发展而发展的历史范畴,关注信息技术每一次革命性变革而引发的信息文化的质的变迁。因此,我们看到,广义信息技术至今经历了五次革命:语言的产生、文字的创造、印刷术的发明、电子信息技术的发明应用以及微电子技术与现代通信技术的迅猛发展,信息文化随之发生了十分巨大的变化。

　　对于信息文化的这种观照是必须有哲学眼光的,可惜至今国内尚无系统的论述。本书值得首肯之处在于对信息文化进行了廓清,特别是从哲学的视角对数字化背景下的信息文化进行了系统梳理,既承认信息文化的历时性变迁,又特别强调信息文化在数字化、网络化变革之后的历史性转变。上世纪 60 年代以来的新信息革命不仅带来了信息技术的迅猛发展，更重要的是对人类的文化生活造成了极大的冲击，重构着人类的政治、经济、文化等社会关系和社会秩序，建构了全新的文化样式和文化内涵，凸显了超技术的特征。本书认为，以计算机、网络技术和现代光纤通信技术为代表的新信息技术不仅重构了社会政治、经济的物质基础，塑造了伸延的物质世界，同时也重构了人类的文化生活空间，塑造了伸延的精神世界。新信息技术克服了传统信息媒介如口语传播、印刷媒介、电子媒介在时间与空间传播上的局限性，建构了一个超越时间与空间障碍的文化新时空。更为重要的是，它在历史上第一次建构了两个文化平台，自然空间的文化平台和虚拟空间的文化平台，二者相互交错，构成了虚实交融的文化景观。对自然空间文化的超越和对虚拟空间文化的研究成为数字化时代信息文化研究的核心内容。

　　本书对国内外不同学派的学者关于信息文化的观点给予了充分重视，它们包括：未来学派的学者在研究信息社会时关于知识化、信息化以及知识与信息的核心作用的观点；传播学和媒介理论学者关于媒介本身、媒介所传递的内容对受众的影响、大众传媒与文化的关系的观点；后现代主义阵营的学者有关"后工业社会文化"、"传媒文化"、"电子文化"、"大众文化"和"消费文化"的观点。那些基于运作性层面的思考，例如，信息文化对社会、文化的正负面影响，信息对社会意识的作用，信息心理战的问题，信息的安全与保密问题，信息贫富差距即"数字鸿沟"的问题，信息生态与社会可持续发展问题，信息行为的社会控制问题，网络文化与网络伦理问题，以及信息政策的制定、信息人才的培养和信息产业的发展等问题，诸如此类的成果也为本书关于信息文化的系统研究提供了借鉴。

　　本书在谋篇布局上，以信息技术与文化的互动关系为研究的逻辑起点，在现实与虚拟共生的两个平台上反思数字化背景下的信息文化并进行系统思考，从物化基础、运行方式、精神气质和主体特征等四大方面进行深入分析。试图追寻数字化时代信息文化的基本特征,探求其以何种状态运行、维系和发展,面临的困境与问题是什么,人类应该以何种心态和智慧来应对,以期达致对新信息文化的精神和内涵的整体把握。进行这些深层次的理论思考是需要一定的才智和勇气的。但无论如何,在技术与社会、技术与文化、技术理性与人文价值互动的现实中,信息文化的解读不仅是技术专家的事,也是人文社会科学家的本分。

本书作者陆秀红君是在我名下攻读博士时开始对信息文化进行专门思考的,她敢于碰硬骨头,进行勇敢的理论探索。秀红君为学刻苦、细密,悟性颇高;为人诚恳、开朗,人缘极好,她能顺利完成学业并取得突出成绩,是一点也不奇怪的。现在,她这部在博士论文基础上加工整理的著作即将付梓,我在欣慰之余,很高兴写下这些话,聊表祝贺,并为之序。

刘 大 椿

2007 年元旦于人大宜园

序
言

引　言

新信息时代的理念在人们对数字化、网络化、虚拟化等概念与现实的体验与反思中变得像生活本身一样具体与清晰。不管人们对于现代社会是以"信息社会"、"知识社会"抑或"后现代社会"的话语来表征,新信息文化都已经成为人们生活中不可回避的现实。作为时代精神的精华,哲学理应对时代的最新发展做出回应。

一、缘　起

"信息"作为一个概念是一个仁者见仁、智者见智的争议颇多的名词,不同学科和领域的专家学者对其做出了不同的界定,至今没有形成统一的定义。而用于处理、储存和传递信息的以计算机、网络与现代通讯技术为核心的新信息技术的迅速发展、变革与广泛运用却是不争的事实。自上世纪 70 年代以来,世界主要国家先后由工业社会转向信息社会,信息技术成为主导性技术,并以其无与伦比的先进性、渗透性赋予传统产业新的生命和活力;信息产业成为主导性产业,成为世界范围内的朝阳产业和新的经济增长点;信息在科技和经济中所贡献的份额越来越大,信息资源成为与材料和能源同等重要的战略资源;信息化成为推进国民经济和社会发展的助推器,信息水平成为一个企业决胜业界、争夺未来的关键,而信息化水平则成为一个城市或地区现代化水平和综合实力的标志。1996 年在北京召开的"信息基础结构国际会议"上发表的《信息时代宣言》中描述道:人类经历了"百万年蒙昧，数万年游牧，几千年农耕，几百年工商；如今，亲眼目睹，一场汹涌澎湃的信息化世纪风暴，正席卷着世界的每个角落；从东到西，从南到北，从阿美利加到欧罗巴，从亚细亚到澳新大陆，从阿拉伯到阿非利加……不分种族，不分肤色，不分信仰，不分语言，不分地域，不分国度，信息化已成为不可逆转的历史进程！"以信息化的技术、物质设施为基础，人类的工作、学习、生产、生活与社会交往发生了深刻的变革，"信息化"、"数字化"、"虚拟"、"赛博空间"、"符号经济"、"电子民主"、"网上冲浪"、"网络论坛"、"网恋"等等都是表征当下新信息文化现象的话语，建构了不同于以往的物质文化、精神文化、制度文化和行为文化。

从理论回应的角度看，马克思以降的哲学，已经逐渐扬弃了传统及近代西方哲学关于本体论与认识论的纯粹形而上的玄思，而回归富于物质与精神内涵的生活世界。面对迈入 21 世纪的生活世界，面对由信息化引起的从生产到消费、从物质到文化、从技术到思想、从学习到沟通的翻天覆地的变革，以理性的热情积极地体验这种新的变革，反思这一变革的内涵、本质与意义，已经成为转向现实生活世界的哲学的理论自觉与作为所在。

二、研究的学术背景

学界关于信息、信息技术与社会和信息文化的研究有不同的进路，形成了以下不同的传统：

未来学与信息社会研究的传统 "信息化"(Informatization)和"信息社会"(Information Society)的概念是 20 世纪 60 年代末由日本人最先提出来的。1963 年 1 月，日本学者梅田忠夫在日本《朝日放送》杂志上发表了题为"论信息产业"的论文，首次从信息产业的角度研究了日本未来社会的发展方向。1964 年 1 月，该杂志又刊登了 Rikkyo 大学上岛教授的论文"论信息社会的社会学"，第一次使用了

"信息社会"（日文 Joho Shakai)的概念。文章指出,日本正在快速进入信息产业社会。1967 年,日本的一个政府研究机构"科学、技术和经济研究小组"创造性地提出了"Johoka"一词,即"信息化"的概念,认为"信息社会是信息产业高度发达且在产业结构中占据优势的社会,而信息化则是由工业社会向信息社会前进的动态过程,它反映了从有形的可触摸的物质产品起主导作用的社会到无形的难以触摸的信息产品起主导作用的社会的演化或转型。"1970 年,日本学者 Masuda 第一次把在日本广泛使用的"Joko Shakai"翻译为英文"Information Society"。[①]

　　信息化和信息社会在日本的率先提出和研究应用是基于当时日本学术界和产业界对经济发展阶段和日本社会问题的基本判断:一是认识到发达国家经济已经开始由以实物生产为核心的工业社会向以知识的获取和出售为主要内容的信息社会的转变,这一转变将对劳动者的生存状态产生深刻影响;二是 70 年代初的石油危机使日本认识到作为资源稀缺国发展重工业经济面临的危险,所以发展一种知识密集型的产业结构成为日本经济的重要选择。这些判断后来得到了广泛的认可,"信息化"的概念和理念超越了日本国的疆域而得以在国际上流传,其中法国的西蒙·诺拉和阿兰·孟克起了重要的作用。1977 年,两人在为法国政府撰写的经济发展报告《社会的信息化》中,使用了法文的"信息化"一词,随即这一单词的英译"Informatization"就被广泛传播并被各国所普遍接受和使用。信息化概念传入中国是在 1986 年 12 月。当时"首届中国信息问题学术讨论会"在北京举行,与会的专家讨论了信息的重要性与中国研究发展信息化的迫切要求,并在会后编辑出版了名为《信息化——历史的使命》的论文集,提出信息化是"描述国民经济中信息部门不断壮大的过

---

　　① 游五洋、陶青:《信息化与未来中国》,中国社会科学出版社 2003 年版,第 2 页。

程"，是"国民经济和社会结构框架重心从物理性空间向信息和知识性空间转移的过程"。信息化同工业化、现代化一样，是具有特定内容的发展过程，尽管反应其水平、程度的指标可以作为目标去争取加以实现，但信息化本身绝不是目的，使人类社会从工业社会或准工业社会最终发展成为信息社会，这才是信息化的目的。①

　　尽管信息化和信息社会这两个词是由日本学者首先准确提出来的，但是许多西方学者认为日本学者的信息化研究是受美国社会学家丹尼尔·贝尔（Daniel Bell）"后工业社会"理论的影响而兴起的。因为，早在 1959 年夏天，丹尼尔·贝尔在奥地利萨尔茨堡举行的学术讨论会上就率先提出了"后工业社会"（即后来所称的信息社会）一词。60 年代初"后工业社会"思想传入日本，推动了日本对未来社会的探索和研究。1973 年丹尼尔·贝尔正式出版了《后工业社会的来临》一书，系统地研究了工业社会的未来，预测发达国家的社会结构变化及其后果，在美国学术界和国际未来学界引起很大反响，被认为是未来学的经典著作。尽管贝尔没有提出"信息社会"的概念，但他对后工业社会的分析和描述却突出了信息和知识的轴心作用。1979年他还发表题为《信息社会》的文章，明确指出："即将到来的后工业社会，其实就是信息社会"。②

　　在这之后，不少学者沿着这个思路对信息社会开展了广泛深入的研究，具有代表性的学者和著作有：〔美〕阿尔温·托夫勒（Toffler, Alvin）的《第三次浪潮》（The third wave）(1980)，〔美〕约翰·奈斯比特（Naisbitt, John）的《大趋势——改变我们生活的十个新方向》(1982)和〔日〕松田米津的《信息社会》(1983)等。进入 90 年代，随着个人计算机、网络和信息高速公路的迅速发展和普及，又出现了新的

---

　　①　乌家培:《信息社会与共产党的任务》，载《当代财经》2002 年第 1 期，第 4 页。
　　②　游五洋、陶青:《信息化与未来中国》，中国社会科学出版社 2003 年版，第 9页。

有影响的著作,如〔美〕比尔·盖茨(Gaths. Bill)的《未来之路》,〔美〕尼葛洛庞帝(Negroponte, Nicholas)的《数字化生存》,乔治·吉尔德(Gilder, George)对"微观宇宙"(microcosm,即个人电脑空间)和"遥观宇宙"(telecosm,即互联网空间)的研究等。当下信息与网络社会研究的集大成者是美国曼纽尔·卡斯特(Castells, Manuel),他以《信息化城市》的研究而闻名,并在新千年到来之际推出了信息时代三部曲:《网络社会的崛起》(The rise of the network society)、《认同的力量》(The power of identity)和《千年终结》(End of millennium)三部巨著,就信息技术与网络对社会的变革作用进行了全面的研究。

纵观国外学者对信息社会的研究,其分析的视角主要有:一是从历时性的角度分析人类社会发展基本阶段,揭示"信息社会"阶段到来的实质,无论这个阶段是被冠以"后工业社会"、"第三次浪潮"还是"网络社会"等名称。其二,论述信息和知识成为财富增长的主要源泉。其三,论述信息产业成为主导产业,传统产业全面实行信息化。其四,社会就业结构发生根本改变,管理性、专业性、知识性和技术性的职业快速增加。其五,传统的生活方式发生改变。其六,人们的精神生活和价值观发生根本改变,人们的经济生活、政治生活、精神生活及整个社会生活开始前所未有的信息化、知识化、科学化。其研究的主要特点有:一是视野宽泛,构建宏大的分析框架,融入社会发展的方方面面,注重全面性。二是重点分析信息产业、知识和信息对经济的贡献率,并将知识和信息在经济领域中的重大贡献扩展到社会各个领域,强调知识和信息的核心地位。对此,马克·波斯特就曾经批评丹尼尔·贝尔设下了"总体化的诡计"①。三是列举事实,注重实证分析,预测未来信息社会的种种特征,主要采用社会学与经济学

---

① 〔美〕马克·波斯特:《信息方式——后结构主义与社会语境》,范静晔译,商务印书馆2000年版。

的论述传统,却较少从学理或抽象的层面思考这种变革的思想前提和理论基础,给哲学的反思留下了极大的空间。四是为信息社会的未来鼓与呼,表现了极大的乐观与热烈的期待,却较少思考可能出现的问题和负面的效应,也成为未来哲学反思的对象。

传播学与媒介理论的传统 如果说未来学与信息社会研究是在比较宏观的层面上研究信息技术及其社会影响,那么传播学与媒介研究则是在比较微观的层面研究媒介与传播。随着信息媒介的变迁,媒介研究也随之深化,大致有三种路径:一是研究媒介所传递的各种信息内容对受众和文化的影响,这是传播学领域根深蒂固的传统。拉斯韦尔(Harold Lasswell)是内容分析法的倡导者,霍夫兰(Carl Hovland)最著名的研究之一是二战期间美国政府制作的军教宣传片的劝服效果研究,拉扎斯菲尔德(Paul Lazarsfeld)则关注美国总统竞选运动中媒介效果的研究,卢因(或译作"勒温",Kurt Lewin)关注传播过程中的"把关人"和"把关行为"的研究,集中探索传播过程中的信息筛选和过滤现象。第二种路径是研究媒介本身。最先打破传统的研究方式而转向研究媒介本身的是英尼斯和麦克卢汉。身为加拿大著名经济史学家、政治经济学家的英尼斯(Harold Innis),著有《帝国与传播系统》(1950)和《传播系统的偏向性》(1951);埃里克·麦克卢汉(Mcluhan,E)是最典型的代表,著有《理解媒介:人体的延伸》(1964)和《媒介即讯息》(1967);之后,梅罗维兹(Joshua Meyrowitz)也推出《消失的地域:电子媒介对社会行为的影响》(1985),批判将研究的焦点放在传媒内容及受众对于这些内容的反应上的传统做法,提出了"场域论"(或译作"情境论"),认为由媒介造成的情境或场域应视为信息系统,电子媒介的运用可能混淆不同情境(场域)的分界线,促成情境型式和人们社会角色型式的变化。三是在与社会制度和文化的关系中考察大众传媒,以文化社会学的角度透视大众传播。代表人物是英国学者、西方批判学派中的社会文化学派的理论先锋、西方马克思主义的文化批评家威廉斯(Raymond Williams),代表作是《文化与社会》(1958)、《长期的革命》(1961)、《电视：科学与文化形式》(1974)；互联网发展之后，〔美〕丹·席勒推出著作《数字资本主义》(1999)，把网络技术的发展置于同社会经济和制度的互动之中进行考察，展示网络的发展并未改变现存社会的权力关系和消除不平等及以强凌弱的事实，提出了关于因特网的政治经济学理论，在西方学术界和网络业界产生了较为广泛的影响。

后现代主义的传统　后现代主义的不同学派也从各自的立场出发研究由新信息技术和传媒革命带来的文化后果。法兰克福学派的早期核心人物霍克海默(M. Horkheimer)30 年代后期探讨了西方社会中的文化工业(产业)和大众传播媒介。他在其论文"艺术和大众文化"中，曾将个人精神生活的崩溃，与作为传统社会结构中主要社会团体的家庭的瓦解，以及大众传播媒介提供的消遣娱乐产品联系起来进行探讨。本雅明、马尔库塞、阿多诺、哈贝马斯等人研究工业复制技术对文化艺术、日常生活等的影响，研究交往理论；后现代主义哲学家福柯、利奥塔德、哈桑、杰姆逊等人十分关注新时代的文化，在他们的著作中，有关于"后工业社会文化"、"大众文化"、"消费文化"、"传媒文化"、"电子文化"、"计算机文化"等方面的研究；后现代文化的表现，一方面是整体化趋势，另一方面是去中心化、分散化、碎片化和多元化趋势，它们均与新信息技术的使用息息相关；鲍德里亚尔关于电子媒介之模拟、超现实的研究别具特色，美国批判理论学者马克·波斯特对"信息方式"和"第二媒介时代"的批判性研究也达到较高的理论水平。这些都从文化或哲学的层面探讨了由媒介变迁所引发的文化变革。

信息文化研究的传统　信息文化是一种具有特殊内容和表现手段的文化形态，是人们借助于信息、信息资源、信息技术从事信息活动所形成的文化形态。正如"文化"概念有广义和狭义之分一样，"信息文化"也有广义和狭义的区别。广义的信息文化指一切与信息的处理、存储、传播、流动及信息媒介相关的文化，其发展的历程可以追溯到人类历史的开始,随着人类交流与交往的发展而发展。而狭义的信息文化则指依托于某种或多种媒介形态的文化,如印刷文化、电子文化、赛博文化、短信文化、影视文化等。

英国学者 David Lyond 在"The Roots of the Information Society Idea"一文中将信息文化研究的起源追溯到贝尔的"后工业社会"文化研究,并提出信息文化应当考虑三个问题:关于计算机和远程通信的问题;计算机和通信渗透的影响是否在事实上改变了社会和文化经验;研究信息文化却不研究它的宗教和意识形态方面,则这样的研究是不完全的。① 如果说早期的信息社会理论中,"信息文化"的概念主要用于分析信息化社会中信息对政治、经济、文化等方面的影响,是在广义的意义上使用,则 David Lyond 的信息文化研究的内涵就超越信息物质载体的范畴而具有思想意识的内容,是在广义的范围定位信息文化。

最早使用"Information Culture"(信息文化)一词的文献是 Judy Labovitz 和 Edward Tamm 的论文"Building an Information Culture:A Case Study"(1987),文中描述公司信息文化发展的要素包括:公司的战略计划、组织哲学、利用信息及将信息和技术结合的态度等与信息相关的方面。② 这是在狭义意义上使用这个名词,是企业管理信息系统(MIS)和信息资源管理(IRM)研究中的概念,指企业在采用计算机系统进行管理后所形成的新型企业文化。日本在关西地区建设的新世纪通信实验基地就提出了这样的口号:"创造一种新的'信息文化'和商业机会的基础结构。"③在后来的信息化社会的

---

① David Lyond:The Roots of the Information Society Idea. in:Nick Heap etal. ed. Information Technology and Society. London:Sage Publications td. ,1995:65-67.

② Judy Labovitz, Edward Tamm. Building an Information Culture:A Case Study. The Journal of Information Management,1987,4(4):39:—41;http://global. umi. com/pqdweb.

③ 金吾伦:《塑造未来:信息高速公路通向新社会》,武汉出版社 1998 年版,第158 页。

理论研究中,也把信息文化作为其中的一部分内容。如英国学者马丁(W. J. Martin)提出衡量信息化社会的标准包括技术标准、社会标准、经济标准、政治标准和文化标准。① 我国的刘昭东等提出:"信息化社会是以信息为社会发展的基本动力,以信息技术为实现信息化社会基本特征的手段,以信息经济为维系社会存在和发展的主导经济,以信息文化改变着人类教育、生活和工作方式以及价值观念和时空观念的新兴社会形态"。② 这是在狭义的意义上使用"信息文化"的概念,上述所说的传播学和媒介理论的研究传统也多在这个意义上研究具体的媒介及其所传送的内容对受众的影响。

在国内,对于信息文化的研究在信息文化学方面得到较早的认同。"信息文化"一词最早见于卢泰宏的《信息文化学导论》(1990)③,该书较系统地研究了信息文化的许多方面。严康敏、赖茂生《信息高速公路:面向未来的震荡》(1996)一书的第五章题目即为"信息文化",专门探讨了信息文化的概念,认为信息文化就是电脑空间文化,并探讨了多文化的相互作用的加强、虚拟现实与虚拟社会、教育模式的变革、新的科学研究模式、电子出版物与电子图书馆等与信息文化相关的问题。④ 董焱的论文《开展信息文化学研究》(1998)是进入网络时代后,国内较早正式提出应研究"信息文化学"并初步探讨了信息文化学应研究的主要内容者。⑤ 党跃武的论文《信息文化简论》(1999)对信息文化的内容及研究范围作了详细的界定。⑥进入新千年以来,关于信息文化的研究也推出了一些较好的成果,如

---

① W. J. Martin:TheInformationSociety. London:Aslib,1988:40.

② 刘昭东、宋振峰:《信息与信息化社会》,科学技术文献出版社 1994 年版,第117 页。

③ 卢泰宏:《信息文化学导论:IT 会带来什么》,吉林教育出版社 1990 年版。

④ 严康敏、赖茂生:《信息高速公路:面向未来的震荡》,山东教育出版社 1996 年版,第 122—158 页。

⑤ 董焱:《开展信息文化学研究》,《未来与发展》1998 第 3 期,第 41—42 页。

⑥ 党跃武:《信息文化简论》,《情报资料工作》1999 年第 5 期,第 1—4 页。

熊澄宇主笔的《信息社会 4.0》(2002)中关于《新文化建构》一章中也谈到了文化信息化与信息文化的问题,提出信息文化是在原有文化传统的基础上,伴随着社会信息化过程逐渐产生和发展起来的有别于传统工业社会文化的符号系统和实物形态,它是一种崭新的文化形态,代表着一种纵向的文化更替过程。柴庆云、陈兴超、化长河、陈雷所著的《信息文化——人类文明的新形态》(2003)则对日常生活、新闻传媒、教育领域和话语系统中的信息文化现象进行了概要式的介绍。在国家图书馆的博士论文资源库中,以"信息文化"为关键词检索,只有一篇董焱的博士论文《信息文化及其影响下的人类信息行为研究》(2001,图书馆学专业);在中国期刊全文数据库中,以"信息文化"为题名的论文检索结果为零。

总之,对信息文化的研究,不同的学科有不同的视角,既有从宏观上概述的,也有从微观形式进行个案研究的;但从总体上看,以哲学的视角对信息文化进行反思的研究还比较鲜见。

三、理论建构的思路

本书拟从哲学的视角,在广义的概念层面研究"新信息文化",这是因为现代新信息技术以其强大的能量,从经济基础到上层建筑,对人们的生产、生活、生存与社会交往方式和思想观念、精神状态等各个领域都表现了极强的渗透力,如果仅从某一方面来研究或许可以深化和细化研究,但却不足以体现其全貌。全书建构的思路如下:

首先是关注新信息文化何以可能的问题。"新信息文化"立论的根据是新信息技术的发明与创新,基于新信息技术作出"新信息文化"形成的论断预设着一个基本的前提,即信息技术与文化是同构的,新信息技术可以影响并建构新的文化。为此,本书首先要解决的问题是:为什么信息技术与文化是同构的? 解答的方案是,探寻信息、文化与信息技术的内在联系,正是这种内在联系决定着新信息技术对新文化样式的建构。这是本书第一章所要完成的主题。

其次，解决的是新信息文化何以实现的问题。按照文化研究的传统方法，本书将在第二、三、四章中，分别从物化基础、运行方式和精神气质三个层面，探索新信息文化的新现象与新特征，它们构成了新信息文化的现实基础，是本书立论的主要依据。

再次，任何文化都有制度规范的内涵，在对新信息文化的运行方式的分析中，也将同时探讨其在制度规范与制度安排方面的新特点。这是维持新文化运行方式、规范主体行为、维系新技术社会秩序的重要基础。

最后，人是文化的主体，既是文化的创造者，也是文化的受用者。新信息文化的出现重构了人类的生存环境与发展空间，从物质结构、运行方式、制度规范到精神气质都形成了新的背景。面对新的境遇，人类面对着一个如何应对、如何选择的问题，这是本书第五章所要表现的主题。

总之，新信息文化是人类文明的新形态。之所以称为"新"信息文化，是相对于旧的信息文化形态而言的。因为这里所讲的信息文化是指一切与信息的处理、存储、传播、流动及信息媒介相关的文化。它是一个历史的范畴，是人类自古以来记事表意的方式，其发展经历了原始信息文化、古代信息文化、近代信息文化和当代信息文化几个阶段（龚友德）。古往今来，信息传播始终是渗透人类一切社会活动的现象，人类的信息传播方式随着人类交流与交往的发展而发展，它经历了几个重要的变革与交替阶段。从最原初的表情、肢体动作的表达，经（口头）语言的诞生、文字的出现和近代印刷术的诞生和推广到电的发明与电子声像媒介（广播、电视）的出现，人类进入了所谓的大众传播时代。麦克卢汉曾根据人类历史上占主导地位的传播方式的演变，把人类社会分为三个主要时期：口头传播时期、文字印刷传播时期以及电子传播时期。在每个时期，人类感官之间的相互作用以及思维的方式都有其各自的特点。与此相应的是部落文化、脱离部落文化和重归部落文化。但在以电子计算机和现代通讯、网络技术为核心的新信息革命之后，人类开始使用电脑、激光、光纤、卫星通信、网络等载体存储、处理和传送数字化信息，进入了新信息时代，从而超越了麦克卢汉所说的电子传播时期。曼纽尔·卡斯特后来将这种变迁归为三个阶段：古腾堡星系时期、麦克卢汉星系时期和互联网星系时期。其中古腾堡星系本质上是由印刷术心智和表音字母秩序所形成的沟通系统。麦克卢汉星系是以电视与广播为代表的电子传媒系统，电视的出现代表了与印刷术心智之间的历史性断裂，是对古腾堡星系的终结。而互联网星系则是对以往两种星系沟通形式的整合，在历史上首度将人类沟通的书写、口语和视听模态整合到一个系统里，也就是将历史上所经历的各种沟通模式——文本、意向、声音、图像等，整合入一个互动式的无时空界限的网络中，通过人脑两端，即机械与社会脉络之间的崭新互动，人类心灵的不同向度重新结合起来。这种新的沟通塑造了新的文化，这正是我在此处所着力探讨的新信息文化。

新信息文化尽管只经历了从上世纪 60 年代以来的 40 多年的历史，尤其是仅经历了 90 年代以来的繁盛时期，却已经光芒四射，深深渗透到人类生活的每一方面，它具有区别于旧信息文化的显著特征：

第一，新信息技术构建了新文化时空。以电脑、激光、光纤、卫星通信、网络技术为核心的新信息技术构建了一个无时间与空间障碍的文化新时空。它克服了传统信息媒介如口语传播、印刷媒介、电子媒介在时间与空间传播上的局限性，达到新的时空境界。花旗银行前董事长沃尔特·里斯顿说："信息技术正在取消时间和距离的概念。"法国《快报》周刊一篇文章指出，"时间和距离的概念在传送数据方面不再存在。全球化将得到充分发展，边界的概念、国家的概念将会受到冲击，各网络之间可以不考虑地理上的联系而重新组合在一起。"①

---

① 《参考消息》，1997 年 6 月 17 日。

在网络中,时间和空间的坐标系已不是物理距离,也不是时区,而是鼠标的点击,真正是眼观六路,耳听八方,遨游于亦真亦幻之间、虚虚实实之中。新信息时代的时间表现为普遍化、压缩化、时间界限的模糊化和结构的弹性化;空间表现为空间界限的消解与空间的流动性、压缩性、碎片化以及空间实质的虚拟化等。在网络中,文本、声音和图像等信息形式以数字的形式传输时的高速度和空间距离的暂时消失的性质,实际上就是空间压缩性的具体体现。吉登斯认为,通信技术的发展导致了现代社会中时空的伸延和分离程度越来越加大和深化,它使得现代社会不仅在时间和空间上相分离,而且也在很大程度上使空间和场所相分离,"在场"的东西越来越为在时间—空间意义上"缺场"的东西所取代。这就导致了空间的碎片化。空间的碎片化,即距离的消逝与断裂、深度的平面化、边界(限)的消解和次序的错乱。"距离的消逝,作为一种美学的、社会学的和心理的事实,它意味着:对人类来说,对思想组织来说,不存在界限,不存在经验和判断的指令原则。时间与空间不再为现代人形成一个可以安然依赖的坐标。我们的祖先有过一个宗教的归宿,这一归宿给了他们根基,不管他们求索彷徨到多远。根基被斩断的个人只能是一个无家可归的文化漂泊者。"①正如英国社会学家鲍曼一部近著的标题所示:"生活在碎片中(Life in Fragments)"。"在场"曾是传统哲学的根本。柏拉图将"在场"的哲学树立为正宗哲学,将在场和证明的观念与客观性、理念性和善的观念统一起来,建立起感性与理性的二元分立,作为所有对立概念的终极模式。亚里士多德通过时间和历史的连续性建立起了时间在场的观念。他把事物的在场当作这一事物的实体、本质和存在。笛卡尔认为观念对意识而言都是直接在场的。黑格尔则系统地证明主体的自身在场。现代新信息技术已经对"在场"的传统观

---

① [美]丹尼尔·贝尔:《资本主义文化矛盾》,赵一凡等译,北京三联书店 1989 年版,第 168 页。

念发起了冲击，"缺场"与"在场"的文化交错融通。

第二，建构了两个文化平台，一个是自然空间的文化平台，另一个是虚拟空间的文化平台，它们彼此交错，虚实相间，构成了虚实交融的文化景观。"数字化虚拟使人类真正拥有了两个世界：一个是现实世界，一个是虚拟世界。"（陈志良语）从而人也有了两个感性平台：一个是现实的直接感觉对象的自然平台，一个是虚拟的人—机相互为感觉对象的数字化平台。数字化技术和互联网的诞生使在传统的人与自然的感觉关系基础上增加了一个新的感性平台——人—机新感性，它扩大了人类感性实践的范围，也拓展了人类的文化空间。人类在越来越多的界面中——人与自然、人与人、人与机器——三种交互的感觉世界中体验并创造新的文化。"虚拟文化"、"赛博文化"、"网络文化"、"网络论坛"、"网络资源"、"网络游戏"、"网恋"、"虚拟身份（主体）"等等都是虚拟文化的表征。虚拟平台与虚拟文化改变了人类2500年"现实化"的历史。2500年来东西方哲学、文化和思维的共同基点是现实性，感觉与认知的主体与客体都是客观存在的，如所谓的"凡是现实的都是合理的"，"存在就是被感知"。虚拟则相反，虚拟本质上是创造现实中有的东西和现实中没有的东西。"虚拟是对数字化的表述方式和构成方式的总称，它的根本特点是'真的假'和'假的真'，是'真'与'假'的不可分割的统一体。一方面，虚拟的东西是真的，是真实存在的，它具有真的存在形式和功能，是人们能够感性地感受到的；另一方面，虚拟的东西又是假的，它只是一种数字化的存在，与被虚拟的对象有着本质上的不同。"①虚拟是有别于现实的文化形式，网络提供了一个虚拟的文化平台，吸引了众多的网络写手、网络"游民"，也引发了一系列的网络交往和文化交流，形成了一个前所未有的虚拟文化景观。

第三，从信息的表现形式看，多媒体的融合是新信息文化的表现

---

① 陈志良：《虚拟：人类中介系统的革命》，《中国人民大学学报》2000年4期。

形式，"超媒体"（Rich Media）是新信息时代的典型媒介。印刷传媒的信息形式是书籍、报纸、杂志等文本，广播的信息传播是声音的播送，电视是声音与活动图像的统一，而新信息文化最大的区别就在于多媒体的融合。手机既可以通话，又可以传送文本、短信和彩信，2003 年又增加了拍照的新功能；网络是文本、声音、图像等信息形式的大融合，是印刷媒介与电子媒介的整合。而且，网络中信息的联结不是线性的，而是网状的。任何文本都具有超文本的链接功能，可以由建立链接的节点转到相关文本的阅读，无限推进，这就超越了传统的线性阅读方式而达至无边界的信息获取。

第四，从主体的角度看，众人的狂欢是现代新信息文化的主体特征。"狂欢"是所有人都可以广泛参与的活动，它不是贵族的沙龙和小群体的聚会。从对媒体的享用分析，由电视到网络，全球的观众都可以参与其中。手机是新兴的信息传送工具，在西方手机的普及率很高，在中国现在也是平均每五人就有一部手机，而且 70％的手机拥有者熟练运用除了通话之外的其他手机功能，如发送短消息、手机游戏等。网络是众人施展个人才华的空间，人们不仅可以在其中浏览、搜索与获取信息，而且可以在网络留言板、BBS、网络论坛上"灌水"，发表言论与参与讨论，还可以在网上发表作品，创造着多姿多彩的赛博文化。狂欢文化中的主体是平等的，没有看与被看的区分，也没有演员与观众的区分，"主体"既是受众，也是"授众"。有人说"网络时代，文化不会终结，而将获得新生。网络将使文化从'诸神的狂欢'变为'众人的狂欢'，从'精英的独白'变成'万人的合唱'"。①

新信息文化以其独特的表现建构了一个新的文化时代，引起了众多学者的关注与研究。目前关于信息及信息文化的思考，主要有以下主题：信息文化对社会、文化的正负面影响，信息对社会意识的作用，信息心理战的问题，信息的安全与保密问题，信息贫富差距即

---

① 陆俊：《重建巴比塔 文化视野中的网络》，北京出版社 1999 年版，第 84 页。

"数字鸿沟"的问题,信息生态与社会可持续发展,信息行为的社会控制,信息政策,信息人才的培养和信息产业发展等问题。这些研究在很大程度上是基于运作性层面的思考,具有实践上的可操作性,但在学理上显得似乎研究不足。

本书以信息技术与文化的互动关系为研究的逻辑起点,在现实与虚拟共生的两个平台上反思新信息文化,追寻其基本特征,思考其以何种状态运行、维系和发展,面临的困境与问题是什么,人类应该以何种心态和智慧来应对等。通过这些研究,以期达到对新信息文化的精神与内涵的理解与把握,乃是本书的主旨。

四、本论题的意义及可能的创新点

"新信息文化"研究是具有创新性的选题,是基于生活世界的现实性思考,既有实践上的意义,也有理论上的价值。从实践的维度看,以计算机、网络技术和现代光纤通信技术为代表的新信息技术不仅重构了社会政治、经济的物质基础,建构了伸延的物质世界,同时也重构了人类的文化生活空间,建构了伸延的精神世界。正如第一台电子计算机 ENIAC 的研制者之一的阿瑟·W. 伯克斯指出的,"现在的计算机已联结成为网络,甚至全世界范围内的网络。计算机通讯构成了我所说的复杂的自主系统的一部分。这就构成了人类相互联系、相互合作的基本形式。这也是一种支配我们生活方式的新的文化。"①面对这种具有现实性的新文化,需要理论的研究与哲学的回应。

从理论的维度看,现代新信息技术已不再是单纯的"技术"意义上的概念,它重构着人类的政治、经济、文化等社会关系和社会秩序,

---

① 《计算机革命四十年——阿瑟·W. 伯克斯访问记》,《世界科学》1995 年第 8 期,第 7 页。

具有超技术的特征。正如美国麻省理工学院电脑科学实验室高级研究员克拉克（D. Clark）指出的，"把网络看成是电脑之间的联接是不对的。相反，网络把使用电脑的人连接起来了。互联网的最大成功不在于技术层面，而在于对人的影响。电子邮件对于电脑科学来说也许不是什么重要的进展，然而对于人们的交流来说则是一种全新的方法。互联网的持续发展对我们所有的人都是一个技术上的挑战，可是我们永远不能忘记我们来自哪里，不能忘记我们给更大的电脑群体带来的巨大变化，也不能忘记我们为将来的变化所拥有的潜力"。① 在技术与社会、技术与文化、技术理性与人文价值的交错与融合的现实中，新文化的解读已不仅仅是技术专家的事，更需要人文社会科学学者的共同关注与探究。这是理论研究的出发点，也是理论的创新与价值所在。

本书可能的创新点在于：

一是在回溯信息文化发展史的基础上，提出"新信息文化"的概念，并论证其作为人类文明新形态的合法性。信息文化是一个历史的范畴，随着人类信息技术的发展而变迁。与历史上的信息文化相比，新信息文化具有独特的物化基础、运行方式和精神气质，这是本书立论的关键。

二是基于两个平台的研究，开创了信息文化研究的新视野。新信息文化区别于以往信息文化的最大特点在于它是基于两个平台伸延的文化：一个是自然空间的文化平台，另一个是虚拟空间的文化平台，它们彼此交错，虚实相间，构成了虚实交融的新文化景观，本书的研究凸显了这一特征，尤其着力于探讨其在虚拟平台的表征与运行。

三是在分析新信息文化的物化基础和运行方式的基础上，创造性地追寻其精神气质。传统的信息文化研究更重于描述其技术表

---

① 郭良：《网络创世纪——从阿帕网到互联网》，中国人民大学出版社 1998 年版，第 162—163 页。

引
言

现、物化基础及运行方式的具体特征,而本书的研究则试图超越运作性的描述与概括,在与传统媒介的比较性研究中,探索新信息技术对人类精神内涵的影响所形成的独特的精神气质。书中对黑客精神与博客精神的关注与探讨尤其出彩,颇具独创性。

四是在研究过程中,不仅参考大量的中西文献资料,还使用搜索引擎,登录各式网站,查询最新的主题资源,充实研究的内容,为论题寻找立论的最新依据。这或许也是新信息文化的践行之道。

第 一 章
信息文化的历史回顾

　　信息文化是一个历史的范畴,有其发展的历史过程。信息文化的形成与信息技术息息相关,随着信息技术的发展而发展。本书将以信息技术作为分析的逻辑起点,追溯信息文化的发展之路。

一、理解信息

　　"信息"(information)是一个常见常用的词,它无形无色,却又无所不在! 维纳认为"所谓有效的生活就是拥有足够的信息来生活",而关于信息的科学定义,学术界却一直争论不休,难以形成统一的定论。

(一)关于信息的研究综述

　　汉语中的"信息"这个词最早出现在南唐时代,诗人李中在他的《暮春怀故人》中道:"梦断美人沉信息,目穿长路倚楼台。"这便是有些浪漫情调的信息"鼻祖"。许浑也有"塞外音书无信息,道旁车马走尘埃"的诗句。宋代的陈亮在《梅花》诗中说:"欲传春信息,不怕雪埋葬。"王庭圭的"辰州更在武陵西,每望长安信息稀",则生动地反映了当时渴望信息的情景。可见,古代的"信息"不过是文人骚客对消息、音讯的一种雅称!

英文的信息（Information）的含义在运用中有所变化。据《牛津大词典》中记载：Information 的含义在 14 世纪时解释为"传播的行为"，在 19—20 世纪则把它解释为"传播的内容"。从"行为"到"内容"，说明人们对 Information 的认识经历了从实际的有形的东西到抽象化了的概念的变化。

在日语中，信息的对应词是"情报"。在日本较早使用"情报"一词的人是著名文学家森欧外。他在 1903 年翻译德国克劳塞维茨的《战争论》一书时，使用了"情报"一词。《战争论》的第六章"战争与情报"中提到"情报是我们能掌握的有关敌人和敌国的知识的全部"。后来有人曾批评森欧外使用的"情报"一词实际上是和"谍报"的意思混用了。但因为森欧外是个大文豪，这个词也就沿用下来了。[①]

在上世纪 80 年代，我国学者曾大量直接使用诸如"情报学"、"情报中心"、"图书馆情报学"等外来词汇。90 年代以后，国家和政府的正式文件开始统一使用"信息"一词。现在我们则一般把日语中的"情报"、英语中的"Information"直接翻译为"信息"。

就信息的内涵而言，可以从两个角度来理解：一是本体论层面的信息，二是认识论层面的信息。前者是从纯客观的角度来定义信息，后者是从认识主体的立场上来定义信息。一个事物的本体论信息，就是这个事物所呈现出来的运动状态及其变化方式；认识论信息，则是这个认识主体所感知到的（或所表述出来的）该事物运动的状态及其变化方式。本体论信息具有纯客观性，而认识论信息则因人而异，具有一定的主观性（并由此构成对信息本质认识的差异性）。随着现代信息技术的发展、信息的无限扩张和信息科学的进步，人类对信息的研究与认识不断深化，呈现出一定的层次性：既有日常经验的理解，也有经济学、社会学、语言学方面的考察；既有神经学、心理学、遗

---

① 崔保国编著：《信息社会的理论与模式》，高等教育出版社 1999 年版，第 12 页。

传学方面的研究,也有通信技术、信息科学、管理科学、系统科学的研究;对其进行的哲学反思也不断深入。

一是日常经验理解的信息概念。在人们的日常生活中,在一般的资料文件中,信息指的是具有新内容、新知识的消息、新闻、情报、资料、数据、图像、密码以及语言、文字等等所揭示或反映着的内容。更多时候,信息指已经分门归类或列入其他构架形式的数据:"信息是加工知识的原材料;信息就是数据。"①马克·波拉特提出:"信息是经组织化而加以传递的数据"②,这是狭义层面的信息概念。

二是信息科学中的信息概念。在通讯与信息科学研究中,有两种说法最具影响力:

1.信息是不确定性的减少或消除。1948年信息论的创立者申农最先提出了这一观念,其含义是,通讯前,消息接收者对发送消息的内容存有不确定性的了解,收到消息后,消息接收者原有的不确定性就会部分或全部消除了。所以,信息就是消除了或减少了的不确定性。在这里,消除了的不确定性是一个相对意外程度的量,所以有人也说"信息是两次不定性之差"。如果用 I 表示通信过程传送的信息,用 U_o 表示通信前信息的不定性,用 U 表示通信后信息的不定性,则有:I=U_o.—U,这个定义实际上是从信息对信宿的作用的角度对信息所做的一种相对性的量上的功能性定义。

2.信息即负熵。代表性的定义是:"信息是组织程度的度量;信息是有序程度的度量;信息是负熵;信息是用以减少不定性的东西。"③熵值是物理学中标志系统的不确定性程度或混乱程度的概念。不确定性的消除就意味着熵值的减少,所以信息就可以被称为负熵。控制论的创始人维纳曾集中对信息的负熵含义进行阐释。

---

① 钟义信:《信息科学原理》,北京邮电大学出版社 1996 年版,第 36 页。
② 马克·波拉特:《信息经济论》,湖南人民出版社 1987 年版,第 3 页。
③ 钟义信:《信息科学原理》,北京邮电大学出版社 1996 年版,第 36 页。

上述两个对信息本质的界定中,具有相对性、功能性和量化性特征,但很难揭示出信息所具有的普遍性品格的本质和意义。

三是经济学中的"信息"。经济学视野的信息成为生产、消费及交易的主要目的物,信息成为商品,是更重于土地与资本的无形资源,社会活动更多地表现为对信息的创造、处理和传播上。信息的均衡与信息的不完全或不对称都成为影响决策的重要因素。经济学家关注的是信息经济问题。信息可以是商品,也可以是公共物品。作为商品的信息产品或服务给消费者带来收益,而消费者也必须为此支付提供信息产品或服务所需要的费用。而作为公共物品的信息能使多人同时受益,而且他们的受益并不显著减少其他人在消费同类信息时的受益程度。作为公共物品的信息的生产成本由消费者联合承担。对信息商品及相关经济活动的研究形成了新的学科,如"信息经济学"、"数字经济"、"符号经济"、"网络经济"等。

另一种观点认为,对信息商品本身的关注不如研究对信息的注意力。诺贝尔经济学奖获得者赫伯特·西蒙认为"信息量的消息对象相当明白:它消费的是受众的注意力,然而信息的丰富却造成了注意力的贫乏。"①开创注意力经济学研究的美国学者高德哈伯认为:经济学是研究一个社会如何使用它的稀缺资源。信息并不稀缺,特别是在网络中。网络信息不仅丰富,而且已经过剩。我们被信息所淹没,这种状况在这一代人身上还要加剧。真正稀缺的资源是注意力,注意力经济才是网络经济的本质。② 因此,要使信息有价值,它必须获得注意力。某一信息获得的注意力越多其价值就越高。没有注意力的信息只不过是没有价值的数据。

四是政治学中的"信息"。政治学视野的"信息"是一种"软权力",这种权力建立在通讯手段的基础上,并通过控制信息流得以实

---

① 张雷:《注意力经济学》,浙江大学出版社 2002 年版,封面勒口。

② 张雷:《注意力经济学》,浙江大学出版社 2002 年版,第 56—57 页。

现。信息场是当今社会意识交战的新战场,信息心理战是冷战后新的世界战争形式。托夫勒在其《权力转移》(Power Shift,1990)、尼葛洛庞帝在其《数字化生存》一书中都对信息时代权力的变迁进行了描述。罗马俱乐部成员、系统哲学家 E. 拉兹洛在 1992 年提交的报告《决定命运的选择》中指出:"在 20 世纪末和 21 世纪初,规定世界上权力与财富性质的游戏规则已经改变⋯⋯一个比黄金、货币和土地更灵活的无形的财富和权力的基础正在形成。这个新基础以思想、技术和通讯占优势为标志,一句话,以'信息'为标志"。[①] 过去人们相信测试权力的唯一指标是军事力量,今天这个古老的标准已经不敷为用,权力日益依赖于教育、技术和经济发展等因素,而人口、领土、自然资源、经济规模、军事力量等在国际政治中的地位已下降。美国著名的国际关系理论家约瑟夫·奈也认为权力从"资本密集"(Capital Rich)转向"信息密集"(Information Rich)。权力的形式本质上是设定国际政治议程和结构的能力,让别人改变自己特殊立场和状态的能力。[②] 奈称这种权力为"软权力"(Soft or Cooptive Pow-er),对应于"硬权力"(Hard or Command Power)。他的基本立论是:如果一个国家能够使它的权力在别人眼中是合法的,它的愿望应较少会遇到抵抗,如果一个国家的文化和意识形态是有吸引力的,他人就会自动地追随。如果一个国家能够建立与它的内部社会相一致的国际规范,它就没有必要改变自己。如果一个国家能够支持一个国际制度,其他国家均愿意通过这个体制来协调它们的活动,它就没有必要使用代价高昂的硬权力。软权力的源泉来自文化、教育、科技、传媒和意识形态、国际机制的规则与制度,因此,"软权力"的建构来自信息资源的开发与丰富。

---

① 丁斗:《互联网中的国际政治权力》,载《国际经济评论》,2000 年第 5—6 期,第 16 页。

② Joseph S. Nye,Jr. "Soft Power",Foreign Policy,No. 80,Fall1990,pp. 167,168-170.

五是哲学中的信息概念。维纳在从实用信息论的角度把信息比作负熵的同时,也试图从哲学角度讨论信息的本质。他有两个很有影响的提法:一是"信息就是信息,不是物质也不是能量"①;二是"信息这个名称的内容就是我们对外界进行有效调节并使我们的调节为外界所了解时与外界交换来的东西。接收信息和使用信息的过程就是我们对外界环境的种种偶然性进行调节并在该环境中有效地生活着的过程"。② 60年代德国学者克劳斯提出:"什么是信息? 纯粹从物理学方面看,信息就是按一定方式排列起来的信号序列。但光说这一点还不足以构成一个定义。毋宁说,信息必须有一定的意义,必须是意义的载体。……由此可见,信息是由物理载体与语义构成的统一整体。"③他强调了信息的意义习俗。也有人将信息界定为:"信息是事物相互作用的表现形式;是事物联系的普遍形式;信息是被反映的物质属性。"④《中国新闻实用大辞典》则对信息做了实用性的解释:信息是"一切事物的状态和特殊的反映。它普遍存在于自然界、人类社会以及人们的认识和思维过程中。人类生活的世界是一个信息的世界。信息现象十分古老,早在人类历史发端以前,信息已存在于物质世界,如阳光普照、星斗灿烂,就是宇宙天体发出的信息。在人类社会诞生以后,信息不仅来自物质世界,而且来自精神领域。人类认识和改造客观世界的过程,实质上就是一个不断挖掘、发现信息的过程。"⑤

邬焜对信息及其本质做了大量的研究,他认为在信息本质的问

---

① N.维纳:《控制论 或关于在动物和机器中控制和通讯的科学》,郝季仁译,科学出版社1963年版,第133页。

② N.维纳《人有人的用处:控制论和社会》,陈步译,商务印书馆1989年版,第9页。

③ [德]克劳斯著:《从哲学看控制论》,中国社会科学出版社1981年版,第68—69页。

④ 钟义信:《信息科学原理》,北京邮电大学出版社1996年版,第5页。

⑤ 《中国新闻实用大辞典》,新华出版社1996年版,第518页。

题上应该采取某种哲学批判的态度。这种批判是双重的：一方面是哲学对具体科学的批判，这一批判是要剔除具体科学给信息解释所带来的种种狭隘性的局限，由此使哲学对信息的把握从具体科学的阈限中超越出来；另一方面是哲学对自身的批判，这一批判是要克服传统哲学的旧有框架和理论对信息本质解释的局限，由此使哲学对信息的把握从传统哲学的旧有体系的阈限中超越出来。在这里，进行的正是一种双重的批判和双重的超越。[①] 他的做法是批判传统哲学关于存在的物质与精神的简单二分法，并对存在领域进行了重新分割，提出：物质＝客观实在＝实在＝直接存在；不实在＝客观不实在＋主观不实在（精神）＝间接存在＝信息；其中，客观不实在＝客观间接存在＝客观信息；主观不实在＝主观间接存在＝主观信息。由此提出："信息是标志间接存在的哲学范畴，它是物质（直接存在）存在方式和状态的自身显示。"他还对信息进行了哲学分类，分成自在信息、自为信息和再生信息三个层次，而社会信息则是自在、自为和再生三种信息基本形态的有机统一。[②]

邬焜的信息哲学分类法为我们从本质上理解并区分各类信息提供了一个新的思路和新的切入点，本书将沿用他的分类方法，从再生信息及信息社会化的角度解读新文化现象，因为人类所创造的文化世界就本质而言即是再生信息的社会共享，是再生信息的社会化过程。

（二）信息的形态与特征

信息是标志间接存在的哲学范畴，它是无形的，只有通过一定的媒介载体或一定的符号标志传播时，才表现为某种形态。媒介与符

---

① 邬焜：《哲学信息论要略》，《人文杂志》1985 年第 1 期。
② 邬焜：《信息认识论》，中国社会科学出版社 2002 年版，第 10、17—22 页。

号构成了信息形态划分的依据,因此,信息的形态区分为媒介形态和符号形态两种。

信息的媒介形态是按信息传播所依赖的媒介形式区分,分为声音信息、文本信息、图像信息、数据信息和多媒体信息五种。

声音信息:是指人们用耳朵听到的信息,人类的话语、动物的鸣叫和自然界的风声、雨声,都是可听到的声音信息。随着信息技术的发展,无线电、电话、唱片、录音机及各种音频播放器等,都是人们用来处理、传送和播放这类信息的工具。

文本信息:是指书写的语言——"书面语",以表示它同"口头语"的区别。文本可以用手写,也可以在计算机上输写,并加以输出或印刷传播。手写的书稿、计算机上的文档和网页上的纯文本文档都是文本信息。

图像信息:是指人们能用眼睛看见的信息。它们可以是黑白的,也可以是彩色的;它们可以是照片,也可以是图画;它们可以是艺术的,也可以是纪实的;它们可以是一些静态的表述或描述,也可以是动态的过程。复印机、传真机、打印机和扫描机是目前处理图像信息的基本工具。

数据信息:是指电子计算机能够生成和处理的所有事实、数字、文字、符号等。当文本、声音、图像在计算机里被数字化成"0"和"1"的形式时,它们便成了数据。人们储存在"数据库"里的信息,自然也不仅仅是一些"数字"。尽管数据先于电子计算机存在,但是,导致信息经济出现的,正是计算机处理数据的这种独特能力。

多媒体信息:它是文本、声音和图像信息的综合。由于信息技术的进步,上述四种基本信息形态之间可以发生相互转换和综合。当数字化了的信息被输入计算机或从计算机中被输出,数字就可以用来表示上述这些形态中的任何一种或所有的形态。于是过去曾被视为毫不相干的媒介——计算机、通信、电视、出版等,现在都融合一体,成为"多媒体"或"超媒体"(Rich media)。

信息的符号形态是以符号形式来区分信息。"符号"是用以指代客观事物的象征物。一般指字母、电码、语言、数学符号、化学符号、交通标志等。符号通常分为语言符号和非语言符号两种。语言符号是信息传播的主要象征,是人类特有的有声符号的集和文字符号系统。非语言符号是指不以有声语言和书面语言为载体,而借助于直接刺激人的感觉器官的各种各样的符号,它包括人的表情、手势、神态、穿着、打扮、摆设、环境等。

信息的媒介形态和符号形态并不是截然分开的,有交叉融合。如语言符号就包括声音、文字、数据语言等形式,图像信息中既可以表达语言符号,也可以表达非语言符号,而多媒体信息的发明则使各种媒介形态都融为一体了。

尽管信息的形态各异,但其具有一些共同的基本特征,主要是:

对直接存在的依附性:作为间接存在的信息必须由直接存在(物质,即质量或能量)来载负,没有直接存在作载体的信息是不可能存在的。

客观性:信息是对客观事物变化和特征以及客观事物之间相互作用和联系的反映,事物状态和特性的客观存在决定了信息的客观性。另一方面,信息本身也是客观的,信息一旦生成就客观存在,可以被感知和传播。

可传载性:信息虽然可以脱离事物而独立存在,但是如果不依附于一定的媒介就难以为人们所感知。信息传载范围的大小、传播速度的快慢取决于传播载体的创新和发展。

可存贮性:信息依托媒介而存贮。结绳记事,是人类创造的最原始的存贮信息方法。纸和笔的发明,使文字信息得以保存;印刷术的发明,使文字信息的大量复制成为可能。爱迪生发明留声机,开创了录存声音信息的历史。照相术的发明,使图像信息的录存成为可能。磁记录技术的发明,可以用磁带来录音、录像、录数据。激光录盘的出现,是对人类文明的新贡献,在一张和普通唱片一样大小的激光录盘上,可以录存数小时的电视信息,这相当于上万张彩色照片,也相当于几十万页书籍的编码文字。半导体超大规模集成电路的发展,存贮器的存取周期达到毫微秒级,电脑中心成了信息的最大拥有者。

可廉价复制:信息易于复制,复制的数量无限而且费用极低,一条信息复制成 100 万条,费用十分低廉。尽管信息的搜集、加工可能需要很大的投入,但复制只需要载体的成本,因而可以被大量地复制,广泛地传播。

可共享性:与一般的物品不同,信息并不因分享者人数的多寡而使各自得到的信息量减少或增加。这是信息与物质、能量最显著的区别。物质的分享,一方有所得,必然使另一方有所失;一方得多,另一方必然得少。而信息的交流则不会因为使用者和使用次数的增加而损耗信息的内容。

对内容理解的歧义性:对于同一对象的同一信息,不同的观察者可能会由于观察能力、理解能力、关注角度的不同而形成不同的理解。这种理解上的歧义性是由人类认知是一个内部认知模式信息与外部对象信息的复合匹配而造成的。

时效性:信息是对事物存在方式和运动状态的反映,如果不能反映事物最新的变化状态,它的效用就会大大降低。某些信息的价值有很强烈的时效性。一条信息在某一时刻价值非常高,但过了这一时刻,可能一点价值也没有。如金融信息,在需要知道的时候非常有价值,但过了这一时刻,就会毫无价值。战争的信息也是如此,敌方的信息在某一时刻非常重要,可以决定战争或战役的胜负,但过了这一时刻,这一信息将变得毫无用处。

内容的可耗散性:信息由载体载负,而载体的特定结构模式的改变、损害或丧失将意味着与之对应的特定信息内容的改变、模糊或丢失。这就是特定信息的部分或全部的耗散现象。如历史信息的模糊、失真、丧失,文本散失后的相关信息的缺失,人类记忆的遗忘等。

（三）信息与传播

作为间接存在的信息必须由直接存在来载负，这导致了信息对直接存在的依附性。信息必须依托媒介而存在，依托媒介而传播。"传播"一词来自英文中的 communication，起源于拉丁文的 communicare（拉丁词根 communis 的意思是"使共同"），中文译作传播，亦译通讯、交流、交际、沟通、通信等。Communication 最初指的是交通工具，传统社会信息的传递必然伴随着人与物体的移动，因而它同时也指信息交流。17 世纪末叶，传播一词的涵义扩大到传递、转达或信息和物资的交换，在这个意义上，传播工具仍然包括公路、运河、铁路等在内。电报发明后，首次把传播（信息、思想）与运输（人员、物资）区分开来。[①] 目前，"传播"这个概念已经广泛应用于传播学、文化学、符号学及信息科学等领域，它的含义也由过去仅仅视为一个单向扩散过程而转变为将传播理解为一个双向沟通的结构形式。

关于传播的定义很多，代表性的观点有三种：

一是强调传播对信息的传递过程。贝雷尔森提出："传播：以符号——词语、图片、数字、图表等，传递信息、思想、感情、技术等。这种传递行为或过程常被称为传播。"

二是强调传播对信息的扩散与共享的作用。美国传播学家威尔伯·施拉姆认为："传播是对一组告知性符号采取同一意向"。戈德认为，传播是"使原为一个人或数人所独有的化为两个人或更多人所共有的过程。"肖恩·麦克布赖德认为，传播（交流）是指信息的传递、扩散和信息的交换。从传播（交流）的最广泛的意义上看，它不仅是交换新闻和信息，而且包括一切传送和分享各种思想、事实和资料

---

① 丹尼尔·杰·切特罗姆：《传播媒介与美国人的思想：从莫尔斯到麦克卢汉》，中国广播电视出版社 1991 年版，第 9 页。

在内的一种个人的和集体的活动。①

三是强调传播的实质是信源对信宿的影响。卡尔·霍夫兰指出：传播是"某个人（传播者）传递刺激（通常是语言的）以影响另一些人（受传者）行为的过程。"②奥斯古德也指出："从最普遍的意义上说，传播是一个系统（信源），通过操纵可选择的符号去影响另一系统（信宿），这些符号能够通过连接它们的信道得到传播。"③

概括地说，传播是人们运用符号并借助传播媒介来交流信息的行为与过程。传播媒介是人们用来传送和接受信息的中介物，是一切用来传播信息和获取信息的工具，及旨在促进与扩大信息交流的社会设施。信息技术的主旨之一，即在于创造、改进和提升信息传播的媒介，使信息的传播更快、更好、更省。

二、信息技术与文化

信息技术的发明与创新对信息的传播起着决定性的作用，同时对文化的发展也起着不可替代的作用，它不仅全方位地影响文化，而且以信息技术为核心，形成了相应的信息文化，正是在这个意义上，信息文化才得以建构。

（一）信息技术的历程

信息技术（Information Technology）是人类开发和利用信息资源的所有手段的总和。信息技术既包括有关信息的产生、收集、表示、检测、处理和存储等方面的技术，也包括有关信息的传递、变换、

① 肖恩·麦克布赖德：《多种声音，一个世界：交流与社会·现状和展望》，中国对外翻译出版公司 1981 年版，第 19 页。
② 董天策：《传播学导论》，四川大学出版社 1995 年版，第 17—19 页。
③ 周晓明：《人类交流与传播》，上海文艺出版社 1990 年版，第 4 页。

显示、识别、提取、控制和利用等方面的技术。一般意义上的信息技术，其历史几乎和信息一样久远。如信息传递，最早的有手势、表情、声音等传递方式；在古代，常常用烽火台和驿站来交替传送信息；而到了现代，则用电话、电报、电视、传真、手机、通信卫星和互联网等方式来进行。它们的功能和效率虽然难以同日而语，但是它们的目的却是一致的，即尽快地准确地传递信息。

信息技术虽然早已存在，但是真正作为一门技术被人们所重视，并系统地加以研究、开发和利用却只是最近几十年的事。迄今为止，人类社会经历了三次伟大的技术革命，第一次是 18 世纪中叶的蒸汽技术革命，其直接后果是导致产业革命的胜利完成；第二次是始于 19 世纪 70 年代的电力技术革命，它以电能的开发和应用为主要标志，包括内燃机的发明和应用，其后果是引起了整个生产体系的组织结构和经济结构的变革；第三次就是始于上世纪 40 年代的新技术革命，出现了微电子技术、电子计算机技术、基因工程、核技术、航天技术等一批高新技术，由于主导这次革命进程的是信息技术的发展，所以也称信息技术革命。现代信息技术包括微电子技术、计算机技术、现代通信技术、网络技术和软件技术等，它们构成了区别于以往的新信息技术群。

微电子技术　微电子技术是最近十几年进步最快的一门技术，它奠定了信息技术发展最重要的物质前提，即大规模集成电路，它的每一次重大突破都会给电子信息技术带来一次重大革命。1958 年第一块集成电路问世，引发了一场微电子革命。微电子技术使得越来越复杂的电子系统可以集中在一小块硅片上，实现了电子设备和系统的微型化和低能耗。随着集成材料科学和制造技术的不断进步，追求更大容量、更高速度集成电路的愿望逐步得到实现，并且在计算机网络系统、通信系统及其他尖端科技领域获得广泛应用。

计算机技术　计算机技术是信息技术的核心，知识和信息都需要通过计算机的收集、整理、加工，转换成为我们需要的信息和知识产品。1946 年,世界上第一台电子计算机(ENICA－电子数字积分计算机)在美国宾夕法尼亚大学投入运行,这台机器长 100 英尺,高 10 英尺,重 30 吨。它消耗 100000 多瓦特的电量,用去 18000 只电子管,需要 500000 处焊锡连接,耗资近 500000 美元![1] 随着集成电路和软件技术的发展,计算机的运算速度、存储容量不断提高,目前,超大型计算机的运算速度已经达到 1 万亿次/秒,和光纤传输速度相匹配。另一方面,计算机的体积、重量和价格却不断下降。1969 年,英特尔公司的一位电路设计者无意中发现,有可能制造一种通用的编程集成电路。两年后该公司推出了第一台商用微处理器——"芯片上的电脑",宣布了"一个集成电子新时代"的到来。自 1972 年以来,每隔几年就要推出一代又一代比起它们的前辈来说要复杂、强大好多倍的微处理器,正如著名的摩尔定律所断言的,电脑的功能每 18 个月翻一倍,或同等性能的芯片成本下降一半! 轻型化个人电脑迅速发展,而计算机的功能也从单一的计算功能发展到综合处理数字、符号、文字、语音、图像等信息的多功能多媒体处理工具。20 世纪 90 年代以来,计算机的应用领域已经覆盖了社会生活的各个方面。

通信技术 如果说计算机技术是现代社会中的一个个"神经元"细胞,那么由程控交换机、光纤网、通信卫星及其他现代通信设备构成的覆盖天地的全球通信网络就是现代社会的"神经系统"。现代通信技术的每一次突破,都使这个"神经系统"变得更敏锐、更发达。现代通信技术发明之前经历了一个闪亮的历程。1837 年莫尔斯发明了有线电报(莫尔斯码),1875 年贝尔发明了第一部磁石电话机,1877 年爱迪生发明了留声机,1898 年波乌尔森(丹麦)发明了磁带录音机,使信息传递和存贮发生了新的变革。1895 年和 1896 年,波波

---

① [美]罗杰·菲德勒著:《媒介形态变化:认识新媒介》,华夏出版社 2000 年版,第 82 页。

夫（俄）和马可尼（意）分别成功地进行了无线电波传递实验。1906年圣诞之夜，无线广播实验成功。1920年，弗兰克·康拉德（美）与西屋电器公司合作建立了第一座商业无线电台－KDKA并当即获得成功，迈进了电子大众媒介的新时代。音、像并茂的电视的发明以照片、电报、电话技术为基础，1884年鲍尔·尼普考设计出作为扫描装置的"尼普考圆盘"，首次实现了图像的电子信号转换；1920年代约翰·贝尔德（苏格兰）在英国广播公司（BBC）开发出世界上最早的实用电视系统——贝尔德电视机；同期，李·德·弗利斯特研制出第一个三极真空管（三极管，通常被认为迎来了现代电子时代）；1928年弗拉基米尔·兹沃尔金发明了摄像机电子管；非斐洛·法恩斯沃思1930年获得了电子电视的基本专利，之后五年内，又获得大约50个相关专利；1939年美国无线电公司在世界博览会推出第一台黑白电视机，之后不到一年，哥伦比亚广播公司（CBS）演示了第一台实用的彩色电视机系统。[①] 自此，无线广播、无线通信、电话、电视等技术的广泛应用成为20世纪上半叶工业文明的一道风景线。1965年第一部程控交换机的诞生和70年代数字程控交换机的应用，使通信技术开始向数字化发展。1976年连续工作半导体激光器和1981年石英光纤传输的应用，则大幅度提高了通信的传输能力。卫星通信、移动通信等通信技术的发展，更是实现了人类随时随地传递信息的梦想。现代通信技术与计算机技术紧密结合，大大推动了计算机通信、图文电视广播、数字移动通信、光纤通信等的发展，人类进入了一个新通信时代。

网络技术　从某种意义上说，因特网（Internet）的出现是人类进入信息社会或知识经济时代的另一个重要标志。信息技术革命可以分为两个阶段，一个是个人电脑（PC）时代，另一个就是后PC时

---

① ［美］罗杰·菲德勒著《媒介形态变化：认识新媒介》，华夏出版社2000年版，第77—81页。

代——网络时代。从网络技术看,1969 年美国建成了世界上第一个采用分组交换技术的计算机网络 ARPANET(阿帕网),然而它仅连接了四个大学实验室,这是计算机互联网的前身;因特网的真正起点是 1986 年建成的美国国家科学基金网(NSFNET);而因特网的迅速发展则是在进入商业应用的 1991 年,自此因特网的发展迅速膨胀,给信息产业乃至整个社会带来了革命性的影响。因特网将计算机技术和通信技术相结合,广泛应用了这两个领域的前沿技术,创造了远大于这两个领域简单叠加的应用空间。从电子邮件到电视会议,从网上浏览到网上购物,从网络游戏到电子商务,不仅方便了消费者,创造了新的文化生活空间和生存方式,而且重构了社会的经济基础和社会秩序,为企业提供了参与全球竞争的有利机会,并带动了同因特网有关的一批新兴服务业的发展。新的网络技术还引发了在宽带网络技术方面的竞争,带动了电子商务、电子政务等一系列新应用的发展,促进计算机产业、信息服务业、电信产业、消费类电子产业等趋于融合。

软件技术　软件是随着计算机的出现而产生的,主要用于设定某种程序或者指令,使计算机完成基本运算和操作。在信息技术中,微电子是基础,计算机硬件及通讯设施是载体,而计算机软件是核心。软件是计算机的灵魂,没有软件就没有计算机应用,也就没有社会的信息化。软件是固化的知识,人们抽象的经验、知识正逐步由软件予以明确地体现,随着更廉价、更高速微处理器的出现,软件将承担越来越多的功能,这使得软件变得越来越实在,成为信息时代的新型"物理设施"。目前,软件技术的应用日益广泛,使用的范围从单一的计算机扩展到其他终端设备。因此,软件对于国家的商业、通讯、信息访问等具有越来越重要的作用,世界各国都把软件列为国家发展的关键技术领域。随着全球硬件规模的扩大,与之相配套的软件也日益成为世界经济中的一个重要产业。在这一过程中,软件应用范围越来越广,分类日益多样化。在软件产业规模化的同时,软件技术也在进一步细化,并逐步实现标准化。

回顾信息技术的历程,可以清晰地看到真正意义上的信息技术走过了电子化时代的早期发展,经历了新信息技术革命的洗礼,已经迈入了一个崭新的信息时代。这个新的时代以 1946 年数字电子计算机的问世和 1964 年第一颗通讯卫星升空作为两个具有标志性的事件,以微电子技术、计算机技术、现代通信技术、网络技术、软件和系统集成技术等为技术支撑,对各国政治、经济、军事、科技、文化、社会等领域产生了深刻影响,人们的思想观念、行为方式和社会活动方式也发生了重大的转变,从根本上改变着世界面貌。人类以前所未有的激情开发潜藏在物质运动中的巨大信息资源,利用信息技术改造和调整产业结构和经济结构,极大地增加了社会财富;开发电子政务,建构电子民主,努力建立新的政府形象;在国际上也重新建构国际政治、经济、军事新战略、新秩序。正是在这个意义上,我将这一新时代所形成的新文化现象称为"新信息文化",以区别于过去以电子技术等为核心的信息传播技术的发展时期。

(二)作为信息系统的文化

基于新信息技术而作出"新信息文化"的论断,预设着一个基本前提,即技术与文化是同构的,因此技术可以影响甚至建构新文化。新信息技术与文化同构的基础是信息与文化的某种同质性,即具有某种共性,正是基于这种同质性,处理信息的信息技术才能对文化产生影响。

在"理解信息"一节中,已经述及信息作为标志间接存在的哲学范畴,必须由直接存在来载负,它或以媒介形态或以符号形态(语言或非语言形态)而存在,两种形态并非截然分离而是交叉融合的。

接下来是考察文化的形态和特征。

对于什么是"文化",学界至今也没有公认的确切的定论。据

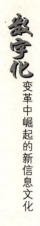

1952 年克鲁伯(Krober)在《文化，关于概念和定义的检讨》中统计1871—1951 年的 80 年中出现的文化定义就有 164 种！有的甚至说到现在为止，关于文化的定义已逾万种！

日常生活用语中的"文化"常常与文学、音乐、艺术等相联系。一谈到"文化"，人们经常想到的往往是通过经常看戏、听音乐以及在几英里长的画廊里漫步欣赏名画后所获得的那种令人欣羡的品质。谈论或评价一个人或一个团体"有文化"，往往带着明显的正面的价值判断。

"文化"是一个古老的概念。在古希腊的话语系统中，文化指"习俗"，是后天习得的。在拉丁语和英语中，文化指"耕耘"、"掘种土地"，这种用法至今仍留在"农业"(agriculture)、"园艺"(horticulture)、"蜂业"(apiculture)等词中，强调文化是改造自然的活动。古罗马的政治家西塞罗(Cicero)把文化一词引申为耕耘智慧(cultura mentis)。把对自然的加工，推移到人类自身的塑造。18 世纪沃费纳格、伏尔泰在法语中把文化称为训练和修养心智的结果。1852 年清教徒纽曼(J. H. Newman)把文化理解为精神耕耘(mental culture)、智力耕耘(intelle culture)，这和教养、培养(cultivation)的意思相近。[①]

中国古代与文化相近的词是"文"。文的原始含义是刻画在器物上的纹理、编织的花纹等，文即纹。刻画的图案具有装饰意义，所以文引申为修饰、美化、加工，文即是饰，成语中"文过饰非"中文即是饰。饰是对自然的东西进行加工，所以在人类的加工物中都包含了文，有人体之文、服饰之文、语言之文、声音之文、礼仪之文和哲理之文等。

中国古代也有文化这个词，但指的是文治教化，是与武相对立的部分，是狭义的文。广义的文是和野、质相对立的。野是自然的、未

---

① 邹德秀：《500 年科技文明与人文思潮》，科学出版社 2002 年版，第 106 页。

加工的；质是质朴的、不加修饰的状态；文则是人为的、经过修饰、美化的、社会的、文明的产物。《易经》中把文分为天文和人文，天文指自然的运行，人文指社会的运行，观天文是为了察时变，观人文是为了教化天下的人，即所谓"观乎天文以察时变，观乎人文以化成天下。"文化就是以人文的规律来教化天下的人。

进入 19 世纪之后，对文化的研究逐渐深化，1838 年德国学者拉维盖涅-皮格亨（Larergen Peguienhn）首先使用"文化科学"一词，主张把文化作为一门科学来研究，文化科学应运而生，人类学家、社会学家、历史学家、哲学家纷纷从不同角度对文化进行研究和界定。德国学者艾尔弗来德·韦伯（Arfred Weber）在《作为文化社会学的文化史》中，论述了文化的起源、发展、功能及各种文化现象。德国历史学家施本格勒（Spengler Oswald）在其名著《西方的没落》中，分析了西方文化的发展过程，提出文化形态史观。英国历史学家汤因比（Toynbe）的《历史研究》，从文化角度研究了历史，把文化当作历史研究的单位。美国的克罗伯（Kroeber）著有《文化成长的形貌》、《文化的本性》等，提出了文化学的基本概念和原则。美国的莱斯里·A. 怀特（White）著有《文化的科学》（1949），建立了文化学体系。

尽管学界对文化至今没有形成一个确切的定义，但至少在以下几点是达至共识的：

首先，文化是人化，是人类的创造物。天然的东西不是文化，凡是经过人加工、干预、创造的东西都包含文化。有的学者甚至提出，只要是社会的生活方式都可以称为文化。如美国人类学家拉尔夫·林顿就认为："文化指的是任何社会的全部生活方式，而不仅仅是被社会公认为更高雅、更令人心旷神怡的那部分生活方式。这样，当把文化一词用到我们的生活方式上时，它与弹钢琴和谈勃朗宁的诗没有任何关系。对社会科学家来说，这些行为只是我们整个文化中的若干组成部分而已。整个文化还包括诸如洗碗、开汽车等世俗行为，而且，对文化研究来说，这些世俗行为与那些在生活中被认为高妙雅致的事物相比,并没有什么高下之分。这么一来,在社会科学家看来,没有无文化的社会,甚至没有无文化的个人。每个社会,无论它的文化多么简陋,总有一种文化。从个人跻身于一种或几种文化的意义上看,每个人都是有文化的人。"①

其次,文化是一个系统性的概念,包含多层次的内涵。英国人类学家爱德华·泰勒认为:"文化或文明,就其广泛的民族学意义来说,是包括全部知识、信仰、艺术、道德、法律、风俗以及作为社会成员的人所掌握和接受的任何其他的才能和习惯的复合体。"②美国文化人类学家罗杰·M.基辛认为文化指称"一个民族的生活方式所依据的共同观念体系,即该民族的概念性设计,或共同的意义体系。"他指出:这个文化定义包含有三层含义:首先,文化是一个复合体,是每个人都参与了的网络结构;其次,一种文化是一个通则,是个人整合文化知识的理想标准型;最后,文化是一种抽象观念,是某个民族或多或少所共享的指导行为方式的理念图则。③ 美国学者克罗伯概括了文化的五层涵义:①文化包括行为的模式和指导行为的模式;②模式不论外观或内涵,皆由后天学习而得,学习的方式是通过人工构造的符号系统;③模式物化体现于人工制品中,因而这些制品也是属于文化;④历史上形成的价值观念乃是文化的核心,不同质的文化,可以依据价值观念的不同进行区别;⑤文化系统既是限制人类活动方式的原因,又是人类活动的产物和结果。④ 我国著名学者庞朴指出:"文化,从最广泛的意义上说,可以包括人的一切生活方式和为满足

---

① 拉尔夫·林顿:《个性的文化背景》;转引自恩伯:《文化的变异—现代文化人类学通论》,辽宁人民出版社 1988 年版,第 29 页。

② 爱德华·泰勒《原始文化:神话、哲学、宗教、语言、艺术和习俗发展研究》,上海文艺出版社 1992 年版,第 1 页。

③ 陈 山:《痛苦的智慧:文化学说发展的轨迹》,辽宁人民出版社 1997 年版,第 3 页。

④ 潘向光:《广告的文化意味》,《杭州大学学报》(哲社版)1996 年第 3 期,第 168 页。

这些方式所创造的事事物物，以及基于这些方式所形成的心理和行为。它包含着物的部分、心物结合的部分和心的部分……文化的三个层面，彼此相关，形成一个系统，构成了文化的有机体。"①总之，文化是一个复杂的系统，包含从思想模式、知识体系、象征符号到行为准则、行为模式和文化形态等内容，是人类全部的生活样式。

第三，对文化的理解有广义和狭义之分。狭义的文化概念指与政治、经济相并列的一种划分，是区别于政治、经济活动的人类文化创作的产品与活动，如知识、绘画、文学、宗教、艺术和影视文化等。而广义的文化指文明化了的人类所进行的一切活动，包括政治、经济、狭义的文化内涵等，既包括精神产品的内涵，也包括物质化、符号化的表现，还有价值观念、制度规范和行为方式的内涵等。

最后，文化的形态是可分的。尽管不同的人从不同的角度有不同的划分方法，但文化表现形态"可分"的观念却是确定的。主要有两种划分方法：二分法和三分法。二分法把文化划分为"物质文化"和"精神文化"两种。其中，物质文化是文化的物化形式，包括工具、机器、房屋之类具体的人工的产物，是人化的自然；精神文化包括知识、艺术、宗教、习俗、制度之类的抽象的思维产品及指导人的行为方式的意向性产物。三分法是将文化形态分为三个层面，有两种划分法。一是将文化区分为物质文化、精神文化和制度文化（或规范文化）。如博厄斯、马林诺夫斯基（英）等就把文化分为物质文化、精神文化和社会组织。二是将文化分为物质文化、精神文化和方式文化，"物质文化，即人类改造自然与社会的物质成果；精神文化，即人类创造的精神产品。包括科学、哲学、宗教、法律、道德、文学艺术，以及相应的思想观念、审美情趣、心理意向等；方式文化，即人类改造自然与社会的活动方式，包括生活方式、行为方式、思维方式、生存方式等

---

① 庞朴：《文化的民族性和时代性》，中国和平出版社 1988 年版，第 82—83 页。

等。"在这三个方面中,物质文化处于最表层,精神文化占据核心地位,方式文化则属于中间层次。①

对文化形态的不同划分体现了主体对文化的理解样式,现在回到文化与信息的关系问题上。就本质而言,文化是人类全部的生活样式,既包括物质化的形态和行为,也包括符号化的精神气质、价值观念和制度规范。物质化的文化是文化信息的物质存在方式,符号化的文化是文化信息的符号形式。怀特甚至将全部文化归结为象征符号的使用:"全部文化(文明)依赖于符号。正是由于符号能力的产生和运用才使得文化得以产生和存在;正是由于符号的使用,才使得文化有可能永存不朽。没有符号,就没有文化,人也就仅仅是动物而不会成其为人类。"②哲学家卡西尔(德)有个著名命题,即"人是符号的动物",其观点可以简化为一个基本的公式:人—运用符号—创造文化。"符号化的思维和符号化的行为是人类生活中最富于代表性的特征,并且人类文化的全部发展都依赖于这些条件"。在他看来,所有文化现象或精神活动都是运用符号形式来表示人类的种种经验。一切文化成就,诸如语言、神话、艺术、科学等各个方面,都是人类符号活动的结果。在这些学者的眼中,文化即符号化,人创造符号、用符号表现人类特有的经验与思想,人类不是生活在一个单纯的物理宇宙之中,而是生活在一个符号宇宙之中。这里,符号是人类的创造物,是对人类、事物及关系的描述与指代,表现着他物的信息,因此,就本质而言,符号即信息,人类创造符号,也就是感知、表达和创造信息,文化是一个不断生成着的符号信息系统。正如邬焜所区分的,信息分成自在信息、自为信息和再生信息三个层次,其中自在信息是还未被主体认识的原始形态;自为信息是对自在信息的主体直观把握,为主体所感知和记忆;再生

---

① 王玉英等:《现代文化与管理》,中国审计出版社 1992 年版,第 243 页。
② L.怀特:《文化科学》,浙江人民出版社 1988 年版,第 24 页。

信息则是信息的主体创造。依此类推，人类的文化世界就本质而言应包括为人所认识和改造了的那部分自在信息（以自在信息体的形式存在着）、自为信息和由主体所创造的再生信息。文化正是由这些信息所构成的符号信息系统。

从这个基本立场出发，信息与文化应具有如下关系：1. 文化即信息，任何一种文化形式、文化作品和文化现象都表达着相应的信息，解读文化的过程事实上就是对信息的"解码"，是在解读信息的意义与内涵；2. 某个新文化作品的创造离不开对相关信息的把握与反思；3. 新文化现象的形成有赖于信息的流动与共享；4. 文化不断创造、发展的过程就是人类社会信息量不断增长的过程。把握了信息与文化的这种关系，就可以更好地理解信息技术与文化的关系。

（三）信息技术对文化的影响

如上所述，文化作为人类所认识、把握和创造的信息系统，包含多层次的内涵。法国学者拉特利尔对此曾有精辟的概括："一个共同体的文化可认为是它的表达系统、规范系统、表现系统和行为系统的总和。表达系统包括构成共同体的各个群体用以解释自身以及他们生活于其间的世界的概念和符号之集合，还包括社会藉此扩展其知识与技艺的方法。规范系统包括与价值观念有关的一切，这些价值构成了评价行为与情境的基础，必要时也为实践活动的辩护提供基础，同时提供与特殊规则相关的一切，行为系统即以这些规则组织起来。表现系统包括物态的方式与形态的方式，表达与规范系统由此得到具体表现。通过情感，使更深层的东西（生活作为体验、作为感知自然与历史实在的方式，于此得以具体化）外化为有意义的形式，并在无穷的诠释中发挥作用。行为系统既包括那些技术手段，这些手段使合理地适当地控制社会环境成为可能，也包括严格意义的社

会手段，一个以掌握自身命运为己任的共同体即由此而组织起来。"①

邹德秀在其著作《500年科技文明与人文思潮》中以下图精辟地概括了文化系统的构成②：

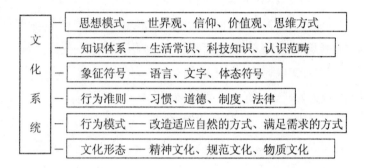

两人的分析在内涵上实质是相近的。拉特利尔所谓的"表达系统"即是邹德秀所指的"知识体系"与"象征符号"两部分内容；"规范系统"包括"思想模式"与"行为准则"的内涵，它们构成了引导、评价人类行为与情绪的基础，并提供具体的规则与秩序要求；"表现系统"包括物态的方式与形态的方式，相当于"文化形态"的内容，包括物质文化、精神文化与规范文化等；"行为系统"则以"行为模式"为内容，是人类的种种行为表现。以这两图式与体系为参照系，可以分析信息技术是如何影响人类文化的。

首先，信息技术建构了新的表达系统。技术是人类思想的具象化，作为开发和利用信息资源的所有手段的总和，信息技术既包括有关信息的产生、收集、表示、检测、处理和存储等方面的技术，也包括有关信息的传递、变换、显示、识别、提取、控制和利用等方面的技术；它既可以表现为知识形态的技巧和方法，也可以

---

① 让·拉特利尔：《科学和技术对文化的挑战》，商务印书馆1997年版，第4页。
② 邹德秀：《500年科技文明与人文思潮》，科学出版社2002年版，第112页。

物化成具体的信息采集、存储、处理、传播和检测等的信息工具。这两种形态都是人类文化的合法形态。信息技术的发展体现着人类开发和利用信息资源的能力的增长，也是人类文化一道亮丽的风景线。信息技术的发展本身就是人类信息符号不断演进的过程。语言的产生、字母与文字的出现是人类早期的符号信息，从印刷字符、电子模拟符号到如今的数字化符号，都是信息技术将原始信息符号化的过程。

其次，在影响"思想模式"、建构规范系统方面，信息技术有助于促进价值观的共享，促进世界观和信仰的形成与转变。信息技术的发展促进社会文化超越时间与疆域的共享，而人们对某种信息或文化的关注不仅在于其表现的形式，而更在于其内涵和精神价值。美国社会学家帕克描绘了文化传播的两种典型功能，即"参考"和"表达"功能：在参考功能中，传播的是思想和事实；在表达功能中，则表露出感情、态度和情绪。作为整体的传播，它使社会团体走向联合、一致和完整。它修正、规范了竞争，产生出道德秩序，这秩序给生物体加上了限制。传播带来了更为接近和更加理解，用文化相互影响进程中的道德秩序代替生物秩序，克服了阻挡社会进程的因素。[①]比尔·盖茨在《未来之路》中预言："信息高速公路将打破国界，并有可能推动一种世界文化的发展，或至少推动一种文化活动、文化价值观的共享。"这种共享，一方面显示着世界文化的共同进步，另一方面也潜存着某种危机，即文化多样性的丧失和某种形式的文化殖民主义或文化帝国主义。

同时，信息技术还有助于形成新的"规范与准则"，因为新的信息技术的出现，一般会引导新的行为方式，也就引发相应的规范与协调的问题。如网络的出现，就引发了对网络伦理的研究，呼唤制定新的

---

① 丹尼尔·杰·切特罗姆：《传播媒介与美国人的思想：从莫尔斯到麦克卢汉》，中国广播电视出版社1991年版，第127页。

制度来引导和规范网络行为,建构良好的网络秩序。而手机短信的发展,也引发了一系列短信陷阱和短信问题,同样需要建立新的制度来规范短信服务,维护短信产业链的正常运行,也维护消费者的权益。

再次,信息技术的发展实质上改变了文化的"表现系统",改变其物态的方式与形态的方式。如信息技术的运用促进了文化信息化。文化信息化是指借助信息技术载负、整合、表现已有的文化作品并进行传播的过程。文化信息化随着信息技术的发展而发展,经历了语言文字化、印刷品化、电子化、网络化和多媒体化等过程。现在的文化信息化主要是利用互联网整合多种媒体的特性,利用丰富的多媒体手段和多种语言形式在网上加以包装和发布,推进文化在国际信息空间的传播与交流。文化信息化的过程实质上是文化载体技术化的过程。

最后,信息技术有利于形成新的"行为系统"。人类的行为方式随着信息技术的使用而不断变化,如人际交往的方式,从最初的面对面的交往、书信交往、电话交往到现在的电子邮件交往、短信交往和网络交往方式的变迁,无不缘于新的信息、通信技术的出现。

以上是基于文化分层的具体分析,从整体上看,信息技术的发展同样对文化的发展起着重要作用。

首先,信息技术的发展水平决定着人类文化的交流与传播的程度。人类对信息技术的追求源于其满足人类进行文化表达、传播与交流的需要。信息技术每一次突破性的进展都能带来人类文化流动的重大变化。当下文化信息的流动随着信息技术的突出成就在时间和空间上都表现出前所未有的超越性。

其次,信息技术决定文化的模式。加拿大媒介研究的先驱伊尼斯在其名著《帝国与传播》中开创性地探究文明发展进程中媒介技术的作用,并以传播媒介来解释人类文明进程。他认为埃及、巴比伦、希腊和罗马以及英帝国的兴起很大程度在它他们具备对时间和空间伸延控制的能力,其方法就是保持对知识的竞争性垄断的平衡。每一种垄断都建立在一种特定的媒介的基础上—讲话、复杂的书面写作(写在莎草纸上的表音字母)或印刷。① 从而强调了信息媒介的决定作用。美国学者库利在《社会变革的进程》(1897)一文中也提出类似的思想,认为社会变革的轮廓要由社会环境的演化来决定,"而现存的传播系统决定着环境的范围……社会是人与人之间的相互发生影响;因为这种影响正是由传播所形成的,所以传播的历史是所有历史的基础。"②

最后,信息技术催生新文化形态的形成。如同饮食成就了饮食文化、饮茶形成了独特的茶文化、铜鼓引致了壮族独特的铜鼓文化、计算机造就了计算机文化、网络造就了网络文化一样,作为整体的信息技术也造就了自成一体、以信息技术为因变量的信息文化,这是一种新的文化样式。媒介大师麦克卢汉曾断言"媒介即讯息",在他看来,传播媒介真正传递的是媒介本身的特性,而同其传递的具体内容无关。一种新的传播媒介一旦出现,无论它将传递什么样的具体内容,这种媒介本身都会给人类社会带来某种信息,引起社会的某种变革。现代新信息技术就以其独特的发展历程和标志性事件,造就了当下以电脑、网络和全球通信为核心的全球化、网络化、知识化、虚拟化的新信息文化。

"信息技术对文化的影响"仅是一枚硬币的一面,在另一面,是"文化对信息技术的影响",文化与信息技术的关系是双向互动的,但由于受限于书本的主题和篇幅,本书将不再具体探讨另一面的表现与特征。

---

① 丹尼尔·杰·切特罗姆:《传播媒介与美国人的思想:从莫尔斯到麦克卢汉》,中国广播电视出版社 1991 年版,第 173 页。

② 丹尼尔·杰·切特罗姆:《传播媒介与美国人的思想:从莫尔斯到麦克卢汉》,中国广播电视出版社 1991 年版,第 9 页。

三、信息文化的变迁

信息技术不仅影响人类文化的整体和层次结构，而且还催生新的文化形态。信息文化就是以信息技术为支撑的文化样式，它随着信息技术的发明、发展而形成、发展。

（一）信息文化的概念辨析

信息文化是人们借助于信息、信息资源、信息技术从事信息活动所形成的文化形态，是一种具有特殊内容和表现手段的文化形态。现有的信息文化研究，主要从三个层面对信息文化进行界定和研究：

一是从宏观的视野，认为信息文化是一种技术文化。龚友德将信息文化看作人类记事表意的方式，随着这种方式的变化，信息文化发展史分为原始信息文化、古代信息文化、近代信息文化、当代信息文化几个发展阶段[①]。我国最早提出"信息文化"概念的卢泰宏认为："信息技术对人类社会生活的全面渗透，正在逐渐形成一种新文化形态——信息文化。""信息文化的支撑点或生长点不是文字，不是宗教，不是建筑或艺术，也不是理念或道德，而主要是技术。是信息技术带来了革命，产生了信息文化，因此，从某种意义上也可以说信息文化是一种技术文化。"[②]这种意义上的信息文化与信息技术、信息并存，随着信息技术的发展而发展。因此，也有人将之称为"信息技术文化"："一种技术，当它在社会中普遍得到认可和运用，并且这种运用成为人们日常生活的行为方式，就会衍生为一种文化。计算

---

① 龚友德：《原始信息文化：少数民族记事表意方式》，云南人民出版社 1996 年版，第 1 页。

② 卢泰宏：《信息文化导论：IT 会带来什么》，吉林教育出版社 1990 年版，前言第 1—2 页；377 页。

机网络技术的普及，深刻地影响了人们的生活，它已超越了纯技术的界域，在世界范围内，尤其是发达国家中成为一种文化现象。"①这种文化被称为"信息技术文化"。但这种信息技术文化事实上是仅仅局限于现代信息技术的范畴，应该属于信息文化发展史中的最近阶段—新信息文化阶段。

二是从中观的视野，认为信息文化就是对应于信息社会的文化形态。在许多关于信息社会、知识社会、后工业社会的文本中，就有不少关于信息社会文化—信息文化的描述。董焱提出：信息文化指"信息社会的物质文化、精神文化和制度文化"。② 熊澄宇认为，"所谓信息文化，是相对于旧有的农业文化、工业文化而言的。如同农业社会的文化是农业文化，工业社会的文化是工业文化那样，信息社会的文化也可以相应地称为信息文化。信息文化是在原有文化传统的基础之上，伴随着社会信息化过程逐渐产生和发展起来的有别于传统工业社会文化的符号系统和实物形态"③。这种观点认为，信息社会的主流文化就是信息文化。

三是从微观的视野，认为信息文化就是电脑空间文化或者电子信息文化。严康敏、赖茂生先生提出："'信息高速公路'的出现会影响到人类各领域的活动方式和内容，特别是人类文化生活。有人将信息时代可预期产生的新文化方式和内容称之为'电脑空间文化'，也就是人们常常谈起的'信息文化'。'信息文化'的内容并非完全确定，大致上用来表示两方面的含义：一是指原有的各种文化内容以及活动方式因被纳入到'信息高速公路'系统进行制作、加工、传递和交流而发生变化，即所谓原有文化的'电脑化'和'信息化'；二是指随着人们越来越经常和更大规模地运用'信息高速公路'系统从事各行各

---

① 沈阳：《论信息技术文化》，云南师范大学学报 1999 年第 3 期，第 99 页。
② 董焱：《开展信息文化学研究》，《未来与发展》，1998 年第 3 期，第 41—42 页。
③ 熊澄宇：《信息社会 4.0》，湖南人民出版社 2002 年版，第 92 页。

业,以及社会生活中的各种活动,这种运用方式本身势必越来越丰富多样化,进而形成一种崭新而独特的文化形态。"①也有人将这种文化形态统称为电子信息文化:"计算机文化和在线空间文化可以通称'电子信息文化'。"②微观层面的信息文化研究往往与计算机文化、赛博文化、网络文化、虚拟社会文化等当前新信息文化现象研究相结合。此外,还有另一种观点,就是基于企业信息管理和信息系统的研究,认为信息文化就是企业或团体内部在信息技术影响下所形成的新型企业文化的组成部分。这是定位于某一范围或系统内的信息文化研究。

笔者认为,不管从哪个层面定位信息文化,都具有一定的合法性,能够解释一定的社会文化现象和事实,也有各自的局限性。但本书将沿用宏观的视野来理解信息文化,主张人类的信息文化发展已经经历了原始信息文化、古代信息文化、近代信息文化等历史进程,目前正经历着"新信息文化"的阶段。新信息文化阶段超越了印刷时代、广播电视的旧电子时代,而进入以计算机技术、网络技术、新通信技术、数字化技术、多媒体技术和虚拟现实技术为主导的新信息时代,新信息文化是新信息时代的文化表现。可以说,新信息文化包括微观层面的信息文化研究如计算机文化、赛博文化、网络文化、虚拟社会文化等内容,但又不仅仅局限于此,还包括诸如数字化文化、手机文化、短信文化等新文化现象,具有更丰富的内涵与更宽泛的外延,形成了不同于以往社会的表达系统、规范系统、表现系统和行为系统,展现了一种新的文化形态和文化特点。

尤其要区分的是,新信息文化与文化信息化是两个绝对不同的概念。文化信息化是指通过信息技术,尤其是数字化技术包装、整合现

---

① 严康敏、赖茂生:《信息高速公路:面向未来的震荡》,山东教育出版社 1996 年版,第 123 页。

② 金吾伦:《塑造未来:信息高速公路通向新社会》,武汉出版社 1998 年版,第 147 页。

有文化信息并通过现代通讯、网络资源传播的过程，它是国民经济信息化的重要组成部分。其主要目标是将现有的民族文化遗产、艺术作品(如音乐、戏剧、舞蹈、美术、曲艺、杂技等)、科技文化研究成果和历史文物等都制成数字化产品，在城市和发达地区建构虚拟文化社区，建构新时代的文化新生活。通过文化信息化，可以增强全民族的文化素养和文化认同，推进民族文化汇入世界文化之海洋，同时也使人民能够更为便捷地吸收人类的优秀文明成果、进行世界文化交流等。

如果说文化信息化是一个现有文化借助互联网络来进行传播的过程，是一个横向的文化延展过程，那么信息文化则是一个历时性的视野，代表着一种纵向的文化更替过程。从人类发展的历时性观点看，人类社会的各个发展阶段实质上是不同类型文化从低级向高级的依次更替，社会文明进步最终可归结为社会文化的积累与更新。每当一种新的生产力以及它所影响的生产方式和生活方式的出现，总会导致新的文化要素的产生，一个社会或群体中的大多数成员逐渐放弃旧的行为选择标准体系而接受和形成新的行为选择标准体系，这就是文化的变迁。文化变迁理论认为每一种文化都处于变迁、发展之中，而文化变迁主要是由技术革命所推动的。目前，人类迈入了新信息社会，信息取代能源成为社会最重要的资源，比特取代原子构成高速传媒，它所产生的巨大能量引起了一系列高新技术革命，同时也导致了文化的新变迁。如果说文化信息化是原有文化获得了新的信息化的外衣和载体，那么新信息文化则意味着一种新的文化形态的形成。事实上，在新信息文化形成之前，信息文化已经伴随着人类的信息革命走过了不断变迁、发展的历程。

(二)信息革命与信息文化的变迁

正如龚友德所言，信息文化经历了原始信息文化、古代信息文化、近代信息文化、当代信息文化等发展阶段。在这过程当中，信息媒介的每一次突破性的进展都带给信息文化新的发展契机,带来新的动力。在人类发展史上,已经经历了五次信息革命,每一次都促进信息文化突破性的进展。

第一次信息革命的标志是语言的产生。从头盖骨化石上搜集到的解剖数据可以确认,距今4万到9万年前,现代人类获得了说话的身体能力。随着口头语言的兴起,人类的信息交流发生了划时代的变革。在语言产生之前,人类只能采取最原始的方式来表达观点、交流信息,如发出不同的声音、打手势、使眼色、跳舞或者是做些其他动作。但这些方式只能表达和传递一些固定的简单的信息,远远不能满足人们交流信息、从事生产劳动和其他活动不断发展的需要。语言的产生标志着人类感知、反映、接收、传递、交流和分析加工处理信息的能力有了一个质的飞跃,除了使人与人之间的外部沟通更加有效之外,也为人的内部沟通、为思想提供了更加有效的方式。"思维的规则与谈话的规则相并行",掌握语言规则的能力大大提高了人类推理、计划和概念化的能力,导致人类文化的质变。最终,口头语言给人类提供了一种将他们搜集到的知识、经验和信仰——或者说,他们的文化——传递给下一代的方式。按照媒介历史学家詹姆斯·凯瑞的观点,一些传播形式"不是在空间上扩展讯息,而是在时间上维系社会;不是传递信息,而是表现共有信仰。"讲故事就是这样一个典型的传统,它将优秀的民间文化代代相传。由此可以推断出,口头语言可能实际上加速了非语言宗教仪式、象征主义、音乐和艺术的发展。① 也许正是在这个意义上,苏格拉底才那么留恋口语文化,喜欢言说与辩论,将其视为创造性思维的源泉,能够激发想像和导致新思想的产生,他曾以此为由,拒绝文字的使用。瓦尔特·本雅明(Walter Benjamin)也曾批判机械复制时代的来临导致了传统艺术

---

① [美]罗杰·菲德勒:《媒介形态变化:认识新媒介》,华夏出版社2000年版,第48—49页。

作品的圣洁的灵韵(aura)的消失,而小说和新闻报道的兴起,导致了讲故事的叙事传统的丢失,使文化失却了某种迷人的气韵。

第二次信息革命是文字的创造。关于记录并保存信息的统一系统,最古老的现存证据,可追溯至六千年前的古代苏美尔和埃及。那时,这些新兴农业经济中的农业、商业和统辖治理的迅速增长创造了一个机遇和动因,试图寻求和采取新的传播工具,它将比人类的语言和记忆更适于穿越时空地保留可靠的和准确的记录。文字的产生就恰恰顺应了这种需要。早期的文献记录技术对人类的传播和思想产生了根本性的影响。语言学家发现,随着书面语言的发展和散播,口头语言和文化获得了高得多的稳定性。[①] 书面语言的最大特点就是言者与所言可以分离,文献资料便于携带可以独立流传,书面信息的传播与交换不要求发送者和接收者同在,因此信息的传播从它们早期受到的时间和空间的限制中解放出来,允许对信息内容进行更加独立和更加从容的审视。而且,书面文献也使思想和想法可以在它们的原创者死去之后留存下来,延长了信息的寿命,也为传播范围的进一步扩大提供了新的可能。总之,文字的发明使人类开始了有文字记载的历史,人类文明进入了一个新的旅程。

第三次信息革命是印刷术的发明。文字是一种可记载传播的信息符号,随着日益增长的流动性和复杂性,产生了对文献记录技术的需求。人类曾经使用过的石器、泥板、甲骨、芦苇、动物皮、碎布、木质纤维制成的纸等记载材料都已经不能适应人类社会进步和发展的需要了。国家的产生使国家公务活动增加,文字记载材料演变到铜器、简牍、绢帛等,但这些材料或者太重或者太贵而且容量小。公元105年蔡伦发明了造纸术,制造出比简牍轻便、比绸缎廉价的蔡侯纸,使信息更易于记录、保存和传递,这是一个极大的进步。但此时文字的

---

① Pei,Story of Language,P.95,见罗杰·菲德勒:《媒介形态变化:认识新媒介》,华夏出版社2000年版,第52页。

复制传播仍然存在问题,完全依靠手写太累人,而且信息的容量有限,时效性不够强,传播范围不够广。唐朝的雕版印刷、宋朝毕昇(1041 年)发明的活字印刷术,为信息找到了价格相对低廉又能广泛应用的载体,使得人类的思想和知识在全社会范围内的传播成为可能。此外,书本构成了现实世界之外的精神世界,人类可以将自身的知识、体验、感情、思考、认识事物的方法等记录在文献上,建构独特的精神思维和思想交流方式。即使现实世界毁坏,人类根据文献上的精神世界也很容易将其恢复。总之,造纸和印刷技术的发明,使知识的积累和传播突破了时间与历史、空间与地域的界限,使信息广传于文明世界的各个角落,尤其对科学技术的推广、文化教育的进步、社会事业的发展产生了极其深远的影响。此后,印刷术传到欧洲,德国的约翰·古腾堡对印刷术进行了创造性的革新,使得大批量机械印刷高质量文献变得可行和经济:一是铸字装置,它可以很快地生产出许多金属型的耐用而且完全相同的复本;二是铅、锡和锑的合金,铸字形以此制出。三是机械印刷机本身,它从早先发明的装订印刷机改制而成;最后一个革新是一种印刷用油基墨水,可以以多种方式上彩。[①] 古登堡技术的推广,推动了报纸、书本、杂志和出版业的诞生与发展,人类进入了一个机械印刷的传播时代。1890 年到 1920 年这段时期通常被认为是印刷媒介的黄金时期,印刷帝国繁荣昌盛,人类文化也以前所未有的繁荣展现在人们面前。

第四次信息革命是电子信息技术的发明应用。电子信息技术包括广播、电话、电报、传真、录音、电视等。这是人类信息传递手段的又一次伟大革命。第三次信息革命虽然扩大了信息交流的范围,解决了记载传播问题,但它的速度不够快,时效性仍不够强,满足不了社会经济发展的进一步需求,尤其是满足不了军事上和救灾、救助突

---

① [美]罗杰·菲德勒:《媒介形态变化:认识新媒介》,华夏出版社 2000 年版,第 54 页。

发事件的需求。历史上人类对提高信息时效性的追求所用的办法有：一是西周时期开始利用的烽火传递信息，这种方法直到明清时代还在用。二是在商代开始的邮驿传递信息。第三种是报纸。报纸作为传播公文和信息的手段，早在公元前59年，古罗马就开始用《罗马公报》发布政令和信息。我国最早的官报是汉唐两代的邸报。到17世纪初，荷兰、德国、英国和法国都出现了印刷报纸。1833年本杰明·戴在纽约开始印刷和出售仅一便士的《太阳报》，以通俗的新闻形式吸引大量的受众，成为报纸产业的先驱。但这些都不能从根本上解决信息的时效性问题。

真正的变革始于电报的发明。电报被称为"在一个引人注目的时代的一个引人注目的发明"，电报的发明首次在人类历史上将传播与运输分离，拉开了电子媒介传播的历史。之后，电话、留声机、录音机、无线电广播、电视的发明，构成了20世纪上半叶工业文明一道亮丽的风景线，人类迈入了大众电子信息时代。

电子信息技术的发明使传播信息的手段和载体、方式和方法都发生了质的飞跃。电报、电话的发明把远在千里万里之外的信息接收下来，大大缩短了人们交流信息的时空界限。它不仅使语言和文字信息可以超远距离传递，而且使得信息传播的速度和传播面大大提高，一个电台、电视台所传送的信息可以穿越万水千山、送达千家万户。正是这种变化使我们的社会发生了深刻的变革。首先产生了"地球村"的思想，生活在地球上的人类不再是远隔重洋、彼此无关；其次，信息在社会发展和经济生活中上升到和物质、能源同等重要的地位；再次，任何人和机构控制信息的传播已不太容易。电视成为最重要的舆论工具之一。总之，电子信息技术使信息由物质传播转化为电传播，人类信息文化首次通过电传播走进大众的视野。

第五次信息革命是微电子技术与现代通信技术的应用和发展。同以往的信息革命一样，这次信息革命也是经过长时间酝酿的，从1946年第一台数字电子计算机诞生一直到今天都属于这次革命的过程。这个过程按技术的进步可分为如下几个阶段：从 50 年代起，是电脑完善功能、应用普及阶段；从 70 年代起，是计算机网络发展及应用阶段；1990 年开始，是多媒体的开发和应用时期；1993 年从美国开始在全球范围内又掀起建设"信息高速公路"热潮。

第五次信息革命是人类信息传播和处理手段的一次深刻而广泛的革命。电报和电话的发明应用虽然又一次把信息传播的手段推向前进，但它也有很大的局限性。电报需要翻译，电话只能接听不能存贮，更看不到对方，信息传播交流的时空条件还受到很大的限制，仍然做不到随时随地与任何地方和个人通话的程度，不能完全达到人类交流信息的理想程度，更解决不了对信息的快速存贮、加工、处理等问题。人类需求发展不但需要一种更加快捷和效率更高的信息传播手段与方法，而且需要一种能够模拟"人脑"的机器来替代人类综合分析加工处理信息。随着科学技术的发展和进步，这种较为理想化的现代通信技术和电子计算机应运而生了。这是一次同时包括了信息传播手段与信息处理手段在内的人类历史上影响更加深远、更加伟大的信息革命，是集光、电、磁、声一体的信息载体和传递工具的革命，是信息革命向智能化方向发展迈出的第一步。

电子计算机的出现是第五次信息革命的一个最重要的标志。自从 1946 年美国制造出第一台电子管计算机以来，虽然距今仅有 60 多年的时间，但其发展很快，正朝着功能多样化、体积小型化、智能人格化方面发展。电脑并非人脑，但却是人脑的延伸，具有极快的收集、贮存、加工、处理大量信息的能力。电子计算机应用是信息记载、存贮、传播以及进行数字化、程序化综合分析加工处理等方面的综合性的进步。电子计算机对人类社会发展的影响是全方位的，是人类历史上一次伟大的信息革命。

现代通讯技术的出现是第五次信息革命的第二个重要标志。目前，发达国家电话、电视和 Internet 已经十分普及。光缆的应用把以语音和计算机数据通信为核心的信息网络推向全球，加上卫星通信、微波通信技术,形成了立体通信网,地球上任何时候、任何地点发生的事情,都可以通过电脑和电视屏幕传到亿万个家庭。中国古代幻想中的"秀才不出门,便知天下事"的情形变成了现实。尤为重要的是,现代网络技术还建构新的赛博空间,成就了虚拟社区、虚拟现实等虚拟生存环境,形成了以文化思想的多元性、文化体系的多层性、沟通行为的交互性和精神体验的虚拟性为特征的网络文化空间,构成了人类文化的虚拟景观,这也是新信息文化之所以为"新"的根本所在。

总之,信息革命的实质是信息技术的革命,是信息的制造、存储、传播方式的革命,它对人类思想的记载与流传起到了重要作用,对人类文化的发展与变迁也起到了重要的推动作用。可以说,正是信息革命的发生造成了人类文化的变迁。传统的观点认为,语言和文字的发明造就了开始记载人类历史的古代文化,造纸与印刷术的发明成就了大众化与工业化的近代文化—"谷腾堡星系文化",电子信息科技开创了在全球范围内迅即传播的现代文化—"麦克卢汉星系文化",而以电脑和网络技术为核心的新信息技术则造就了无时空疆界的即时互动的新信息文化—"互联网星系文化"。正是随着人类信息技术的不断进步,人类的信息文化也不断推陈出新!

(三)信息文化的研究向度

信息文化的发展是一个历史的事实,关注信息文化的历史是一种历时性的分析框架,而关注信息文化的构成则是以共时性的视角分析信息文化的内涵与特征。

有人说,人类已经经历了三代文化的发展。第一代文化即农业文化,可用"井圈文化"来表征,由于受到当时传播媒介的制约,信息来源和活动视野都被禁锢在狭小的圈子里。第二代文化即工业文化,可用"河流文化"来表征,尽管它蜿蜒流长,但仍带有一种"界河"

性的分裂特征。第三代文化即新信息文化，可用"海洋文化"来表征。它四通八达，把整个人类连接成一个整体；它跨越时空，既没有中心也没有边界，既可以同步也可以异步；它虚实相间，既是真实的又是虚幻的。这是用过去经验无法想象和体验的一代新文化。它承前启后，标志着人类文化革命性的变迁。

那么如何才能更好地解读新信息文化呢？

不同的理论与学派有不同的研究维度。信息社会、知识社会与网络社会理论研究的传统是将信息文化作为与政治、经济相并列的内容来研究其特征，多为一种概要性地描述。媒介理论研究的传统有三个向度：一是研究媒介所传递的信息内容对受众和社会文化的影响，这是传播学领域根深蒂固的传统；二是研究媒介本身，著名的代表是英尼斯和麦克卢汉；三是在社会制度和文化的关系中考察大众传媒，以文化社会学的角度透视大众传播，注重文化的社会根源。社会批判理论研究的传统则将工业时代印刷与电子大众文化的研究与人本身的发展相结合。霍克海默（M. Horkheimer）在上世纪30年代后期曾将个人精神生活的崩溃，与作为传统社会结构中主要社会团体的家庭的瓦解，以及大众传播媒介提供的消遣娱乐产品联系起来进行探讨。本雅明、马尔库塞、阿多诺、哈贝马斯等人研究工业化复制技术和大众传媒对文化、艺术与人的发展的影响，研究交往理论；后现代主义哲学家利奥塔德、哈桑、杰姆逊等人则十分关注新时代的文化，成为后现代文化研究的突出代表。后现代文化的表现，一方面是整体化趋势，另一方面是去中心化、分散化、碎片化和多元化趋势，它们均与新信息技术的使用息息相关，各种关于"后工业社会文化"、"消费文化"、"传媒文化"、"电子文化"等方面的研究，亦是对信息文化的描述；让·鲍德里亚尔关于电子媒介之模拟、超现实的研究别具特色，马克·波斯特对"信息方式"和"第二媒介时代"的批判性研究也独具慧眼。这些都从文化或哲学的层面探讨了由媒介变迁所引发的文化变革。目前,新信息文化研究的热点是多姿多彩的赛博空间、网络文化和新兴的手机文化、短信文化等,这些都构成了新信息文化在新时期的新内涵。

国内学者主张对应于文化构成的分析方法,从多个层面分析信息文化。谢俊贵认为:信息文化"包括物质层面的信息文化、精神层面的信息文化和制度层面的信息文化。"①党跃武提出:"信息文化作为一种具有特殊内容和表现手段的文化形态,是人们在社会活动中依赖于以信息、信息资源、信息技术为支点的信息活动而创造的物质和精神财富。因此,广义的信息文化同样可以从四个方面来把握:作为物质形态的信息文化,作为社会规范的信息文化,作为行为方式的信息文化和作为精神观念的信息文化。"②熊澄宇认为广义的信息文化也可以从这四个方面来分析:"信息文化的物质层次,指社会信息资源系统和信息技术体系,它是信息文化的重要基础。信息文化的制度层次,指形成和调控人类信息活动的道德准则和法理制度,它是维系社会信息活动的强制性和非强制性力量。信息文化的行为层次:是人们在信息社会新的交往环境下形成的特定行为模式。信息文化的精神层次:指个人和群体在日常生活和整个社会不断信息化过程中形成的新价值观念系统。"③

很显然,对于信息文化的物质、制度(规范)、行为和精神的四个层次的区分在学界已经得到广泛认同,本书也将沿着这一思路展开分析。但由于制度、规范方面的研究,往往是与行为研究相结合,以制度、规则来规范行为,因此本书将把制度(规范)与行为研究结合起来,作为"运行方式"的内容来综合分析。同时,由于文化是人化的活

---

① 谢俊贵:《关于现阶段我国信息社会学研究任务的初步探索》,《情报科学》1999,17(1):第18页。

② 党跃武:《信息文化简论》,情报资料工作 1999(5):第1页。

③ 熊澄宇:《信息社会 4.0》,湖南人民出版社 2002 年版,第 93—94 页。

动和产物,人是文化活动与文化创造的主体,因此本书也将增加"主体分析"的内容,探讨新信息文化的主体特征。据此,接下来的分析将分别就新信息文化的物化基础、运行方式、精神气质和主体特征四个维度来展开,揭示新信息文化多层面的特征。

第 二 章
新信息文化的物化基础

任何文化都具有特定的物质基础和物质形式，新信息文化之所以为"新"，首先在于它具有不同于旧信息文化的物质基础和形态：新信息技术的物化建构了横贯全球、实现实时高速传送的信息网络，数字化技术的扩张建构了人类生存的新信息空间，人们在自然与虚拟两个平台上演绎新的文化。新技术同时还实现了传统媒介的整合，形成了新的媒介文化。

一、新信息技术对文化平台的重构

信息技术是人类对数据、文字、声音、图画和影像等各种信息进行生产、采集、处理、储存、传输和检索的经验、知识及其手段、工具的总和。经验意义上的处理信息的技术和人类发展的历史一样久远，而作为一门技术被人们所重视，并系统地研究、开发和利用却只是最近几十年的事。现代新信息技术包括现代计算机技术、电子通信技术、数据处理技术、微电子技术、网络技术和多媒体技术等。这些新技术以数字化、网络化、多媒体化、宽频带、智能化和高速度等特征，为人类注入了新的文化元素与文化形式，是新信息文化的技术支撑，它至少在两个维度上重构新信息文化的物质基础：一是建构全球化的高速网络，促进全球化文化的形成；二是建构虚拟空间，形成色彩斑斓的虚拟文化。

（一）以网络重构社会文化

人类发展到今天，已经为自己设计、建构了各种各样的网：因特网、局域网、电信网、有线电视宽带网、卫星传播网等。这些以微电子为基础，由电子通信、电脑处理、广播系统和高速电子交换的回路所构成的网络，共同构成了新信息文化时代关键性的物质基础。

国际互联网（Internet）是在美国较早的军用计算机网 ARPAnet 的基础上不断发展变化而形成的。ARPAnet（Advanced Research and Projects Network 国防高级研究计划网）由美国国防部高级研究规划署于 1969 年底建成，目的是为了在战争中保障计算机系统工作的不间断性。该网最初只有 4 个实验性节点，但不久扩展到几百台计算机。后来又用同样技术建立了军用网 MILnet 和在欧洲的延伸 Minet。随后，和 ARPA 签约的学校和政府机构各自的局域网迅速增加，达到几千台主机，10 万个以上用户，形成了 ARPAInternet（ARPA 互联网络）。到 70 年代，TCP/IP（传输控制协议 Transmission Control Protocol/国际协议 Internet Protocol）的协议组作为标准被国际上接受，致使不同类型、不同型号的计算机网络和设备连成了统一整体。很多人把 ARPAnet 作为 Internet 的前身，这是因为发展 Internet 时沿用了 ARPAnet 的技术和协议，而且在 Internet 正式形成之前，已经建立了以 ARPAnet 为主的国际网。这种网之间的连接模式，也是 Internet 所用的模式。

Internet 的真正发展是从 1985 年美国国家科学基金会（NSF）建设 NSFnet 开始的。NSF 把分布在全美的 5 个超级计算机中心通过通信线路连接起来，组成用于支持科研和教育的全国性规模的计算机网络 NSFnet，并以此作为基础，实现同其他网络的连接。今天，NSFnet 连接了全美上百万台计算机，拥有几百万用户，是 Internet

最主要的成员网,采用 Internet 这一名称是在 1989 年 MILnet 实现和 NSFnet 连接后开始的。以后,其他部门的计算机相继并入 Internet,ARPAnet 宣告解散。1989 年万维网(World Wide Web,www)的发明,为文字、图形、声音和视频等组建规定了标准的格式,使所有上网的机器能够互相沟通与编辑,这吸引了更多入网的机器。这种把不同网络连接在一起的技术的出现,使计算机网络的发展进入一个新的时期,形成由网络实体相互连接而构成的超计算机网络,人们把这一网络形态称为 Internet(互联网络)。互联网的发展速度极快,据 1999 年 4 月 14 日在北京召开的科技和报刊国际会议提供的资料显示:以 5000 万受众为传媒的一个里程计算,达到这一里程,无线电广播用了 38 年,电视用了 13 年,而因特网只用了 4 年! 世界互联网总用户 1994 年仅为 400 万,1998 年增至 1.54 亿,4 年增长 38 倍![①]

中国从 1994 年 4 月起正式加入 Internet,国内有 4 大互联网络可以实现向 Internet 连接,即中国科学院的中国科技网 CSTNET,教育部的中国教育和科研网 CERNET,国家邮电总局的中国互联网 CHINANET 和信息产业部的金桥网 GBNET。全国各地区需要使用 Internet 服务的用户,可以通过不同的方式加入上述 4 大网络从而进入 Internet。这 4 大网络于 1997 年 4 月 26 日相互连接,标志着在中国推进 Internet 发展的时期已经到来。随着光缆和宽带的普及,在中国本土化的信息高速公路上,Internet 正迎来光辉的发展前景。

至今,世界互联网用户已经达到 6 亿多,中国互联网用户已达 1.37 亿。网络技术的发展同时将各种通信网络、电视传播网络与专业信息网络相联结,建构庞大的无所不包的网络体系。松下电器产

---

① 柴庆云、陈兴超、化长河、陈雷:《信息文化——人类文明的新形态》,军事科学出版社 2003 年版,第 84 页。

业董事长兼总裁中村邦夫在 2001 年 10 月 2～6 日举行的"CEATEC JAPAN"上,提出电器业界应当沿着实现"无所不在的网络"的道路走下去。他将"无所不在的网络"定义为"随时随地无论谁都可以利用信息通信技术(IT)的环境",并强调"在手机、机场自动检票口、自动售货终端方面已经开始出现这样的征兆。2005 年将进入网络无所不在的社会"。他认为数字化社会的发展促进了从大型主机到个人电脑的普及,"到目前为止,原有的社会模式也正在被技术革新所打破",而支撑这些变革的就是无所不在的网络。在他看来,形成网络无所不在的社会基础设施有 5 个方面:(1)广播电视数字化;(2)通信宽带化;(3)移动通信高速化;(4)IPv6 的应用;(5)可无障碍地将各种终端连接起来的环境。随着这些基础设施的不断完善,预计"2010 年网络家电与数字家电的出货量在日本国内将达到 1 亿 4200 万台,从而大大超过同期个人电脑 2200 万台的出货量"。① 可见,对无所不在的网络的追求,体现着对随时随地无限连接的追求,以及对无限带宽和高速通信的追求。

网络重构着各种社会关系与社会行为方式,政治、经济、贸易、工作、学习、生活、娱乐、交往等获得了新的形式。人与人的关系重新建构,人们用手机即时通信,用短信息沟通,用 E-mail 交流,用 MSN、OICQ、网易泡泡聊天。人们通过网络工作、学习、购物、交友与娱乐;企业通过网络平台进行即时通信与管理;国家通过网络联系,建立电子政府、开发电子政务。光网技术就像数百年前蒙古人用火药技术炸开亚洲、欧洲各封建帝国的城门一样,打开世界各国封闭的边境、海关和贸易壁垒。全球的经济财富及全人类的个人情感都将被包容于光纤中只有头发丝十分之一细的光波所照亮的无限宽阔的世界中。不同种族、不同肤色、不同文化却具有共同智慧和无限创造性的全球数十亿人的智能,将在这个穿越海底、跨越大陆、连接城市、覆

---

① http://www.sina.com.cn 2001 年 10 月 5 日 15:47 日经 BP 社

盖乡村、充满了光子辐射的虚拟网络世界里汇集凝聚,并形成科学技术和理性思维的"创世风暴"……

　　曼纽尔·卡斯特斯在为派卡·海曼的新书《黑客伦理与信息时代精神》(The Hacker Ethic and the Spirit of the Information Age)所写的跋"信息主义与网络社会"中指出,当今时代新的信息技术具有更大的历史意义,因为它们引发了一个以三大特征为基础的新的技术范式——信息主义范式(Informationalism):一是对容量、复杂性和速度的自我扩展的处理能力;重组能力;分配的灵活性。关于第一个特征的理解是纯经验的。以信息处理的任何可行的措施为例,在比特、反馈环、速度方面,可以看到过去 30 年里处理能力呈持续指数增长,而单位运行费用同等程度大幅度地降低。其次,以微电子学为基础的技术也是以用任何可能的方式重组信息的能力为特征的。互联网真正的价值在于它能够把任何地方的任何东西链接起来并予以重组的能力。正如纳尔逊所看到的,互联网真正的潜在价值在于,它能够根据每个超文本的使用者/生产者实时决定的特定目标,重组所有现存的信息与通信。重组是创新的源泉,特别是在递增的有意义的信息循环中,这种重组产品成为它们自身进一步发展的支撑时。新知识的产生总是要求把理论运用于重组信息,资源多样性重组的实验能力相当广泛地拓展了知识王国。新信息技术的第三个特点是在不同背景和应用中分配处理能力的灵活性。网络技术的蓬勃发展,蜂窝式电话难以置信的增长,以及即将来临的移动互联网日渐完善的发展(即通过范围广泛的便携式设备与互联网联通的蜂窝式电话)都是标志处理能力增长的关键进展,包括网络通讯的能力,无论身处何方,都可以通过技术基础设施和知识来使用它。

　　以信息主义为基础,网络社会已经出现,并扩展到整个世界。网络社会是一个由信息主义范式的信息技术特征控制的信息网络组成的社会结构。所谓社会结构,就是指生产、消费、经验和权力相互关系中的人的组织安排,就像在由文化建构的意义深刻的相互关系中所表达的一样。网络是一系列相互联系的节点(node)。节点是指曲线的折点。社会网络像人类一般古老。但是,它们在信息主义条件下焕发了新的生命,因为在协调和解决在与等级制组织斗争的整个历史中阻碍网络发展的问题时,新技术增强了网络内在的灵活性。没有中心,只有节点。尽管节点可能大小不同,具有不同的重要性,但是它们都是网络必不可少的。当一些节点编程累赘时,网络就会重新自我配置,删除这些节点,并增加新的有效率的节点。节点通过接受更多的信息和更有效地处理这些信息,提高自己对于网络的重要性。节点的相对重要性并不是来自它与众不同的特点,而是来自为网络提供有价值的信息的能力。在这个意义上,如果按照网络逻辑而不是它们运行的指令逻辑,那么主要的节点并不是中心点,而是开关点和传输协议。网络是以二进制逻辑运行的:加/减。作为社会模式,它们是自由中立的。[1]

现在科学家正在开发下一代网络。下一代互联网始于1996年美国克林顿政府的 NGI(Next Generation Internet)计划。与第一代互联网相比,未来网络不仅传输速度可以提高1千倍至1万倍,而且功能会大大增强。目前,下一代网络已经在美国、日本等国家投入运行,我国也在加紧建设之中,它的神奇之处将在不久的将来展现在人们面前:一是解决 IP 地址有限的问题;其次,通过网络可以进行各种实质性的操作;再次,上网费用低;第四,上网能发送香味,在网络空间也能享受大自然的馈赠;第五,未来的网络将把语音、视频和数据集合在一起,它传送的图像清晰度超过电视,地球任何地方的用户都能在一个模拟的视频环境中互动;第六,网络从工具变为个人数字助理,人们的活动可以通过网络来调控。网络不仅可以改变我们的生

---

[1]　Himanen,pekka:《The Hacker Ethic and the Spirit of the Information Age》,New York,Random House,2001p. 117-132.

活方式,更能提高我们的生活质量。①

　　全球通信网络的形成,有助于形成全球化的文化,在这个全球化的平台上,人类重新谱写关于政治、经济、文化的新篇章。

（二）数字化革命

　　数字化家电、数字化生活、数字化经济、数字化社会……当数字化的概念越来越多地以种种物的形式任人类体验的时候,一场波澜壮阔的数字化革命正深刻地改变人类的生存环境和生活形态。托夫勒说过:道路和高速公路是"第二次浪潮的基础设施的组成部分;数字网络是第三次浪潮基础设施的心脏。"数字化技术构成了当代信息革命的新平台,也是信息文化的首要标志。数字化技术的变革始于语言的变革,其基础是数字语言的使用。

　　人类用以沟通的语言在数字化之前主要有三种:表达式(用特定的符号、信号、手势、音乐、舞蹈表达意义)、口头语言和书面语言。数字语言是对人类语言的变革,是用数字 0 和 1 来对原有的人类语言和信息进行编码、形成新的语言,以利于机器和它们的元件之间的沟通。数字化就是用现代技术手段把各种语言都变成 0 和 1 的编码,传到终端用户那里又原原本本还其本来面目。一个 0 和 1 就是一个最基本的信息单位,人们称之为"比特",成串的比特根据限定的规则或标准集合,以组成名为字节、可被计算机轻易读取的"字词"。在现代数字计算机发展之前,几乎所有的计算和传播系统都是模拟的。数字技术是对模拟技术的超越。李河说:"在计算机和互联网领域内,比特技术的实质就是使人类语言与它的物理载体形成一种数字化的、可控制的翻译和转换关系","比特在不同信息载体中建立了可转化的统一标准,这就使多媒体技术应运而生。从这个意义上可以

　　①　罗会祥:《下一代互联网络》,http://arts.tom.com 2004 年 3 月 17 日,人民网。

说，数字化技术构成了当代信息革命的一个新平台，如果说文字和印刷术代表着人类历史上两次划时代的信息载体革命，那么插上比特翅膀的现代计算机和互联网技术就成为第三次信息载体革命的重要里程碑。"①作为历史性的变革，尼葛洛庞帝说："数字化的好处很多。最明显的就是数据压缩和纠正错误的功能"。② 它具有的显著优势为：一是它们可以有效地降低处理、存储、显示和传输信息所需的数据数量；二是它们可以无限地复制数据，而没有明显的质量损失，三是它们可以高精度地轻松地控制数据。③

数字化技术的发展不仅支持了崭新的电子计算机和网络技术，还给人类的生产和生活带来了决定性的变革，尼葛洛庞帝的《数字化生存》曾经预见性描绘了人类数字化生产生活的图景。时代发展到今天，数字化已经深深地融入人类生活的空间，制造了崭新的信息环境和信息生活。

最先运用数字化技术完成从模拟到数字化改造的恐怕要数反应灵敏的传媒。电话是第一种实现数字化的消费型传播媒体。大多数电话交谈在传输前都会被转化成数字形式，并作为计算机数据在长途电话网络中传输。移动电话也主要依赖于数字传送，在手机内部完成将声音信号数字化的过程。传统的印刷媒体已经在各个环节实现了计算机化，只有在印刷过程的最后阶段，信息才由计算机代码转变成印刷版纸页。随着网络技术的发展，不少日报现在也有了自己的电子版，可以在万维网上以电子的方式获得，这种方式完全超越了最后的印制步骤，除非读者自己选择用个人电脑将文章打印出来。录音工业数字化的第一步是1982年开发出了第一张高密度的压缩盘CD，它将音乐数字化编码刻在一张塑料盘表面，具有高容量和高

① 李河：《得乐园·失乐园》，中国人民大学出版社1998年版，第26—27页。
② ［美］尼葛洛庞帝：《数字化生存》，海南出版社1997年版，第26页。
③ ［美］罗杰·菲德勒：《媒介形态变化：认识新媒介》，华夏出版社2000年版，第61页。

品质的特点。现在这种数字化的音乐文件可以直接从万维网上下载收听,互联网成为一种越来越重要的音乐信源。电影工业1995年推出了第一部完全由电脑制作的数字化电影《玩具总动员》,至此,数字化技术渗透到了电影制作从最初的拍摄到后期的处理的整个过程。而可以集影、音、视频于一体的高清晰度数码多功能光盘DVD和数字摄像机DV的发明,则从根本上变革了关于摄影和存储的观念,使每一个普通的人都可以自己当摄影师,刻制CD、DVD。20世纪80年代,几乎在CD开始风靡的同时,个人电脑进入了家庭。这是传播媒介数字化的另一个重要里程碑。80年代末,非音乐光盘也开始应用于个人电脑,这些光盘被用来当成高存储的设备来存储声音、视频、图画和计算机文本。随着光驱的普及,多媒体成为现实。而1993年万维网的出现,不仅实现了超文本的超链接,还实现了超媒体,越来越多的计算机用户可以在网上收听广播、观看光盘和电视节目,并开发了一系列丰富多彩的信息和娱乐服务。此外,有线和卫星电视、广播都在向数字化方向发展,人们可以收看收听更多频道节目,与世界一起观看地球上不同国家、城市甚至乡村正在发生的事。

其次是运用数字化技术改造传统行业。这种改造不仅仅是经营思路、管理制度、流程控制等等的进步,更重要的是从技术与生产力这个层面上结合诞生出新的技术与产品,把原传统行业推进一个全新的领域,并挖掘出消费者更多的潜在需求,开辟出全新的市场。正如传统的音磁行业与数码科技结合诞生了MP3、MP4、录音笔,影磁行业与数码科技结合出现了投影机、投影仪,影像处理行业与数码科技结合有了数码相机、激光冲印系统等,这些产品的出现给人类的生活带来许多乐趣与便捷,也开辟了一个新的市场——IA市场(即Information Appliance"消费类电子产品数码化")。

第三是从家电信息化到家庭信息化。家电消费用品的数字化已经走过了内置一个数字化智能控制芯片—如数字微波炉、数字化空调、数字化洗衣机—的数字家电阶段而走向家电信息化。目前的趋势是强调 3C 的融合，3C 是 Communications、Computer 和 Consumer Electronics 的简称，3C 的融合指计算机、通信和消费类电子产品走向融合的趋势。即家用电脑将不再是一个简单的数字终端，而将作为数字化家庭的核心，承担起数字家庭的信息处理核心、网络接入核心、智能控制核心、数字娱乐核心等功能，把家中各种高科技数码产品有机整合为一体，形成一个家庭智能化的网络系统。① 正如比尔·盖茨预测的那样：所有的家电都将信息化；所有的电脑都要家电化！ 未来的信息家电将是具备高品质的视听功能、具有强大的交互式信息处理功能、网络浏览功能和收发邮件等功能的新一代家用电器。而家电信息化的结果将最终导致信息家庭（iHome）的出现，数字化的"信息家庭系统将涵盖家庭电子购物、电子结算等在内的家庭商务系统，包括 Web 信息搜索、网络娱乐等在内的家庭电子服务系统，包括家电智能控制、家庭保安系统等内容的家政管理系统以及家庭远程管理和电子社区系统等。信息家庭将实现家庭信息设备与外部各项资源之间的对接，彻底改变人们的生活形态、工作形态和社会交往形态。"②

数字化技术引发的不仅仅是家庭的决定性变革，数字化企业、数字化社区、数字化城市、数字化军队、数字化国家和数字化地球都是正在发生的转变。比尔·盖茨说："我们将看到未来信息的最根本的差别是：几乎所有的信息都是数字的。"③

第四，数字化技术建构了虚拟的赛博空间，数字化的后果是引发人类的虚拟生存。生活中的虚拟社区、虚拟身份、虚拟情爱、虚拟偶

---

① 许枫：《关注：享受 IT 的情调生活》，赛迪网——中国计算机报 2003 年 6 月 16 日。

② 柴庆云、陈兴超、化长河、陈雷：《信息文化——人类文明的新形态》，军事科学出版社 2003 年版，第 42—43 页。

③ 比尔·盖茨：《未来之路》，北京大学出版社 1996 年版，第 28 页。

像,经济活动中的虚拟企业、虚拟公司、虚拟银行、虚拟商场,还有虚拟医院、虚拟邮局、虚拟学校、虚拟博物馆……种种虚拟景观构成了特有的虚拟文化,从此人类的文化空间增加了虚拟的内容,人类文化在自然和虚拟两个平台上延伸。

从政治到经济,从经济基础到意识形态,从个体到社会,从家庭到国家,从生活到军队,从娱乐到爱情,当一切都可以数字化、一切都可以虚拟时,也许我们应该探讨的不是"什么是数字化的?"、"什么是虚拟的?",而应该是"什么不能数字化?"、"什么不能虚拟?"

(三)信息化的推进

利用新信息技术建构数字化环境的过程即信息化,信息化作为世界各国的一种政策取向,推进着新信息文化的发展。

"信息化"(Informatization)一词是日本学者最早于 20 世纪 60 年代提出来的。当时,大多数的日本学者是基于这样一种认识,即人类社会的发展与动物由低级向高级进化相类似,也是由低级社会向高级社会演进的。在工业社会,有形的物质生产占主导地位,而信息社会的主要特征是无形的信息生产创造价值,并占据社会的主导地位;日本社会需要从工业社会向信息社会过渡。"信息化"这个词就是用来描述上述社会进化过程的,即在整个社会经济结构中,信息产业获得长足发展并逐步取得支配地位的这样一种社会变革的历史过程。[①] 2002 年 10 月 22 日,国家信息化领导小组批准颁布了《国民经济和社会发展第十个五年计划信息化重点专项规划》,界定了信息化的内涵:"信息化是以信息技术广泛应用为主导,信息资源为核心,信息网络为基础,信息产业为支撑,信息人才为依托,法规、政策、标准

① 汪向东:《挑战知识经济丛书——信息化:中国 21 世纪的选择》,社会科学文献出版社 1988 年版,第 4 页。

为保障的综合体系",①从而准确、清晰地表述了当前和未来一段时期我国信息化建设的主要内容。当下,信息化无论是作为一种技术行为、政策取向或意识形态都已经深入人心,成为一种独特的文化。

作为技术文化意义上的信息化,旨在建构遍布社会的信息基础设施。以信息技术的广泛应用为主导,以信息资源的获取为核心,在各行各业、国家和社会范围内建构全面、宽带、高速、快捷的社会信息网络,实现信息资源的高度共享。从技术本源上说,信息化其实就是信息技术的应用过程,它以培养、发展计算机为主的智能化工具即信息化的生产工具为途径,提升社会、行业、企业和个人的信息获取、传递、处理和利用的能力,从而提高社会的信息化生产力。表现为三个方面:一是信息技术自身的产业化,带动国民经济快速增长;二是利用信息技术对传统产业的改造,提高传统产业的生产和管理效率;三是信息技术广泛应用于社会生活的各个领域,促进社会信息化水平的不断提高。目前,信息化的主要趋向是建立"信息高速公路"。"信息高速公路"并不就是计算机的简单联网,它是指在多媒体高技术基础上开发更加智能化的、更高一级的电子计算机的网络系统。目前我国金融、税务和公安系统等很多部门已经实现了计算机联网,但是那只是电子计算机的广域网或局域网,距离理想的"信息高速公路"还差得很远。真正的"信息高速公路"是建立在电子计算机技术、现代通信技术等高科技基础上的、立体的、广域的、交互的、数字化的、高智能化的多媒体信息网络系统,在此基础上,地球上任何角落相互之间的商务活动、学术交流和政府办公,就如同坐在办公桌对面商谈一般。"信息高速公路"的建成标志着世界信息社会的到来,信息网络将把国家、地区、单位和家庭联成一个整体。世界上任何地方的经济、政治、军事乃至于自然界发生的变化都会立刻传输在全球各地,

---

① 游五洋、陶青:《信息化与未来中国》,中国社会科学出版社 2003 年版,第 50 页。

影响着人类的社会生产活动,改变着原有社会的产业结构和经济结构,并且成为决定生产力发展速度和经济竞争力高低的关键。

作为政策意义上的信息化是一种历史的选择,表现为国家的决策与政策行为。当前,世界各国都以政府为主导,推进信息化建设。这个过程可以追溯到上世纪 70 年代。从那时起,世界上掀起了一股高技术的发展热潮,各国都把信息技术等高新技术看做是争夺和抢占 21 世纪领先地位的关键利器,集中力量发展信息搜集、处理、存储、传递、分析和使用等技术及其集成技术,大力开发信息资源,生产高附加值的信息产品,迅速大幅度地增强和提高国力。发达国家和国家集团纷纷提出雄心勃勃的纲领性计划,在高技术的世界舞台上称雄争霸,其中最有代表性的是日本的第五代计算机计划、美国的战略防御性计划(SDI,又称"星球大战计划")、欧共体的"尤里卡计划"等。这些计划的核心都是信息技术,它们的推出大大促进了信息技术的发展,构成了信息革命的主旋律。美国国务卿舒尔茨曾经指出,战略防御性计划"实质上是一个巨大的信息处理系统","它是用智力和科学影响和处理世界事物方法的一个明显事例","信息革命正在改变国家之间财富和实力的对比"。欧共体的"尤里卡计划"也指出,"随着应用领域的扩大和硬件设施的改进,信息技术将为所有其他领域的进步铺平道路……信息技术已成为现代化工业国家决定性的基础结构……不积极研究与发展信息技术,实际上等于放弃了成为现代化工业国家"。[①] 信息化已经成为当代社会的世界性战略。20 世纪 90 年代之后,以 Internet 为核心的信息网络技术又掀起了新一轮信息技术革命,建设"信息高速公路"成为各国的政策取向。1992 年时任美国总统的克林顿在其经济发展战略中提出:在今后 10 年到 15 年内建成"信息高速公路",建立贯通美国各大学、研究机构、企业

---

①　游五洋、陶青:《信息化与未来中国》,中国社会科学出版社 2003 年版,第 61 页。

以及家庭的全国性信息网络，像高速公路一样四通八达。1993 年时任副总统的戈尔抛出了"信息高速公路计划"，并将其喻为通向未来之路。"信息高速公路"被称为世纪性工程计划，一经提出，就引起世界各国的强烈反响。在短短一年内，"信息高速公路"的浪潮席卷全球，加拿大、欧共体、日本、韩国、新加坡、巴西、阿根廷、乌拉圭等国家也纷纷提出自己的 NII 技术。我国在 1993 年也提出了以国民经济信息化进程为目标的"三金"工程计划。为了确保全国信息化工作顺利进行，1993 年 12 月成立了国家信息化联席会议，2001 年 8 月，成立了国家信息化领导小组，努力推进我国的信息化进程。

作为社会意义的信息化是社会形态向信息社会转变的动态过程，它包括经济信息化、社会信息化和进入信息社会三阶段。经济信息化分为信息产业化和产业信息化两个部分。信息产业化指信息技术的产业化过程，表现为信息产业的发展壮大；产业信息化是信息技术和信息产业向传统产业的渗透过程，表现为整个国民经济体系广泛采用信息技术，不断提高信息化水平的过程。社会信息化是指信息技术的巨大辐射和渗透力使信息向整个社会各个方面延伸，构成社会的每个领域，包括文化、教育、医疗、社会服务、家庭等都开始极大程度地信息化。"要将信息技术的应用推广到每一个企业和每一个设计部门，信息技术在科学、医学、教育、文化及公共行政管理等方面的应用也是不可忽视的。这对国民经济和综合国力的发展都有直接和间接的影响"。① 信息化的高级阶段是实现信息化的最终目标，即人类进入信息社会。在这个阶段，整个社会的任何组织和个人都是信息的生产者、提供者和消费者。人类活动的各个方面，诸如经济体系、劳动形式、社会关系、生活方式、政治制度乃至国际关系等，都将发生全面而深刻的变化。

作为哲学意义的信息化，其本质是生产力的进步。马克思主义

---

① 周宏仁：《认清形势，把握方向》，载《计算机世界》，1996 年 6 月 10 日。

理论认为,生产力是人类征服自然、改造自然的能力,它包括三个要素:生产工具、劳动对象和劳动者。在信息化过程中,生产力的这三个要素都发生了革命性的变化。首先是劳动工具的变化。在工业社会里劳动工具主要是使用动力的机器设备,是人的体力的延伸;在信息社会里,劳动工具主要是电子计算机、现代通信设施等智能化的工具,可以看作是人脑的延伸。其次,劳动对象发生了变化。信息作为一种新的要素独立于生产力的系统中,成为一种无形的资源和力量。工业社会里,劳动对象主要是原材料、能源等物质产品;而在信息社会里,信息不仅作为一种资源发挥着重要作用,而且它本身也成为劳动对象,信息的采集、加工、传播等都是以信息直接作为劳动对象。最后,劳动者发生了变化。信息社会里,劳动者成为知识工人。由于信息的作用被极大地发挥出来,劳动者只要拥有信息和知识就可以广泛地参与社会经济活动。信息化构成了新信息文化的重要技术基础和物质景观,正是信息化的迅速发展才建构并拓展新的信息文化空间,推动新信息文化的发展。

二、新信息技术建构文化新时空

物是有边界的,从时间到空间,物的边界清晰可鉴。而信息却不同,它无处不在,却又无形无质,种种信息方式与信息行为超越了时间与空间的边界,消解了人们对时空的传统认知,时间与空间之于人类不过是"柔软"边界。这就是新信息文化作为"物"在时空维度上的特征。

(一)时间与空间的社会建构

生活在时间和空间里,这是人们对于时间和空间最直接的体验。古往今来,光阴荏苒,日月如梭,流年似水。正是感叹时间之矢的不可逆转,两千多年前,孔子就在汶河边上感慨"逝者如斯夫,不舍昼夜";也正是因为时光珍贵、人生苦短,才有了秦皇汉武对长生不老药的苦苦寻求,才有了"莫等闲,白了少年头,空悲切"的千年古训!

但作为人文社会科学的概念,在现代性研究的视野里,时间与空间都是社会建构的过程,统一的时间基于共同的认同,空间的生产基于社会关系的生产与再生产。列斐伏尔开创了对空间研究的新传统,提出了"空间的生产"(production of space)的概念。他写道:"'生产空间'(to produce space)是令人惊异的说法:空间的生产,在概念上与实际上是最近才出现的,主要表现在具有一定历史性的城市的急速扩张、社会的普遍都市化,以及空间性组织的问题等各方面。今日,对生产的分析显示我们已经由空间中事物的生产转向空间本身的生产","由空间中的生产(production in space),转变为空间的生产,乃是源于生产力自身的成长,以及知识在物质生产中的直接介入。这种知识最后会成为有关空间的知识,成为空间之整体性的资讯……"①在他看来,空间是社会性的,空间里弥漫着社会关系,它不仅被社会关系支持,也生产社会关系和被社会关系所生产。"自然空间(natural space)已经无可挽回地消逝了。虽然它当然仍是社会过程的起源,自然现在已经被降贬为社会的生产力在其上操弄的物质了。"②在界定社会性空间的基础上,列斐伏尔认为空间从来就不是空洞的,它往往蕴涵着某种意义。他区分了种种不同的空间,如绝对空间、抽象空间、资本主义空间、社会主义空间、透明空间、真空空间等等。列斐伏尔的研究开创了一条研究空间并进而研究社会、研究现代性的新思路,构成了社会理论研究的新范式。之后,时间与空间成了思考现代性组织与意义的媒介,成为现代性和后现代主义

① Henri Lefebvre(1979):"Space:Social Product and Use Value",见于包亚明:《现代性与空间的生产》,上海教育出版社 2003 年版,第 47 页。

② 同上书,第 48 页。

理论的重要范畴。

　　詹姆逊发展了空间生产的理论,并把它作为现代主义与后现代主义的划界标准:"在我看来,特定的空间转换是正确区分后现代主义与现代主义的更为有效的途径之一,因此,时间体验(存在论的时间,以及深度记忆)更容易被看作是高级的现代性的主导因素。"①他认为后现代是空间化的文化,空间范畴和空间化逻辑主导着后现代社会,就如同时间主导着现代主义世界一样。他还提出了后现代社会"超空间"的思想:"我认为后现代的'超级空间'乃是晚近最普及的一种空间转化的结果。至此,空间范畴终于能够成功地超越个人的能力,使人体未能在空间的布局中为其自身定位;一旦置身其中,我们便无法以感官系统组织围绕我们四周的一切,也不能透过认知系统为自己在外界事物的总体设计中找到确定自己的位置方向。人的身体和他的周遭环境之间的惊人断裂,可以视为一种比喻、一种象征,它意味着我们当前思维能力是无可作为的……思维能力既无可作为,我们的个人主体也是无能为力的。在当前的社会里,庞大的跨国企业雄霸世界,信息媒介透过不设特定中心的传通网络而占据全球;作为主体,我们只感到重重地被困于其中,无奈力有不逮,我们始终无法掌握偌大网络的空间实体,未能于失去中心的迷宫里寻找自身究竟如何被困的一点蛛丝马迹。②"后现代性的空间转换表现在诸多方面。例如,在跨国资本主义的充盈空间中,场所仅仅在极为脆弱的层面上存在,它们被更为强大的抽象空间(如通信网络)所淹没。体验的真实性不再与这种体验得以发生的场所相匹配,这意味着绝大多数人不再能够获得或理解生命体验的结构性条件,詹姆逊正是这样揭示了作为主体的人类在基于新信息网络技术架构的"超空间"

　　①　迈克·迪尔:《后现代血统:从列斐伏尔到詹姆逊》,见包亚明:《现代性与空间的生产》,上海教育出版社 2003 年版,第 99 页。
　　②　詹姆逊(Jameson, Fredric):《晚期资本主义的文化逻辑》(1984),张旭东编,陈清侨等译,北京生活·读书·新知三联书店、牛津大学出版社 1997 年版,第 497 页。

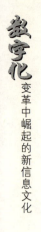

中的困境与焦虑。

吉登斯进一步揭示了时间与空间、空间与场所的分离。在他看来,现代性与全球化联手改变了我们对于时间和空间的认知,而构成现代性推动力的,首先就是时间与空间的伸延和分离以及它们的重新组合所形成的社会生活的精确的时—空"区域"。从历史发展的视野看,他认为在所有的前现代文化中时间观念与空间观念是彼此联系的,如果不借助于其他的社会空间标识物(空间位置或自然现象),没有人能说出那一刻是什么时间。时间与空间相统一,而空间与地点、场所也相一致,因为对大多数人来说,在大多数情况下,社会生活的空间维度都是受"在场"的支配,即受地域性活动支配,人们的交往是面对面的人际交流。这种状况的改变缘于现代性的降临。而时钟的发明及其在社会中的实际推广运用,形成了某种单一的"虚化"(empty)的时间维度,对时间从空间中分离出来具有决定性的意义。"时间的虚化"在很大程度上为"空间的虚化"创造了前提条件。"虚化的空间"即空间从场所中分离出来。由于邮件通讯、电话电报、互联网等科技和社会组织方式的推动,在场的东西的直接作用越来越为在时间—空间意义上缺场的东西所取代。于是"脱出"现象就产生了,社会关系被从相互作用的地域性的关联中"提取出来",在对时间和空间的无限跨越的过程中被重建。这种时间与空间的混杂排序称为"时空分延"(time-space distanciation),这也是全球化的基本特征。吉登斯甚至认为,"全球化的内容不仅仅是,甚至主要不是关于经济上的互相依赖,而是我们生活中的时—空巨变"。①

(二)信息技术与时空的嬗变

从詹姆逊到吉登斯对时—空变迁的思考都凸显了现代以来新信

---

① 包亚明:《现代性与空间的生产》,上海教育出版社 2003 年版,第 4—19 页;吉登斯:《现代性的后果》,第 15—18 页。

息革命在其中的决定性意义。快捷的交通、即时性通讯、网络的交互性改变了人们对时间的传统观念，推进了空间的再生产。上世纪铁路开通时，诗人海涅（Heine）曾记下了他对于连接巴黎和卢昂的铁路开驶的"可怕预言"：

> 我们看待事情的方式，我们的观念，现在会发生多么大的改变！即使是时间和空间这么基本的概念，都开始摇摆不定了，空间被铁路杀死。我觉得所有乡野的山林好像都在往巴黎逼近。甚至现在，我都可以闻到德国菩提树的气味；北海的拍岸碎浪，就在我的门前翻滚①。

如果海涅活到今天，不知他对于信息化时空是如何感慨！信息技术的发展，不停地改变着人们对时间与空间的体验。

在数字化文化出现之前，人类的文化传播经历了口头文化、印刷文化、电子文化等历程，每一类文化对人们关于时间与空间的体味都有一定的影响，但这些影响，就其速度和范围而言，则远远无法与今日的新信息文化同日而语。

在口头文化时代，相当于吉登斯所说的部落社会时期，说话和口头语言极大地延伸了文化在人际间的传播，讲故事是一种非常流行的文化形式。语言表达了思想，但这种口头语言方式是一种即时性的在场交流，限于面对面的言说，具有很高的在场可得性，文化传播的范围限于交谈的个体或扩散至个体所属的场所组织（locale organization），如族群或村寨。

6000 年前书面语言的出现使知识与文化的记录与保存成为可能，不在场的学习得以出现，加速了知识与文化的扩散与传

---

① Schive lbusch，1978 年版，第 34 页，转引自包亚明：《现代性与空间的生产》，上海教育出版社 2003 年版，第 390 页。

播。但由于受到读写能力的制约，书写只是少数人的事，这就造成了媒体理论的开拓者、加拿大的哈罗德·亚当斯所说的"知识垄断"（1950—1951）。当时具有读写能力的往往是一些职员和牧师、修道士，他们常常用尽毕生精力抄写资料，成为了知识的"监护人"。但由于他们的职业特点，他们维护的只是《圣经》及其相关的资料，在欧洲的整个中世纪，除了《圣经》和有关宗教和哲学的一些文献之外，很少有幸存下来的。手写文化具有不易长时间保存的弱点。对于古老的亚历山大图书馆遭受破坏，科技史学家丹皮尔曾描述为"历史上最大的知识大灾难"，这就道出了手写介质保存信息的危险性，说明将一种信息文化仅仅保存在有限的拷贝上是不适当的。

便于携带的书籍使文化得以跨地域传播。书籍作为传媒，在现代大众传媒出现前5000年就有了，是对文化的传承与传播。中国造纸术、雕版印刷术（唐代618—907年）、粘土活字印刷术（1000年）和朝鲜的金属活字术（1234年）的发明和运用不断推动书籍的印刷与传播。然而，这些发明都没有引发出一个大规模的印刷业，没有导致书籍的大扩散。直到1455年古腾堡（Johannes Gutenberg）的印刷所问世以前，书籍在欧洲以及世界其他地区仍然是一个很受限制的传媒。几千年来，只是一些精英人物才有印刷制品，这些人是社会中极少部分受过良好教育并且通常很有权力的人。在希腊、埃及、中国、伊斯兰和罗马的历史文明中，只有极少数人受过很好的教育并且有机会接触到图书馆。在中国和一些伊斯兰国家，文学以及关于科学和哲学的书籍只在极少数的受教育者中盛行。① 直到15世纪德国人古腾堡改进了活字技术后，欧洲人才开始深入发展并开发大规模的印刷业，至此，书籍获得了新生，不仅印刷的数量增大了，内

---

① ［美］约瑟夫·斯特劳巴哈，罗伯特·拉罗斯：《今日媒介：信息时代的传播媒介》，清华大学出版社2002年版，第50页。

容的开发多样化了,传播的范围也广了。之后,还出现了报纸和杂志等大众化的印刷文化。但印刷文化传播的速度仍然要依赖于运输的速度。

到 19 世纪,电的应用扩展了可能阅读的空间和时间,促成了读书的习惯,书籍、报纸和杂志因为电光的照耀而越发熠熠生辉,同时也加速了新传播媒介的发展。19 世纪初电报的发明,使得文字以电报的方法用抽象的形式跨越了空间,而电话(1876 年)则使得言语(声音)得以跨越空间。20 世纪,广播(1920 年代)和电视(1940 年代)的发明和推广终结了线性文字文化的时代,建构了大众化的听和看的文化。广播和电视能够超越时间和空间,远距离传送快捷的新闻播报和丰富多彩的节目内容。

梅罗维茨认为,电子传播媒介引起的时空变化之一就是打破了物质场所/自然场所和社会场所之间的联结,造成了两者的分离。他认为,虽然口语文化与印刷文化差异很大,但物质场所/自然场所和社会场所之间的联结却是两者共同的特点。在以往,媒介的变化虽然影响到地点场所之间的关系,也影响到人们带入地点场所的信息和在特定的地点场所中所拥有的信息,但是却没有改变地点场所和社会情境之间紧密相连的关系,两者之间的联结仍是一如既往地存在。而电子传播媒介则不然,它们几乎导致了自然场所/物质场所和社会“场所”之间的完全分离。① 梅罗维茨如是描述电子传播媒介出现前的情况:“在电子传播媒介(出现)之前,人们有足够的理由忽视自然场所/物质场所和社会情境之间的差别。地点场所界定了大多数社会信息系统。某一特定的场所—情境从空间和时间上都是同其他场所—情境分离开的。从某一场所—情境旅行到另一场所—情境需要时间,距离是衡量社会隔离和孤立程度的

① Meyrowitz,Joshua,No Sense of Place:The Impact of Electronic Media on Social Behavior, New York:Oxford University Press,1986,pp. 115.

尺度。……从某一情境到另一情境、从某一社会地位到另一社会地位的流动,曾牵涉从某一地点场所到另一地点场所的运动。地点场所界定了独特的情境,因为其分界线限制了感知和互动。……"①

在梅罗维茨看来,在电子传播媒介诞生后,虽然"不同地点场所之间的分界线仍然具有一定的界定社会情境的功能,但是那仅仅是限于在信息仍然能通过限制物质的接触而受到限制的程度。虽然许多社会信息依然只能通过进入到某一特定的地点场所去或通过面对面会见人们而接触到,但是传播媒介的新近变化已大大削弱了接触信息同进入地点场所之间的一致性。……当家中有了电话、收音机或电视时,空间的隔离孤立和入口处的警卫把守对信息流动已不起作用"。② 由于电子媒介的传播具体生动并能体现事件的进展,公共场域和私人场域的分界线有时变得难以界定。电话使外界的信息进入个人的私密空间,它常常不请自来,让它的所有者永远失去了独处的场所。一个人的家曾经相当于他的城堡——这是指紧闭家门的举动不论从信息意义还是物理意义上都提供了一些相对外部世界而言的保护措施——而电话的到来给任何只要有一角硬币的人,不论张三李四,提供了一条以声音的方式直通我们内心圣殿的途径。同样,电视也使人们得以观察他者的私人行为,即电视使一些私人经历暴露于众目睽睽之下……电子传播引起的地点场所和社会场所的分离,使原先以自然场所为界限的情境被打破,当人们通过电子媒介从事传播活动时,他们所处的地点场所再也无法决定其社会场所和社会地位。

---

① 张咏华:《媒介分析:传播技术神话的解读》,复旦大学出版社 2002 年版,第135 页。

② 同上。

（三）新信息文化时空

　　如果说电子媒介导致了自然场所/物质场所和社会"场所"之间的完全分离，那么现代新信息技术则实现了空间生产的彻底变革。在数字化媒介的语境下，现实的物理空间可以无限伸延，地球如同小小的村落，距离不再是问题，地理不再决定命运。全球不同城市、不同乡村、不同角落的人们可能收看同一场足球比赛，收听同一场演唱会，进行某一项经济贸易。远距离的互动超越了在场与缺场的矛盾与对立，遥远的甚至无法确定距离的因素甚至可能是当下此时此地某一事件的始因。而网络空间则超越现实彰显虚拟。虚拟化的空间同样可以"E网天下"，可以建构社区、建立关系，品味友谊与爱情，收获快乐与利益。网络不承认几何学。虽然它确实具备由计算节点和放射状的比特传输线路所构成的明确的结构，但从根本上说它是极其反空间的。你说不清它在哪里，它也没有令人难忘的形状和面积可供描述，你更无法告诉陌生人怎样到达那里。但你可以在其中找到东西，即便你不清楚这些东西的具体位置。网络是四下弥漫的——并不存在于某个特定的地方，但却同时出现在每一个地方。你并不走到网上去，而是随时从你所处的地方登录。这样做的时候，你不是像通常意义上那样访问某个地方，而是发出一条经过电子中介的指令以打开入口——像是在说"芝麻开门"。你的地址并不指向某一地点；它只是一个访问码，带有相应的存储空间，用以进入存在于网络中某个地方的某台计算机。①

　　网络是开放的，它无时无处不在，却又无以触摸。戴维·哈维曾很恰当地以"时空压缩"（time-space compression）这个词语呈现了

　　① ［美］威廉·J.米切尔（Mitchell，William J）著：《比特之城——空间·场所·信息高速公路》，范海燕、胡泳译，北京生活·读书·新知三联书店1999年版，第8页。

资本主义的新形势。全球层次的资本流通最为清楚地呈现了这个逻辑。上世纪 90 年代全球金融解除管制、信息技术的便利可及以及新管理技术,汇聚起来改变了资本市场的性质。历史上首次一个以即时(real time)方式运作的全球统一的资本市场出现了,跨越边界的巨额金融流动,其解释与真正议题正在于交易的速度。有些资本在几个小时、几分钟有时甚至是几秒之内,便在不同经济体之间来回穿梭了一趟。得到解除管制、取消中介以及开放国内金融市场等的帮助,强大的电脑程式与熟练的金融分析师——电脑专家坐在少数经过选择之电信网络的全球节点前,实实在在地玩着几十亿元的游戏……时间对于整个系统的利润获取十分重要。交易的速度产生了获利或损失,因而交易有时候是预先程式化在电脑里,以便从事转瞬即逝的决策。

网络等新信息技术的发展,使得信息传递时间不断缩短,社会变化速度随之加快,原来限制人们交流与交往的空间问题从某种意义上可以被忽略,即空间距离相对缩小,这就使人类社会的空间特征有更加时间化的趋向,即空间可以被时间置换。网络“超越了传统的国家界限,令距离感归于消失,……理论上讲,它能够消灭空间。”①

曼纽尔·卡斯特在《网络社会的崛起》一书中提出了“流动空间”与“无时间之时间”的理念。他认为,当下的社会是环绕着流动而建构起来的:资本流动,信息流动,技术流动,组织性互动的流动,影像、声音和象征的流动。流动不仅是社会组织里的一个要素而已:流动是支配了我们的经济、政治与象征生活之过程的表现。我们社会里的支配性过程的物质支持应该是支撑这种流动并且使流动在同时性的时间中接合,在物质上成为可能的各种要素的整体。流动空间乃是通过流动而运作的共享时间之社会实践的物质组织。所谓的流

---

① 埃瑟·戴森:《2.0 版:数字化时代的生活设计》,海南出版社 1998 年版,第 17 页。

动,指的是在社会的经济、政治与象征结构中,社会行动者所占有的物理上分离的位置之间那些有所企图的、重复的、可程式化的交换与互动序列。支配性的社会实践是那些嵌入支配性社会结构里的实践。所谓的支配性结构,指的是那些内部逻辑在塑造广大的社会实践与社会意识上扮演了策略性角色的组织与制度安排。构成流动空间的有三个层次:

第一个层次:流动空间的第一个物质支持,其实是由电子交换的回路所构成(以微电子为基础的设计、电子通信、电脑处理、广播系统以及高速运输),它们共同形成了我们认为是信息社会之策略性关键过程的物质基础。这种空间形式,就好像它可以是商业社会或工业社会之组织里的"城市"或"区域"一样。

第二个层次:由其节点(node)与核心(hub)所构成。流动空间并非没有地方,虽然其结构性逻辑确实没有地方。流动空间奠基于电子网络,但这个网络连接了特定的地方,后者具有完整界定的社会、文化、实质环境与功能特性。有些地方是交换者、通信中心,扮演了协调的角色,使整合进入网络的一切元素顺利地互动。其他地方则是网络的节点,亦即具有策略性重要功能的区位,围绕着网络中的一项关键功能建立起一系列以地域性(locality)为基础的活动和组织。节点的区位将地域性与整个网络连接起来。节点和核心都根据它们在网络中的相对重要性而形成有层级的组织。每个节点都需要适当的技术性基础设施、提供支持性服务的辅助性公司系统、专门化的劳动市场以及专业劳动力所需服务的系统。

第三个层次:是占支配地位的管理精英(而非阶级)的空间组织。他们操纵了使这些空间得以接合的指导性功能。

流动空间不是我们社会中唯一的空间逻辑。然而,它依然是支配性的空间逻辑,因为它是我们社会里支配性的利益—功能的空间逻辑。但这种支配不是纯粹结构性的,它由社会行动者所发动、构想、决定与执行。因此,占有我们社会领导位置的技术官僚——金融——管理精英,就他们的利益与实践之物质—空间的支持而论,也会有特殊的空间要求。信息精英的空间展现构成了另一个流动空间的基本向度。

同时,在网络社会、流动空间里,传统的线性、不可逆转、可以量度、可以预测的时间正遭到挫折。曼纽尔·卡斯特认为由电子整合的多媒体系统,正以两种不同的形式促成我们社会里时间的转化,亦即同时性(simultaneity)与无时间性(timelessness)。一方面,瞬间流转全球的信息,混合了横越邻里的现场报导,为社会事件与文化表现提供了前所未有的时间立即性(immediacy)。另一方面,在同一个通信频道里,并且依据观看者—互动者的选择,媒体中各种时间的混合创造了一种时间拼贴;不仅各种类型混合在一起,它们的时间也在同一个平面的水平上同时并存,没有开端,也没有终结,没有序列。多媒体超文本的无时间性是我们文化的关键特色,塑造了在新文化脉络里接受教育的儿童的心灵与记忆。①

新信息技术重构了时间与空间,也重构了人类对于时间与空间的想像。人类从没有像今天这样热衷于对时空的畅想。从《异度空间》到《寻秦记》,回到过去或走到未来,演绎今人与古人的相逢、相恋甚至改写历史的努力,将人们引入了一个崭新的时光隧道和异度空间。也许影视作品能以其特有的夸张形式表达人类的想往,但这种想像之所以发生在今天,而且这样真切,或许离不开当下最先进的信息技术。当人类在网络世界和信息空间感受 real time(即时)的信息并感受种种虚拟性时,一种新的时空体验就形成了。

三、媒介整合与新媒介文化

新信息技术在推进建构新文化平台的同时,也创造了新的媒介。

---

① 曼纽尔·卡斯特:《网络社会的崛起》,社会科学文献出版社 2001 年版,第504—568 页。

新媒介既是对旧媒介的整合，也是对旧媒介的超越。

（一）媒介即文化

媒介大师麦克卢汉曾断言"媒介即信息"，媒介不仅是传递信息的中介，同时也是信息本身，代表着技术和时代发展的某种水平和文化状态，因此，我们也可以说"媒介即文化"。任何一种媒介，都有其独特的文化特征，特定类型的媒介代表着特定的信息文化类型。

首先是印刷文化。梅罗维茨提出，书籍等印刷传播媒介的物质特征是信息的传递需借助有形的实物，媒介与信息内容之间有一种自然联结。以书籍为例，它不仅仅是一种工具、一种传播媒介，每本特定的书籍及其特定的信息内容还构成一个有形的实物。作为实物，书籍连同其内容由人们购买或借阅，由人们主动寻求并带回家中，书籍是媒介兼文化制品和人们的所有物。而且，在印刷传播活动中，媒介的物质特点因信息特点的变化而异。一本重量可观的巨著是一本长篇大论的著作，一本很轻的书籍是一本篇幅短小的著作。与此形成对照的是无线电广播和电视的物质特征以及广电传播中的媒介与信息内容之间的关系。无线电广播和电视的信息内容是瞬间即逝的，消费后不留下有形的证据。无线电广播和电视并不同特定的信息一起构成有形的物体。在广电传播中，媒介与信息内容间不存在类似印刷传播中的自然联结，人们通过同一实物——一台收音机或一台电视机就可接收成千上万不同的信息。此外，在广电传播中，梅罗维茨所描述的媒介是物质特点，也不会因信息特点的变化而异，不论播送的节目是长还是短，是信息丰富还是简短，收音机或电视机的规格尺寸却不会变。[①]

---

① Meyrowitz，Joshua：《No Sense of Place：The Impact of Electronic Media on Social Behavior》，New York：Oxford University Press，1986，pp. 81-84.

梅罗维茨认为,作为实体的书籍每本都有其特定的信息,而且,寻找和选择作为实体的书籍是个人化的且费时费钱的行为,这导致印刷传播活动中受众对于信息的接收呈高度选择化的、习惯化的特征。特定的受众成员日常大量接触的信息自有其特定的类型,一个人的私人藏书往往把此人同某一群体或一组群体的信息网络联系在一起,与此同时,也倾向于把此人同其他群体及其信息分离开来。

印刷作品由字母、文字和符号组成,采取的是抽象的信息形式,理解印刷品需要有良好的阅读和写作能力,从读小说到理解专业的文章都是如此,这就限制了人们对印刷品的接触:只有掌握所需接触编码的人群才可能接触和阅读印刷作品,这样非常小的儿童与文盲就被排除在所有印刷传媒之外;运用和掌握特定文学类型的人只能阅读和理解使用该文学印刷的文本,这无形中就形成了多个不同的阅读群体;而根据专业和阅读水平的不同又将社会进一步细分成不同的信息系统和阅读群体,尤其是一些专业书籍,使用了"外行人"不能理解的隐含假设和专门的行话。在印刷文化中,不同的专业有各自的专业术语、表达形式和话语系统,隔行如隔山,人们不能轻易地从一个领域进入另一个领域,就是不同学科的专家也很难进行专业的交流,专家与公众的交流就更为困难。"在人际传播中不礼貌的行为——只对部分听众说话,却成为印刷传播标准、有效和恰当的风格。编码的复杂性以及阅读所需的努力使得只有某些人能够读某些书,书籍将特定的读者"聚集"到特定的信息系统。"①这是印刷文化的特点。

其次是电子文化。在电视传播中,任何特定的电视机都不只是包含某一类特定的信息,都不仅是同这一特定的信息相连;恰恰相反,任何特定的电视机都能使受众接触大量不同类型的信息,它也无

---

① [美]约书亚·梅罗维茨著:《消失的地域:电子媒介对社会行为的影响》,肖志军译,清华大学出版社 2002 年版,第 71 页。

法起到把电视机拥有者、使用者同某一（些）特定的信息网络相连以及将之同另一群体及其信息分离开来的作用。电视传送信息所采用的方式是更接近声音、图像和动作的非线性的模拟信息形式。电视的电子信号代码，复制了日常生活的图像和声音，它的难易度基本上是1；电视不是展示"现实"，却比句子和段落看起来和听起来更像是现实。电视的声音和图像都容易观看和理解，即使是两岁大的小孩也发现电视是可接触的，所以电视通常被用来充当"照看孩子的保姆"。由于代码的不同，电子媒介打破了印刷媒介所塑造出来的专门的、互不相通的信息系统，各不相同的人共享着更多的信息。例如，任何一台电视机都能使儿童接触范围广泛的"成年人"信息。人们对于电视节目的体验，也不是把它当作具有独立的物质层面或存在的有形的实物来体验。"电子形象和声音闯入人们的环境中，信息的接收花费的努力极小。"梅罗维茨认为，随着电视的普及，书籍等实体所体现的传播媒介与信息内容间的旧有自然联结不复存在，这使得受众对于电视传播中的信息内容的接收、选择化程度低于印刷传播中人们对不同的电子信息的选择，所有这一切也构成一个原因，令无线电广播和电视使许多不同的受众群体，对于范围广泛的议题以及处于非常不同的生活情境中的人们，获得"至少是表面上的熟悉了解"。① 许多人通过电子媒介学习和体验到的东西，与他们的年龄、传统教育和社会地位相对无关。这是真正的大众共享的文化时代，也是继报纸之后群星璀璨的"麦克卢汉星系"的电子文化时代！

（二）媒介的整合

媒介是人类信息传播与交流的中介。语言的使用，文字的出现，

① Meyrowitz, Joshua, No Sense of Place: The Impact of Electronic Media on Social Behavior, New York: Oxford University Press, 1986, pp. 81-85。

印刷媒体、电子媒介到网络传媒的发展构成了人类传播谱系的主线。可以说，人类真正意义上的信息传播开始于大约三万年前语言的使用。有了语言，人类能更好地交流思想与理解自身生存的处境，极大地延伸了人际间的面对面传播；而大约六千年前文字的发明，使交谈了几万年的人们开始把自己记忆的一部分储存到某种介质上，提供了知识与文化在非人际间面对面传播的可能，促进了知识与文化的保存。印刷术和古腾堡的发明使人类传播开始了翻天覆地的变化，印刷对信息的复制代替了人的书写，印刷品的散播打破了少数人对信息和知识的垄断，大大扩大了信息传播的范围和影响，开创了大众传媒的新时代。而在不到 200 年前，电的发明和应用又改写了人类传媒的历史，广播和电视的出现使信息传播进入了电讯传播时代。广播和电视以其快速、强大的信息传播功能，与报纸一起，被公认为大众传媒视野中的"三大传媒"。

在新信息时代，传统的"三大传媒"并没有像某些预言家预言的一样"功成身退"隐出传播舞台或直接"死亡"，而是经过数字化的改造获得了新生，在新的传播层次上取得了新的发展。罗杰·菲德勒（美）在分析媒介形态变化的原则时提出：一切形式的传播媒介都在一个不断扩大的、复杂的自适应系统以内共同相处和共同演进。每当一种新形式出现和发展起来，它就会长年累月和程度不同地影响其他每一种现存形式的发展。这是媒介形态变化的"共同演进与共同生存"原则。新媒介决不会自发地和孤立地出现——它们都是从旧媒介的形态变化中逐渐脱胎出来的。当比较新的形式出现时，比较旧的形式就会去适应并且继续进化而不是死亡。而新出现的传播媒介形式会增加原先各种形式的主要特点，这是媒介变化的增殖原则。①

①　［美］罗杰·菲德勒：《媒介形态变化——认识新媒介》，华夏出版社 2000 年版，第 24 页。

传统的媒介以其特有的形式传播知识和文化。报纸以文字表现信息,广播用声音表现内容,电视以形象的声音和直观的图像表达内涵。它们在新信息时代都依托新信息技术扩大了自己的内涵,提高了原有的传播速度,扩大了传播范围。但更关键的,是互联网的出现打破了传统的大众传播格局,开创了人类信息传播的新景观。

　　网络作为新一代媒体,融合了传统大众传媒的许多元素,是多媒体的聚合。它既是电脑、电视、录音机、电话机、游戏机、打印机等媒介的性能的大荟萃,同时又是报纸、广播、电视等大众媒介优点的大综合。网络既有印刷媒介的可保存性和可查阅性,又有电子媒介的新鲜性和及时性,还有自身具备的图文阅读性和音像视听性。尼尔森认为,互联网把报纸、广播、电视的优点集中在一起,发展出一种经过优势整合的综合性新媒体。这种新媒体,由于集多种媒体的优点于一身,利用新的技术手段,把文字、声音、图像、动画、视讯等各种表现形式组合统一于数字讯号,并能同时把它们展示出来,所以称为"多媒体",有的人称为"超媒体"(Rich Media)。网络是信息各种表现形式的集合体,是各种媒体的大熔炉,它把以往各自独立的单一传播转变为综合传播,将单功能的媒体融合成多功能的媒体。正是因为互联网的巨大功能和作用,联合国新闻委员会在 1998 年 5 月召开的年会上,正式提出因特网是继报纸、广播、电视之后人类获得信息的第四大传媒的概念。[1]

　　作为第四传媒的网络在我国的信息化进程中得到了高速发展。根据中国互联网络信息中心(CNNIC)于 2007 年 1 月 23 日发布的《第十九次中国互联网络发展状况统计报告》,截至 2006 年底,我国网民人数达到了 1.37 亿,占中国人口总数的 10.5%,中国网民普及

第二章　新信息文化的物化基础

---

　　[1]　柴庆云、陈兴超、化长河、陈雷:《信息文化　人类文明的新形态》,军事科学出版社 2003 年版,第 84 页。

率突破 10％大关,而北京市网民普及率也首次超过 30％。与去年同期相比,中国网民人数增加了 2600 万人,是历年来网民增长最多的一年,增长率为 23.4％,对比前年及去年 18.2％和 18.1％的增长率,今年网民增长率出现回升。自 1994 年中国全功能联入国际互联网,在 10 多年的时间里,每十人中就有一人是网民。10％的网民普及率将是互联网发展的高速拐点,突破 10％之后,中国互联网将迎来更快速的增长期。

报告同时显示,我国域名总数显著增加,其中,CN 域名总数超过 180 万,与 2005 年同期相比,增长幅度达到 64.4％。在中国互联网快速发展的大环境下,社会对互联网地址的需求和应用大幅提升,我国域名总量达到 4109020 个,半年增长 116 万,平均每月净增 20 万个。国家域名 CN 注册量达到 1803393 个,比去年同期增加了 706469 个,增长率达到 64.4％,在全球国家顶级域名的排名上升到第四位。CN 域名注册量增长的规模效应正在显现,终端用户价格也在持续走低,广大用户可以越来越低的费用注册使用 CN 域名。同时,国家域名 CN 顶级节点的启用提升了社会各界对 CN 域名安全性能、服务质量的认可,围绕 CN 的应用也越来越多种多样,中国互联网步入 CN 时代。①

与互联网的高速发展相映衬的,是近年来上演的色彩斑斓的手机文化。

十年前,对大多数中国老百姓而言,拥有手机更多是身份和奢侈的象征。信息产业部公布的数据显示:1990 年中国仅有手机用户 1.8 万户;到 1995 年,362.9 万户;到 2000 年底,飞速攀升到 8453.3 万户。2002 年 8 月 14 日,达到 1.206 亿户,超过美国,居世界第一;至 2003 年第四季度,中国手机用户突破 2.5 亿户大关。手机已成为极其普通的通信工具,平均 5 人 1 部手机的拥有量首次超越固定电

---

① http://www.cnnic.cn/html/Dir/2007/01/22/4395.htm.

话,手机被列为最频繁使用的通信工具。可以说,中国人已进入手机时代,中国成为世界手机用户第一大国。北京、上海、深圳等地手机普及率已高达 60%至 80%,这些城市的部分家庭,几乎每个成员都有自己的手机。① 到 2005 年,中国手机用户已达 3.93 亿户;2006 年发展更快,根据 2007 年 1 月信息产业部公布的最新数据,截至 2006 年 12 月底,中国手机用户达 4.61 亿户,比去年同期增长 17.2%。而固定电话方面,用户总数达 3.68 亿户,但同比去年增长率只有 4.96%,远不及手机用户的发展速度。②

早在 1973 年,美国的马丁·库珀(Martin Cooper)发明了世界上第一部无线手机,它担当着人类对移动通信的梦想与追求。但随着技术的发展,手机却演变成为兼具通信、娱乐和游戏的信息终端,具有短信、彩信、彩玲、音乐、拍照、游戏、上网等功能,还开发出手机杂志、手机游戏、手机电视等服务业务。1992 年,欧洲开通了第一个短信,但由于手机终端语言格式不兼容及运营策略上的问题,直到 2000 年短信产品和服务才开始风靡全球,这几年国内的短信服务发展很快。在 2003 年 10 月首届中国国际网络文化博览会上专家指出,中国的短信息发送量在三年内从世界 1%上升到了 50%,也就是说在今天全世界的短信息中,每两条中就有一条是中国人发的,而中国的手机占有量只有全世界的六分之一。

仅有 70 个汉字传送容量的手机短信息让本来具有语言传递功能的手机变成了海明威电报式的解读,使耳朵闲置,而让文字彰显;使嘴巴休息,而让拇指灵敏发达! 小小的手机让世界变得生动、光鲜、充满生机和魅力! 正是手机的这种日益强大的功能,在互联网之后被赋予"第五媒体"的美称。这种媒体不仅可以传输声音,具有通

① "每 5 人拥有一部手机 今年手机用户首超固定电话",新华社北京 2003 年 12 月 11 日。

② "2006 年中国手机用户达 4.61 亿,同比增 17.2%",赛迪网 2007 年 1 月 24 日。http://news.ccidnet.com/art/949/20070124/1008991_1.html.

讯的功能,还可以展示中英文信息、精美图片、动感游戏,实现声音、图像、文本与视频的结合,是一个类似于电脑的新媒体;同时,它还融合了网络的元素,与网络联接实现移动通信、在线游戏和信息服务,是融合了多种媒体功能的小小"超媒体"!

多媒体的世界是多姿多彩的,曼纽尔·卡斯特对多媒体的文化世界有着前瞻性的研究,在他看来,多媒体似乎支持着具有下列特征的社会——文化模式:一方面是使用者的分化。多媒体的可选择性将导致使用者—观看者—读者—听众之间的隔阂。多媒体世界主要将区分为两种不同的人:从事互动者(the interacting),以及被互动者(the interacted),即能够为自己选择多方向沟通回路的人,以及仅得到有限的套装选择的人。麦克卢汉星系整合一致的文化力量,将被社会的层级式分化取代,导致了顾客导向的大众媒体文化与自我选择之互动式电子沟通网络社群两者的共存状态。另一方面是认知模式的整合。由于各种类型的信息在同一个系统里传播,即使该系统是互动式与选择性的,也导致了所有信息整合在一种共同认知模式里,导致一种整体性的文化。最后,也许是多媒体最重要的特征,乃是多媒体在其领域里以其各式各样的变貌,容纳了绝大多数的文化表现。它们的降临形同终结了视听媒介与印刷媒介,通俗文化与精英文化,娱乐与信息,教育与宣传之间的分隔甚至是区别。从最坏到最好的,从最精英到最流行的事物,在这个将沟通心灵的过去、现在与未来展现全都连接在巨大的非历史性超文本中的数码式宇宙里,所有的文化表现都汇聚在一起。①

也许曼纽尔·卡斯特的感慨更主要地是源于网络世界的整合力量。事实上,多媒体的系统已经远远不止于网络、手机这第四、第五媒体,从家庭影院到学校教室,从图书馆到会议大厅,更

---

① 曼纽尔·卡斯特(Castells,Manuel):《网络社会的崛起》(The Rise of the network society),夏铸九、王志弘等译,社会科学文献出版社 2001 年版,第 460 页。

多的多媒体系统不停地被建构，人们沉浸在功能越来越强大的多媒体环境中，感受着新信息技术的光彩，体验着整合，也经历着分化……

（三）从网络文化到博客文化的转向

作为"第四媒体"的网络是媒介的整合，它以强大的信息功能和交互能力吸引人们参与其中。越来越多的人借助搜索引擎在网页和网站上浏览，查找自己所需要的信息，通过 BBS、MSN、QQ、电子邮件和聊天室进行交流、互动，通过网络游戏或其他网络资源来休闲娱乐，网络文化丰富多彩。

按照杨新敏博士的概括，国外网络文化研究的发展大致可以分为三个阶段：第一个阶段为 20 世纪 90 年代前期，即初识网络阶段。这一阶段的特点是从二元化的立场出发，探讨网络的本性问题，经常发出反乌托邦或乌托邦式的两极咆哮。在反乌托邦阵营，文化批评者指责网络败坏了人们的教养和导致了政治、经济对立以及社会分裂。伯克兹（Birkerts）曾警告说，网络、超文本和电子技术本位将导致人们写作水平和对世界的现实感受力的下降。赛尔（Sale）则在他的著作《未来反叛者：路德分子与其对工业革命的战争：电脑时代的教训》中通过对历史的回顾发表了要砸碎电脑的观点。斯托（Stoll）则号召人们离开电脑："真实世界中的生活远比电脑屏幕上所发生的任何事情都要更加有趣，更加重要，更加丰富。"相反，一个由作家、投资家以及可以宽泛地看作技术未来主义者的政治家所构成的乌托邦阵营则宣称网络空间是一个新的文明的前沿，一个能够带来巨大的商业利润、培养出民主参与意识并结束经济和社会不平等的领域。作为技术未来主义者的代表，《连线》杂志的发行人路易斯·罗赛特（LouisRossetto）把网络空间比作"一种新经济，一种新的反主

流文化,超越了政治樊篱"。①

第二个阶段可以被称为网络文化本体研究阶段。杨新敏博士认为,在这个阶段,具有不同学术背景的学者开始介入网络文化研究,关注的焦点是"虚拟社区"和"在线身份识别",代表人物是瑞因高德和雪莉·特克尔。瑞因高德(Rheingold)是最早和最清楚地表述虚拟社区思想的人之一,他的《虚拟社区》一书是网络文化研究的典范文本。雪莉·特克尔(Sheny Turkle)是研究"在线身份"的先驱,她在 1995 年发表的《屏幕生活:因特网时代的身份》(Life on the Screen:Identity in the Age of the Internet)对多用户网络游戏进行了个体研究,指出当有的用户使用网络空间来抵制离线真实时,大部分人却借数字领域经验着一种更加真实的身份或一个多样性的身份。

第三个阶段可称为网络文化综合研究阶段,是 90 年代后期学者们开始以一种更为宽广的视野来研究网络文化的构成,把网络空间看作是一个各种文本相互交织的地域,试图提供更加复杂、更加有价值的发现。戴维·西尔沃(Davi Silver)将这个阶段的综合研究区分为四个主要的方面:(1)探索线上发生的社会、文化与经济互动;(2)揭示和考察关于这种互动的话语;(3)分析对这种个人和团体之间的互动的鼓励、促进或阻碍的社会、文化、政治、经济等原因;(4)评估那些有意或无意作出的技术变更的决定和程序设计,它们一旦投入使用,将形成网络和使用者之间的界面。具体而言,网络文化综合研究更多地表现为对这四个主要方面的交叉研究:一是线上互动中的文本交织,如网络文化的文化结构、网络行为规则、网络群体关系等;二是网络空间话语研究,许多研究者提出,两种令人不安的网络空间话语已经产生:网络作为一个前沿和网络作为一个男人的领地;三是线

---

① 杨新敏:《国外网络文化研究评价》,载于鲍宗豪主编:《数字化与人文精神》,上海三联书店年 2003 年版,第 530 页。

上访问进程及其障碍研究,如数字鸿沟、文化障碍、网络礼节、男性主宰在线讨论等;四是关注影响网上互动类型的数字化设计,研究人机互动的友好界面等。

从媒介的视角看网络文化,它具有不同于传统媒介文化的特征:

一是信息资源的丰富性。在日常生活中,人们常常用"海量"形容网络信息资源的丰厚,确实,网络传播的信息量非常庞大。据有人粗略统计,网上用户的电子邮件信箱是一个超过几个亿的庞大数字,每时每刻穿梭于电脑之间的电子信件更是难以计算;网上人气极旺的 BBS、聊天室不分昼夜;网上可检索的网页大约在 8 亿左右,这些网页分布在 3000 多万个服务器中,其中包含约 15 亿比特的数据信息和知识的海洋,成为人们相互交流、沟通的平台。

二是信息资源的可重组性。正如曼纽尔·卡斯特所揭示的,互联网真正的价值在于它能够把任何地方的任何东西链接起来并予以重组的能力。这种能力缘于网络信息的超文本和超链接的存在形式。20 世纪 60 年代中期,西奥多·那尔森(Theodor Nelson)提出了超文本的构想("Xanadu"),并最终成为现实。超文本可以实现两方面的跳跃,即作者提供的深思熟虑的可控链接,而读者通过这种链接将会对文本产生全新的认知,这个过程与纸面文本的跳跃是不同的。一个能够实现超文本链接的数字化内容,可以带领读者由一个文本的一行到另一行、另一页、另一个文本、另一本书或一部在线的百科全书,也可以轻松查找一个作者甚至是多个作者的作品,完成对某一主题或某一作者作品的全面阅读和了解。这种超文本的无限链接和对内容的自由选择,超越了以往的所有文本形式,读者的阅读对象不是静止的,也不是单一的,而是无限的伸延。读者可以根据特定的目标,采取关键词检索的方式,沿着超链接路径重组信息,从而获得对所需资源的快速全面地把握,这就是网络之于其他媒介的优越性所在。

三是信息受众的多层化。传统媒体往往由于信息表达上的局限

性而定位于不同的文化阶层。如报刊杂志等印刷媒介一般定位于读写能力比较强的精英阶层;而电视等电子媒介则主要定位于大众阶层。网络的出现改变了这一状况,作为网络信息的技术支撑,多媒体技术和计算机通信技术实现了文字、声音、图像、视频等多媒体的融合,人们可以按照自身的兴趣和理解能力,选择不同的信息资源,这就同时满足了社会不同层次人群的需要。

四是思想文化的多元性。网络是一个开放性的空间,它以平等的姿态对待每一个人。任何人,只要经过 ID 注册,便可以在网络上参与讨论和评论,尽情地表达自己的观点与态度。这具有革命性的意义。因为历史上的传媒,不管是印刷媒介还是广播、电视等电子媒介,基本上都掌握在社会精英手中,宣扬社会的主流文化,而弱势群体的声音则很小,甚至没有。网络在人类历史上第一次提供了一个完全自由开放的言论平台和思想平台,任由不同群体的多元化意识形态和文化观念彼此碰撞与交流,成为网络文化空间的一大景观。

五是沟通行为的交互性。交互性是网络传播的最重要的特征之一。传统的媒介是单向性的传播,即所谓的"精英的独白",对于信息传媒的反馈很少甚至没有,并且存在着反馈滞后性和失真性的问题。网络传播则可以实现实时地反馈和互动,在线交流是最典型的交互,人们既可以接受也可以发送信息,传统的"受众"变成了"受众"与"授众"的统一,传与受的界限变得模糊。沟通行为的交互性使人类的媒介沟通行为更趋丰富与完善,大大增强了文化的扩散力和渗透力,使得网络文化空间呈现出丰富多元的文化态势。

六是精神体验的虚拟性。虚拟是网络文化空间的一个重要特征。与原子空间相对应,比特(bit)空间是一个相对独立于现实世界的"虚拟世界"。在这个世界里,人们可以体验各种虚拟的物品与情境,如虚拟化身、虚拟宠物、虚拟场所(虚拟社区、虚拟邮局、虚拟图书馆、虚拟大学、虚拟公园)等;可以从事各种虚拟的活动,例如虚拟购物、虚拟旅游、虚拟恋爱(网恋),甚至虚拟生存。虚拟不等于假设,当虚拟的生活空间形成了自己的物质形态和文化观念的时候,虚拟也是一种实在。在这种虚拟的生活场景中"生活"久了,人们会获得在现实生活体验之外的另一种精神体验,并逐渐建立起一套通行于虚拟世界的独特的文化理念。

网络平台特有的环境造就了网络文化的总体特征,而在网络空间里不停耕耘的网民,因其所孜孜以求和创造的文化内涵与文化取向的不同,又形成了各种不同的文化表现与文化形态,如黑客文化、闪客文化、朋客文化、奇客文化、摩客文化、维客文化、网游文化、网恋等。近年来,一种新的网络文化形态——博客文化(Blog Culture)正在兴起,它以"自媒体"的形式挑战着传统的媒介文化与传媒观念,显示出强大的社会力量。

Blog,是 Weblog 的简称,即 Web 和 Log 的组合词。Weblog 是在网络上的一种流水记录形式,所以也称为"网络日志",或简称为"网志"(台湾)。Blogger 或 Weblogger,是指习惯于日常记录并使用 Weblog 工具的人,方兴东和王俊秀翻译成"博客",并逐渐将 Blog 称为博客。一般将人们在网络上利用博客工具,创建博客网站,写网络日志的现象称为博客现象。

博客是网络的最新应用,是继 E-MAIL、BBS 和 ICQ 之后出现的第四种网络交流形式。Pyra 的创始人 Evan Williams 认为:"博客概念主要体现在三个方面:频繁更新(Frequency)、简短明了(Brevity)以及个性化(Personality)。"而后来继续演化,更规范更明晰的形式界定为:1、网页主体内容由不断更新的、个人性的众多"帖子"组成;2、它们按时间顺序排列,而且是倒序方式,也就是最新的放在最上面,最旧的在最下面;3、内容可以是各种主题、各种外观布局和各种写作风格,但是文章内容必须以"超链接"作为重要的表达方式。① 佩姬·努南的解

---

① 方兴东:《博客简史——博客之父无人敢当》,http://tech.tom.com 2003 年 11 月 26 日。

释是:"博客是每周7天,每天24小时运转的言论网站。这种网站以其率真、野性、无保留、富于思想而奇怪的方式提供无拘无束的言论。"①

博客现实始于1998年,当时全世界大约只有30多个博客网站,到2000年,博客现象越来越成为主流。根据搜索引擎Technorati在其网站上发布的统计数字,截至2006年7月,全球创立的博客总数已达5000万人,为3年前的100倍。统计显示,自2004年1月至2006年7月,全球网络博客数量几乎每5—7个月便会翻一番。照此速度发展,到2007年2月,全球博客数量将会突破1亿。② 博客因其表达的自由性而具有各种各样的主题,如:新闻博客、评论博客、技术博客、性博客、毒品博客、少年博客等。博客网页上一般充满了各种链接、妙语、思想和辩论。③ 在国外,博客因德拉吉对克林顿"拉链门事件"的追踪、戴夫·温纳斯(Dave Winers)对9·11事件的报道以及对伊拉克战争的报道而闻名,并由此成为一种主流的媒体文化。在国内,博客写作始于2002年,2003年因"木子美现象"而开始受人关注。博客文化的兴起使一批愿意思考并表达个人感受的社会力量迅速崛起,形成了新的网络文化现象。从2002年开始到2007年,博客在中国已经走过了4年多的发展历程,并日益彰显发展的强劲势头。2006年9月23日,在2006年中国互联网大会上,中国互联网络信息中心(CNNIC)公布了《2006年中国博客调查报告》。报告显示:截至2006年8月底,中国博客作者规模已达到1750万人,其中活跃博客作者(平均每个月更新一次以上)接近770

---

① 陈劲宏:《走进博客的世界系列之一博客的由来》,《电脑知识与技术》2003年21期,第77—79页。

② http://www.sina.com.cn2006年8月12日新华网。"全球博客数已达5000万,是3年前的100倍"。

③ Andrew Sullivan:《The Blogging Revolution》. http://www. wired. com/wired/archive/10.05/mustread. html? pg=2,Issue 10.05-May2002。

万人，注册的博客空间数接近 3400 万人，而博客读者则达到 7500 万以上，其中活跃博客读者高达 5470 万人。从活跃博客的注册年份构成来看，2002 年以来，博客规模每年都以 2—3 倍的速度快速增长，目前规模较 2002 年增长了 30 多倍。[①] 参与博客写作和博客阅读的人越来越多，不少知名的学者、作家和影视界、娱乐圈的名人都纷纷参与"一博"，成为博客写手，表达思想、观点、个性、喜好和个人生活，其中最引人注目的博客当推影视名人—演员兼导演老徐——徐静蕾，她的博客是博客点击率的纪录保持者，截至 2007 年 1 月 3 日，该数字已超过 7000 万！

2002 年以来，国内的博客形式从文字博客经过图片博客的发展，现已到了视频博客的发展阶段，三种博客形式并存，相映成辉，共同构成了丰富多彩的博客文化。国内的博客写作大体有以下几种类型：一种是类似于国外的新闻或者媒体博客，博客写作带有极强的媒体化倾向，某些人也将之称为精英式博客。第二种是日记体的行为，生活、思想模式的记录，生活色彩比较浓厚。第三种是个人创作式的博客，把其当成网络背景下的出版模式，虽然读者多少不均，但确实表现出个人出版的介质。[②]

从技术层面看，博客行为是借助博客工具在博客网站上自由发表言论的行为，在技术上没有太多的创新性，正是在这个意义上，有人将博客称为："零成本、零技术、零时差、零许可、零编辑"的行为；但也正因为这一系列的"零"所建构的博客行为的低门槛，导致了越来越多的人对博客的加入。或许单个的博客力量是微弱的，但是博客对博客的多点对多点的传播，却可能卷起一阵狂风—即系统学上所谓的"蝴蝶效应"，这样，博客就可能发展成为一种特别强大的社会力

---

① http://www.cnnic.cn/html/Dir/2006/09/23/4175.htm，CNNIC 发布 2006 年中国博客调查报告。

② 王吉鹏：《忧思博客》，见《北京青年周刊》2004 年第七期，第 23 页。

量,造成重大的社会影响,这种影响既可能是一种全方位的积极的建设性力量,也可能是一种毁灭性的颠覆性力量。2002 年 12 月,美国多数党领袖洛特的不慎之言被博客网站盯住,因而丢掉了乌纱帽;2003 年,围绕新闻报道的传统媒体和互联网上的伊拉克战争也同时开打,美国传统媒体公信力遭遇空前质疑,博客大获全胜;2003 年,著名的学院派博客金·罗曼斯科(Jim Romensesko)率先在他的博客网站上揭露纽约时报记者系列造假案"布莱尔丑闻",使纽约时报这个以全球新闻业良心自居的媒体集团,遭遇了前所未有的危机。①《纽约时报》执行主编和总编辑也被"博客"揭开的真相而下台,引爆了新闻媒体史上最大的丑闻之一。②

博客在传播学和媒介理论上的意义是革命性的,它具有思想的独立性、行为的个人化和出版的自主性,因此戴夫·温纳斯称之为"一个人未经编辑的声音",James Snell 称之为"互联网上独立的思想泡泡",丹·吉尔摩称之为"新闻媒体 3.0"。③ 博客是从旧媒体(old media)经新媒体(new media)发展而来的自媒体(we media),是对传统媒体的挑战,方兴东等人称之为"媒体源代码的开放"。它在克林顿"拉链门事件"、"9·11"事件、伊拉克战争、纽约时报造假丑闻等一系列重大新闻事件中,反应及时、态度客观,恰恰弥补了传统媒体在这些事件上态度暧昧所造成的信息缺陷。Andrew Sullivan 在《连线》杂志上撰文认为:博客是个人化的,它渗透着作者个人的心情和情绪。这种个人化的特征比传统的武断的报刊杂志更适合我们当下对时局的敏感度。其次,博客结束了传统的作品生产与出版的方式,作者不再需要迎合、取悦于一些编辑、出版商和广告商,而直接在

---

① 孙坚华:《博客:个人出版 2.0》,http://tech. tom. com,2003 年 09 月 01 日 17:45。

② 方兴东:《博客的颠覆性力量》,http://tech. tom. com,2003 年 11 月 26 日 20:06。

③ 方兴东:《博客的自律与他律》,《北京青年周刊》2004 年第 7 期,第 25 页。

线出版。这种出版的革命是具有深远意义的。①

这种独立和个人化的博客文化在社会学上的意义也是革命性的，当博客写作超越个人的风花雪月式或孤芳自赏式的喃喃自语或独白而转向公共领域和公共事件时，尤其是当博客群组化、社区化和多媒体化时，其社会影响则是巨大的，更容易引起公众的关注和共鸣，形成一种强大的社会或民间的力量。如中国博客对企业行为的关注就令许多在中国市场上经受着文化与商业挑战的公司"深感头痛"甚至"胆战心惊"。2006 年 4 月份，百胜餐饮集团（Yum! Brands Inc.）旗下的肯德基（KFC）就被迫撤下了一则被博客作者指责为侮辱学生的广告；2006 年 6 月，博客中对戴尔公司（Dell Inc.）在笔记本电脑中更换处理器的不满引发了一场集体诉讼（同年 12 月，法院就此作出了判决）；2006 年 9 月，面对 SK-II 化妆品可能含有重金属的担忧，宝洁公司（Procter & Gamble Co.）的做法引发了网民们群情激愤。人们愤怒的原因主要不是由于产品安全性本身，更多地是在于宝洁不向顾客道歉和加快退款过程的决定。② 而 2007 伊始的星巴克事件也由博客的个人诉求上升为全国性的问题，围绕是否可以在故宫里面开星巴克咖啡店的事件，引发了全国性的关于传统文化与外来文化的关系的大讨论。星巴克事件彰显出在华企业面临的中国式的博客挑战，而网络社区和读者评论的流行能够迅速放大一位博客作者的声音，这正是博客在网络时代的社会力量！

随着博客的崭露头角，互联网话语权极度分散的趋势更为明显，它与以传统资本促进的传统的媒体工业的高度集中格局并存。这两种趋势，共同代表了媒介文化的未来。

① AndrewSullivan:《The Blogging Revolution》,http://www.wired.com/wired/archive/10.05/mustread.html? pg=2,Issue10.05-May2002.

② http://fxd.vip.bookee.com/,方兴东博客专栏.

（四）手机文化的崛起与大众化趋向

"手机之父"马丁·库珀（Martin Cooper）一直有两个梦想，一是让全世界每个人都能使用移动电话服务，二是让更多的无线手机用户能够同时使用，并更有效地利用可贵的频谱资源，解决网络堵塞的问题。为了第一梦想，他在1973年率先发明了世界上第一部无线手机；为了第二个梦想，76岁高龄的他依然在通信技术的前沿，致力于智能无线宽带技术的开发，引领全球应用全自适应智能天线的无线网络的研究。在技术上，马丁·库珀可以轻松引领全球的趋势，但在技术的社会化方面，或许他就难以预料瞬息万变的技术后果与技术文化变迁。正如同手机，它最初是作为移动通信的工具而被制造出来的，但随着技术的发展，手机增加了发送短信息、手机游戏等功能，成为兼具通信、娱乐和游戏功能的时尚信息终端，演绎了精彩的手机文化。

首先是手机短信文化。

短信息是目前风靡世界的手机文化。1992年，欧洲沃尔丰公司发送了第一条网络短信，近8年之后，即从2000年开始，短信产品和服务开始风靡全球，成为各国年青人的掌中宝。每条短信息的容量只有70个中文字，160个拉丁字母，但就是这小小的屏幕却传送着精彩的内容。

手机短信息的主要类型，从手机运营商开通的短信息服务业务上来看，主要有五项：一是移动秘书业务（用户通过秘书台发送和接收短消息业务），二是短消息通信业务（手机与手机间或网站对手机的点对点或多点短消息业务），三是信息点播业务（用户通过手机进行点播公共信息服务的业务），四是手机金融服务（短信息业务中心与银行、证券公司的专用服务平台相联，向用户提供银行账户查询、转账、电子支付等金融服务），五是短消息批发业务（集团用户与短信息中心直接联网,利用短信息中心向手机用户发送短消息的业务)。

目前手机短信文化的特征在于:

一是普及面广,流量大,成为人们日常沟通的重要方式。2003年,据权威调查公司零点调查公司在全国 10 个城市、9 个小城镇地区进行的调查显示,全国城镇地区 18—60 岁的手机用户中近 40% 的用户收发过短信息,1482 名被调查者平均在短信上的月支出达到 28.15 元。① 2004 年零点公司的同类调查显示,在 18—24 岁这一年龄段的用户中,有 33.64% 的消费者曾经定制过短信服务。在 2003年 10 月首届中国国际网络文化博览会上专家指出,中国的短信量在三年内从 1% 占到了 50%,也就是说在今天全世界的短信息中,每两条中就有一条是中国人发的,而中国的手机占有量只有全世界的六分之一。从具体数据看,中国的短信息在 2000 年的时候,大概是 10亿条,占全世界总量的 1%;2001 年达到 189 亿条,占全世界总量的 7%;2002 年达到 900 亿条,占到全世界总量的 20%;今年将到 2000亿条,而全世界只有 4000 亿条,占 50%②。2005 年我国的短信总数则达 3046.5 亿条,国内平均每个移动通信用户发送短信息达 774条!③ 节假日是发送短信息的高峰,无数的祝福通过手机传达给居住在全国各地的父母、亲人、老师、同学和朋友。短息如此拥挤,以至常常导致“信息阻塞”或“信息迟滞”! 在 2003 年上半年的“非典”期间,面对面的交往受到了约束,这给短信留下了很大的空间,不间断的短信来往成了人们彼此安慰、鼓励和祝福的热信息。

二是内容丰富,杂志化。在信息空间中流动的短信息来源广泛,内容丰富,涉及面广。既有温馨的祝福,也有令人哭笑不得的恶搞;

① 《拇指经济》、http://www.ccnt.com.cn/html/duanxin/ 转自南方日报,2003—02—25。

② http://www.sina.com.cn 2003 年 10 月 27 日 17:44 太平洋电脑网。

③ 《“世风博览会”不能变“色”——中国移动倡导绿色短信》,南宁晚报,2006 年 12 月 19 日第四版。

既有处理公事的信息交流，也有休闲时光的娱乐聊天。短信庞大的市场吸引更多的商家开发其潜力。现在除了传送自编短信，还出现了专业的短信写手和短信内容的提供商，他们穷其心智，将内容开发到各种领域，提供新闻、分类信息服务，包括教育信息、成人娱乐、彩票信息、生活服务和体育、娱乐、时尚、新闻、健康、股票、商务、海外信息、铃声下载等专题内容，使手机短信成为内容丰富的手机杂志；同时还开发了征友、聊天、游戏等节目，增加短信的娱乐性、趣味性和互动性。总之，发送短信，已经成为一种好玩、便捷、廉价的新时尚。而手机，也已经从一种通讯终端演变成一种信息终端。

三是风格各异，多样化。短信形式成就了一个大众创作的年代，人人都可以成为短信写手，各显神通，制造了风格迥异的短信息。有的祝福写得生动有趣："一斤花生两斤枣，好运经常跟你跑；三斤苹果四斤梨，好运和你不分离；五斤橘子六斤蕉，财源滚进你腰包；七斤葡萄八斤橙，愿你心想事就成；九斤芒果十斤瓜，愿你新年乐开花。""祝你百事可乐，万事芬达，天天娃哈哈，月月乐百氏，年年高乐高，心情似雪碧，永远都醒目！""派2007头野猪快递新年祝福；派2007头香猪积聚快乐幸福；派2007头小猪尽情撒欢祈福；派2007头金猪恭贺猪年万福！"有的富含哲理："人分为两类：一类是节俭得仿佛永远要活下去似的；另一类则奢侈得仿佛明天就要死去似的。"有的饱含浪漫："如果一滴水代表一个祝福，那我就送你一个东海；如果一颗星代表一份幸福，那我就送你一条银河。"有的充满深情："不因换季而不想你，不因路远而不念你，不因忙碌而疏远你，更不因时间的冲刷而淡忘你。你永远是我心灵深处最好的朋友"。有的充满调侃，如"非典"时期流行的短信："如果你现在上班，你是战士；如果你现在逛街，你是勇士；如果你现在聚会，你是斗士；如果你看了短信不回，那你一定是个烈士了。"有的写满幽默："疫情传得挺怪，心情变得很坏，担心你被传染，劝你不要太帅，室内保持通风，公共场合少呆，出门口罩要戴，睡觉被子要盖，心情保持愉快，少接吻多吃菜"，"世界卫生组织今晨宣布"非典"戴口罩并不能完全防范,因为肺在胸部,所以说,戴胸罩才是必须的,希望无论是男是女外出一定带 12 层以上的胸罩。"有的是谜语传情:"寒山寺上一棵竹,不能做称有人用,此言非虚能兑现,只要有情雨下显,天鹅一出鸟不见。(等你说爱我)","日长夜短愁几许,高处无口几人来,一人游弋芳草地,十土脚下披衣裳,天鹅展翅鸟不回,白刀纯酒无意义,空儿一钩三点雨。(月亮代表我的心)"。有的利用手机容量小、需要翻页的特点制造悬念:"如果想我请按下……再按……你那么想我吗? 我说想我才按……还按……没想到你这样想我,好感动! ……又按! ……要哭了! 祝你圣诞快乐!"有的描述了短信生活的经典景观:"以短信消磨时间的称为信生活,只收不发为信冷淡,狂发一气为信亢奋,发错对象是信骚扰,发不出去是有信功能障碍,看着信息傻笑的基本达到了信高潮。"……

短信息文笔生动,文采突出,让沉静的文字有了生命的活力,也让人们的生活鲜亮起来了。短信息作为人们生活的一道风景,已经深深融入了我们的精神世界,成为现代社会人与人之间的一种交流方式、一种文化。在这种文化的浸染中,人们正快乐着别人的快乐,幸福着自己的幸福。

四是推陈出新,多媒体化。短信息经历了从 SMS(文字信息)、EMS(增强型的铃声、图片信息)到 MMS(多媒体信息)的变迁。SMS 主要提供的是文字短信息,EMS 信息包括闪烁的图片、变幻的铃声、悠扬的歌声。有些话总难说出口,而用图片,用音乐,一切尽在不言中。随着 2002 年彩信的开通和 2003 年拍照手机的发明,手机传递的信息更加绚丽多彩、趣味横生。多媒体信息服务 MMS(Multimedia Messaging Service)应运而生,其令人兴奋之处在于,用户可以在信息中附加彩色图片、照片、动画、声音和文字等内容,信息不仅可以在支持 MMS 的终端之间传送,也可以通过互联网把多媒体信息发送至任何电子邮件地址,或者以短信息形式通知不支持 MMS的普通手机。MMS 满足了现代媒体消费的所有标准:快速、直达目标、个性化、音频与视频兼顾；MMS 带给消费者的不再仅仅是满足通信的一般需求，而是一种全新的沟通体验、生活情趣、时尚潮流和足以改变传统生活方式的移动文化。目前，人们已熟悉了彩信、彩铃、可拍照手机和音乐手机，而新的手机文化形式如手机上网、手机电视也正初露端倪，人们不仅可以通过手机上网下载文字和音频信息，而且可以通过手机直播或点播电视、电影节目。根据中国互联网络信息中心（CNNIC）于 2007 年 1 月 23 日发布的《第十九次中国互联网络发展状况统计报告》，72.2％的人通过手机上网收发电子邮件，30.9％的人通过手机上网浏览信息，19.4％的人通过手机上网下载彩玲、彩信、手机游戏、手机 Flash、手机电影等，15.5％的人通过手机上网与好友在线聊天……形式多样的联网与互动成为手机短信文化新的热点。

其次是手机的使用带动了拇指经济的发展。

以手机为依托的移动通信是信息产业的重要构成，同时，手机短信的形式也带动了一个新的产业——拇指经济。每遇到重大事件，拇指族的大拇指总是发疯般地按动手机键盘。据悉，新浪网在伊拉克战争爆发 6 个小时后，短信新闻用户激增到 100 万人。搜狐短信订户数则急速暴增，短信收件人在瞬间增长了数十倍甚至上百倍。比尔·盖茨绝没有想到，有关他"身亡"的一条假新闻，居然为中国红火的短信业添了一把火。据不完全统计，以此消息为内容的短信，中国国内的发送量超过 1000 万条，短信费若以一角钱一条来计，短信等信息内容提供商（SP）就进账百万元！据国家信息产业部统计的数据显示，2000 年国内短信发送量是 10 亿余条，2001 年是 189 亿条，2002 年是 900 亿条，到 2004 年的 2177 亿条，中国手机短信发送量 5 年增长了 217 倍。2005 年全国手机短信发送量达 3046.5 亿条，比上年增长 39.9％。以最低每条 0.1 元计算，2005 年短信市场收入超过 300 亿元。2006 年 1—7 月，手机短信发送量达到 2385 亿条，较上年同期增长 44.9％。2006 年全年短信发送量超过 4000 亿条,并以每年 20%以上的速度递增!

短信业务已经成为国内门户网站的主要利润来源,自 2002 年起,以短信为主的非广告业务收入份额,已经分别占到新浪、搜狐、网易总收入的 30%、40%和 50%。有了短信收入,门户网站开始走出泡沫经济的阴影,迎来了新的春天! 拇指经济也造就新的 IT 英雄。年方 32 岁的丁磊凭着短信的业绩,已然走出了前两年上市落败的惨局,成了美国《财富》2003 年全球 40 岁以下 40 位富豪排行榜中排名最高的大陆年轻富豪,"中国百富榜"和"2003 年福布斯中国富豪榜"中的首名富豪,让 IT 青年看到了曙光!

短信业务与其他传媒相结合,赋予传统媒体新的内涵和活力。电视频道的短信互动,娱乐专题的短信支持,体育竞技的短信参与,既给传统的比赛和娱乐予新鲜色彩,也带动了短信收入的新向度。"超级女声"是湖南卫视打造的品牌栏目,每场比赛都汇聚了众多人气,短信参与更是非比寻常。2005 年李宇春以 300 万的短信支持荣获超女桂冠,2006 年超级女声总决赛中,尚雯婕以 5196975 票短信支持荣登冠军宝座,谭维维则以 4818125 票荣获亚军,季军刘力扬、第四名艾梦萌也都得票不菲。超女比赛的短信投票费用是以每条 1元计,一场总决赛的短信收入便可超过上千万,更不用说历时超半年的整个赛事的短信收入了!

拇指经济的另一个主要来源是手机游戏。手机游戏是继短信息之后的又一新亮点。目前手机游戏主要有三种,一是手机终端内置的游戏,二是短信游戏,是利用移动运营商的短信平台实现的互动的各类游戏,三是手机网络游戏,与网络边线,实现文本交互并带有动态彩图和声音的在线游戏! 有人曾算过一笔账:中国现有手机用户 2.5 亿,如果其中 10%的人使用高端产品和服务的话,那么就有 2500 万用户,假如他们每个人每月下载一个游戏,每下载一个游戏收费 5 元,那么一个月的市场就是 1.25 亿元,一年就超过 10 亿元! 随着 GPRS、CDMA 的扩散和接收终端的更新,将来手机的屏幕加大、色彩、清晰度加大、内存加大、运行速度加快和数据传输速度的加快，手机越来越像一款功能齐全的小电脑，手机游戏将迎来一场新的变革，在线和离线的手机游戏都将是一个巨大的市场。据专业机构预计，仅仅在美国，整个手机在线游戏业务的硬件、软件以及服务所带来的收入将在 2006 年达到 40 亿美元，届时全球的无线游戏市场总值将达到 170 亿美元①，手机游戏就像 IT 和通信行业中的一座金山，吸引着众多的掘金者。

最后，手机成为社会行为和公共治理的新工具。

手机最初的功能就是通信，可随着电信与网络的联盟，手机成为人们用于支付结算的新工具。"有了手机，还用带钱包吗？"这是广东一家银行提出的广告语。现在，手机已发展成交纳电子信箱、QQ 会员费、信息服务费、数据费、网络游戏月费、从自动售货机上买饮料食品等的工具。在广州，可以用手机购买地铁票；在昆明和贵阳，可以用"手机投注"的方式购买福利彩票和体育彩票，相关的费用则自动打到手机话费中。在国外，一些国家的手机支付应用已经相当广泛，小到停车费、电影票，大到商场购物，都已经采用了移动支付方式。除了购物消费之外，短信还完全可以胜任更细致的金融服务，如账户查询、代收付电话、水电等费用，银行转账，账户变化通知等等。根据著名研究机构 Ovum 公司的调查，预计到 2006 年手机支付总额将达到 370 亿美元！

从经济到政治，手机的使用范围日益扩大。基于人们对手机短信的广泛认同，政府公务部门也渐渐利用短信与市民沟通。广西南宁市政府在每年的"三会一节"（即中国—东盟建立对话关系纪念峰会、中国—东盟博览会、中国—东盟商务与投资峰会和南宁国际民歌艺术节）期间都会发送短信温馨提醒市民相关事宜。2006 年 11 月在历史空前的中非论坛北京峰会期间，北京市交管局通过 10086 向

---

① 吴俐鸣：《手机游戏"钱"景诱人》，《南国早报》，2003 年 10 月 14 日。

市民的手机发送了这样的信息："市交管局提示：因参加中非论坛宾客离京，6日机场高速路采取交通管制。往返机场请提前出行并绕行货运北路、机场北线、京承高速路。谢谢！电话122"。在随后的11月7日，一条写着"热烈庆祝中非论坛北京峰会圆满成功！诚谢广大市民热情友好参与、支持和配合！北京市委市政府"的短信，又飞进了百姓的手机，拉近了百姓与政府的关系！

综上所述，从人类交往、经济发展、社会行为和公共治理方面，手机给人类社会带来的影响是巨大的，引发的变革是深刻的：

首先，作为一种移动通信方式，手机的出现，实现了人类对空间有限性的超越。只要技术信号辐射到达的地方，不论是身处高山或是大海、国内或是海外，人们均可以使用手机随时随地轻松自如地接通电话、收发信息，完全超越了地理疆域的限制。手机发展的目标就是挣脱有形物质与地理疆域的制约，利用光波和频谱自由传送信息。正如"手机之父"马丁·库珀所说的："当今世界只有一小部分人能上网，因特网的无限潜能受到时间和空间的限制，电线、电缆和电话线将这个巨人捆绑在桌面上。可以想象，如果我们能摆脱这些束缚，让人们早日高速上网，既简单又经济，而且无所不在，这一天的到来将使信息技术完全展开其排山倒海的能量，带入人们的生活，与你我的生存息息相关。"①作为无线移动通信的先驱，他的一生都在致力于如何让畅享移动生活从理想变为大多数人的现实。

其次，作为一种人际沟通方式，手机首次在人类历史上成就了短信息交往，形成了人类的短信关系。从历史上看，人类的交往经历了面对面交往、书信交往、电话交往和E—mail交往的历程。对于现代人而言，面对面访谈太累——没有时间，写信太繁——没有精力，打电话方便——可是太贵，不能说得太多，而且有些话电话里说不出口！E-mail挺快——可是不能随时登录！短信最好——快捷、便

---

① 《手机之父》，见《电子产品世界》2002.7，www.edw.com.cn。

宜、轻松而且很好玩。短信使用者发送最多的是问候语,占被访者的66.5%,闲聊、谈正经事和一般的幽默笑话分别占到被访者的 60.1%、59.6%和 51.2%①。短信的制造可以随心所欲,问候、祝福、办事、闲聊,嬉笑怒骂跃然而出;文字、图片、动漫、铃声,应有尽有! 更重要的是,发短信很方便,简单的话语,从输入到送达,不过 1 分钟时间,即使是很忙的时候,也可以忙里偷闲,轻松收发!

再次,作为一种新的人际交往的形式,短信息交往因其简捷明快、易于删除而具有很强的游戏性,是形式主义的新游戏。有人说短信息交往,就像电子货币与财产的关系。电子货币的实质,是银行电脑库磁带上的氧化物,其中隐含着极端的偶然性和危险性,甚至游戏性。一个电脑病毒,就足以让那种"关系"化为乌有。作为一种新的交往方式的短信息也是这样,它并不一定与传统交往观念中的关心、惦记、爱相吻合。当对方说"想你想得好心痛"时,你不必太伤感或得意,因为他或许又会发来下一句"心痛的是没有抓到你请我上马克西姆吃西餐"! 当对方说"爱你一万年"时,你也不必太欢喜,因为说不准下一句或许就是"那是不可能的"! 手机是个精灵,经过数码的转换,文字既是问候,也是游戏,述说变成了搞笑,爱情变成了娱乐! 这时,文字表达什么并不重要,重要的是你来我往的信息传递过程! 没有手机,人们也能交流交往,而有了手机和短信息,就有了沟通的新方式、新思路、新逻辑和新规则。我们常看到,身边所有的人都在手机键盘上疯狂地乱按,好像有很多事要联络,有很多朋友要应酬似的。刚刚还在一起吃饭,转身就发短信息。看似有目的,其实却没什么目的。发出什么信息并不重要,重要的是,你发、你发、你发了! 如果要抒情,为什么不写信呢? 如果要快,为什么不打电话或 E—mail呢? 但是,所有这些方式,都不能替代短信息。因为发短信息这种行

---

① 《"世风博览会"不能变"色"——中国移动倡导绿色短信》,南宁晚报,2006 年12 月 19 日第四版。

为方式本身有它自己的意义。也就是说,短信息的内容已经退居到次要位置!

任何一种新的信息媒介,开始都是玩形式主义的,也就是游戏。比如写信,是 18、19 世纪的西方贵妇人的时髦行为。刚刚离开聚会的沙龙,该说的也说完了,回家之后还是要写一封信,把刚才面对面说的话(信息的内容部分),用新的形式说(写)一遍,洒上一点香水,让仆人赶着马车送过去。书写成了一种仪式(洗手、洒了香水的道林纸、鹅毛笔、夸张的花体字),一种行为艺术,或者说一种游戏,内容上并没有什么变化。但作为一种新的交往方式,书写的意义是面对面交谈无法代替的。当它变成了一种占统治地位的交往形式的时候,也就是它的内容开始腐朽的时候。

手机短信息,就是用一种带游戏色彩的新形式,来传达旧媒介(话语、文字、声音)同样能传达的内容。这种新的信息交往方式,对社会和日常生活产生的冲击力,并不是来自信息交换中的内容,而是来自它的发送媒介(数码技术)、发送方式这些形式主义要素。这就是新交往媒介的形式主义意义。如果发手机短信息仅仅是一种人与人的交往方式,那么,我们就有理由否定它,因为它完全可以被别的交往方式(写信、打电话、发 E—mail)所取代。当你把它当作一种游戏,一种新的形式,或者叫行为艺术,那就不一样了。因为艺术没有日常功能的要求,它的形式就是它的意义。今天的年轻人就是一群形式主义者,是一群将生活内容形式主义化的"行为艺术家"。他们活动着灵巧的手指,在手机键盘上行走,并渐渐与手机融为一体。最后,他们自己全部变成了一条条短信息,从手机的缝隙里蜂拥而出,像一群欢乐的精灵。

最后,手机的使用方式实质上代表着一种文化上的新符号运动。鲍德里亚曾在其名著《物的系统》和《消费社会》中描述了一个生产和消费符号的世界,他认为 20 世纪 60 年代以来的现代社会是由消费主导的消费社会,物的系统是一个符号系统,消费实际上是在符号系统中发生的,对物的消费是对符号的消费。商品(物)具有"符号价值",与商品的使用价值由其在生活中的用途来规定、交换价值由其在市场上的价值来规定不同,商品的符号价值由其在整个商品区分系统中所处的等级和位置来规定。如在商品的系统中,不同类型的汽车和香水处于不同的等级,有高、中低档等的区分,而这就会使它们分别给它们的消费者和拥有者们带来不同的社会等级和社会地位。如轿车,任何一辆能跑的轿车都能带着他的主人到他想到的饭店、宾馆、写字楼和旅游休闲胜地,然而有钱有势的名门望族大腕款爷一般不会坐名不见经传的轿车而首选劳斯莱斯、奔驰或宝马,因为普通的轿车无法承载他们想展示的财力、身份、地位乃至成功的标志。而所谓现代商品拜物教,也不过源于人们崇拜那些能够给人们带来身份、地位和威望的东西,即符号价值。

短信息是一种形式主义的新游戏,而短信息的载体手机,用鲍德里亚的理论,也可以解读为一种后现代主义的象征意符。在上世纪80年代末到90年代初,一部大哥大,外形有砖头那么大,需要花费1.5万元左右人民币,那时拥有一部手机象征着拥有权力、财富和地位。而今,随着手机技术的发展和手机的大众化,手机的价格已经普遍下降,中档的手机只需花1000—2000元,而高档手机也不过3000—5000元,便宜的手机甚至只需花500—600元。有手机≠有钱,传统的手机符号价值改变了,而今拥有手机、收发短信却意味着时尚、潮流、年轻和快乐。手机中有品牌之分,进口的有如三星、诺基亚、摩托罗拉、西门子、松下等,国产的有如康佳、厦新、TCL、熊猫等。一般的消费者都认为进口的从技术到款式和音质效果等都更好,如三星、诺基亚、摩托罗拉就是手机品质的保证。此外,手机是非常个性化的东西,不同的手机款式、颜色取向象征着主体的爱好和品位,不同的手机铃声展现个人的趣味和风格;而收发短信的方式、回复语言的风格则体现个人的个性是沉闷或是幽默、是古板或是机智、是博学或是寡闻、是聪明或是自作聪明!手机就像是你本人的符号,带着你的风格飘舞在熙熙攘攘的人流中！

手机从单纯的通信工具演变为内涵丰富的第五媒体，实现了从技术的物化形式到文化样式的深度转向，在这转向的过程中，作为技术产品的手机实质上已经被赋予了深刻的人文内涵。其包含着对人类对移动生活的梦想与追求，对新交往沟通方式的推进和对新人际关系的建构，这对人类生活质量的提升、精神的愉悦和思想的升华无疑是有益的。但不容忽视的是，在这技术与文化的华章中，也雀跃着一些不和谐的音符：首先，短信息的内容良莠不齐，广告、中奖、推销、侮辱、无聊、黄段子被列为短信的六大公害，它在改变着青年人生活方式的同时也在污染着我们的世界，如何加强对短信文化的管理也日益成为需要正视的难题。其次，短信市场管理的不规范，人为地设下了一些短信陷阱，成为人们烦恼的根源，给生活带来许多不便。据新闻晚报的调查，目前手机短信市场中主要存在以下几种典型性的陷阱：连环短信、垃圾短信、骗钱短信、午夜短信、吸血虫短信、霸王短信、看似免费实则收费、订制容易取消难、价格浑水摸鱼和含糊其辞骗取订阅等。[1] 正如人们常说的，"当商业利益与社会利益发生矛盾的时候，往往牺牲的是社会利益"。众多的 SP（内容服务商）网站受利益驱使，以投机、含糊、诱惑、连环等种种手段令消费者跌入短信陷阱，造成了极其恶劣的影响。再次，手机在给人们带来生活便利的同时，也给某些不良行为带来便利。看新闻、发短信、玩游戏已经成为大学课堂的公害，短信密报是考试作弊的新工具。短信方式扩大了人际交往的圈子，增加了朋友交往的亲密程度，也为发展新的"亲密爱人"提供了便利，有人说手机是情人的助手，短信息是情人的甜言蜜语。2004 年初，冯小刚导演的电影《手机》里男主角严守一的手机既是他与三个女人的开始，也是所有真情的结束。最后，手机是一个

---

① 《小玩意做出大市场，短信陷阱不完全手册》，见《新闻晚报》，2004 年 3 月 11 日。

相对独立的话语空间，它既可以传递关爱，也可以传递怨恨；既可以传递真信息，也可以传递假情报；既可以传递真情，也可以传递谎言，当谎话和手机连在一起时，手机就变成了手雷。

第 三 章

新信息文化的运行方式

作为人化的产物,文化具有系统化的内涵和多样化的形式。与其他类型的文化不同,新信息文化存在的基点不是文字,不是宗教,不是建筑或艺术,也不是理论或道德,而主要是新信息技术,正是新信息技术的发明和使用建构了新信息文化。基于新信息技术的新信息文化因此具有了不同于以往文化类型的运行方式,主要表现在符号化、在线化、虚拟化等方面。这些新的运行方式形成了新信息文化独特的秩序,而对新秩序的建构与维护,则形成了独特的制度要求和制度安排。

一、符号化

信息化是新信息文化物质基础的建构,而信息化的悖论,则在于随着全球联接的四通八达的信息高速网络的构建,物质符号化的趋向日盛,信息与符号成为社会的重要元素与资源,引致了物的解构与失落。

(一)信息技术与符号化

符号是人们共同约定用来指称一定对象的标志物。皮尔士认为：符号是"某种对某人来说在某一方面或以某种能力代表某一事物的东西"，是"确立另一事物（它的解释者）去特指一个它所特指的对象（它的对象）的任何事物。"①艾柯认为：符号是"依据事先确立的社会规范，从而可以视为代表其他事物的某物。"②

在古希腊柏拉图的理论体系中，始终有着"真实世界"与"理念世界"的对立；而 20 世纪著名哲学家波普尔关于"三个世界"的理论（1967）也坚持了物质与符号的世界的区分："……如果不过分认真地考虑'世界'或'宇宙'一词，我们就可区分下列三个世界或宇宙：第一，物理客体或物理状态的世界；第二，意识状态或精神状态的世界，或关于活动的行为意向的世界；第三，思想的客观内容的世界，尤其是科学思想、诗的思想以及艺术作品的世界。"③波普尔所说的"第一世界"是"天然"的物理世界，"第二世界"是人的"精神世界"，"第三世界"是人的精神活动的"产物"的世界，而人的精神活动的"产物"的"直接表现"或"直接形式"乃是一连串的"符号"，事实上就是一个符号世界。美国著名文化学家怀特将全部文化归结为象征符号的使用："全部文化（文明）依赖于符号。正是由于符号能力的产生和运用才使得文化得以产生和存在；正是由于符号的使用，才使得文化有可能永存不朽。没有符号，就没有文化，人也就仅仅是动物而不会成其为人类。"④德国哲学家卡西尔有个著名的论断："人是符号的动物"。他的"人论"的重要观点可以简化为一个基本的公式：人－运用符号－创造文化，"符号化的思维和符号化的行为是人类生活中最富于代表性的特征，并且人类文化的全部发展都依赖于这些条件"。在他看来所有文化现象或精神活动都是运用符号形式来表示人类的种种经

---

① 特伦斯·霍克斯：《结构主义和符号学》，上海译文出版社 1987 年版，第 130 页。

② 乌蒙勃托·艾柯：《符号学理论》，中国人民大学出版社 1990 年版，第 18 页。

③ 波普尔：《客观知识》，上海译文出版社，1987 年版，第 114 页。

④ L.怀特：《文化科学》，浙江人民出版社 1988 年版，第 24 页。

验。一切文化成就,诸如语言、神话、艺术、科学等各个方面,都是人类符号活动的结果。在这些学者的眼中,文化即符号化,人创造符号、用符号表现人类特有的经验与思想,人类不是生活在一个单纯的物理宇宙之中,而是生活在一个符号宇宙之中。

人是制造和使用符号的动物,而信息技术的发展则是对符号化的一种技术化的推进。历史上人类信息技术对物质符号化的形式有:语词化、文本化、符码化、图像化等。语词化是借助语言和文字寻求词与物的对应,文本化是以文本的方式表现自然、社会与人生,符码化是对物质信息的编码和解码(如信息科学中的编码和译码),图像化是通过电子方式对物的模拟和拟像。美国媒介理论家马克·波斯特在研究信息方式(the mode of information,指信息符号的交换形式)时,暗示正如可以按照生产方式(生产手段与生产关系的组合)的变迁对历史进行分期一样,历史也可以按符号交换情形中的结构变化被区分为不同时期。每个时代所采用的符号交换形式都包含着意义的内部结构和外部结构,以及意义的手段和关系,因此,信息方式的诸阶段可以试做如下标示:面对面的口头媒介的交换;印刷的书写媒介的交换;以及电子媒介的交换。若说第一阶段的特点是符号的互应(symbolic correspondences),而第二阶段的特点是意符的再现(representation of signs),那么第三阶段的特点则是信息的模拟(informational simulations)……[①]新符号化是相对于旧符号化而言的,按照波斯特对信息方式三阶段式的划分方法,口头媒介交换的是语言符号,印刷媒介交换的是文字与文本符号,而电子媒介交换的是图像与影音等视觉符号。每一阶段的符号形式都推进了信息文化的发展,尤其是电子信息技术的发明,更使人类符号进化到一个新的阶段,形成了新的信息文化样式。

---

① 马克·波斯特:《信息方式——后结构主义与社会语境》,商务印书馆 2000 年版,第 13 页。

（二）视觉符号与话语文化向视觉文化的转向

以语言文字为符号形式的话语文化在电子技术发明之前是人类核心的信息文化样式，而电子信息技术的发展最终导致了人类语言文化向以形象或图像等视觉符号为内容的视觉文化的转向，正如英国著名艺术批评家伯格所说的"在历史上的任何社会形态中，都不曾有过如此集中的形象，如此强烈的视觉信息。"①人类越来越明显地生活在一个视觉符号占统治地位的时代，不但淹没在一个符号的海洋中，而且深受视觉符号的暴力和侵蚀。

丹尼尔·贝尔在其名著《资本主义文化矛盾》中分析西方当代文化的转变时，明确提出："目前居'统治'地位的是视觉观念。声音和景象，尤其是后者组织了美学，统率了观众。在一个大众社会里，这几乎是不可避免的。""我相信，当代文化正在变成一种视觉文化，而不是一种印刷文化，这是千真万确的事实。"他还分析了视觉文化兴起的原因："当代生活中有两个突出的方面必须强调视觉成分。其一，现代世界是一个城市世界。大城市生活和限定刺激与社交能力的方式，为人们看见和想看见（不是读到听见）事物提供了大量优越的机会。其二，就是当代倾向的性质，它包括渴望行动（与观照相反）、追求新奇、贪图轰动。而最能满足这些迫切欲望的莫过于艺术中的视觉成分了。"②

贝尔的分析从主观和客观两个方面深刻地点出了视觉文化取代话语文化的必然性，但还有一个十分重要的因素——信息技术，正是电的使用与电子信息技术的发展，使得在电影、电视、摄影等领域，许

---

① Johm Berger，ways of Seeing，London：Penguin，1973，PP：129，见周宪：《视觉文化与现代性》，载《文化研究》第一辑，2000 年版，第 122 页。

② 参见丹尼尔·贝尔：《资本主义文化矛盾》，北京三联书店 1989 年版，第 154—156 页。

多视觉文化作品被大批量生产出来,视觉媒介的数量激增,质量不断提高。今天,这种视像化司空见惯,几乎成为了强制性的。这种转向的技术症状有电脑辅助设计、合成全息照相、飞行模拟器、电脑动画、机器人图像识别、射线跟踪、文本图绘、运动控制、虚拟环境防护、核磁共振成像以及多谱勒感应器等。现在,从大脑的活动到心脏的跳动,都被复杂的技术转化为一个可视的画面。视像化不能替代语言性的话语,但却可以使之更易理解、更便捷和更有效。

后现代理论家鲍德里亚尔提出"仿像"、"类像"的概念来表征电子影像泛滥的社会现实。他认为电影、电视、电子游戏机、卡通漫画等构成了社会独特的语言体系。换而言之,这个世界完全是按照模拟和仿像的原则建立起来的,人类正处于一个后现代的类像时代,这是一个由模型、符码和控制论所支配的信息与符号时代。媒体和自动控制系统,以及按照类像符码和模型而形成的社会组织,已经取代了生产的地位而成为社会的组织原则。

视觉符号不仅取得了霸主地位,而且对其他媒介形式形成了强大的压力和霸权。在文化的发展历程中,一个形象对语言的挑战格局已经形成。依据法国哲学家利奥塔的见解,话语和形象是一个对立二分的概念,它们分属于不同的文化。英国社会学家拉什依据利奥塔的二元结构,进一步提出了现代主义和后现代主义的两种艺术形态:现代主义艺术是话语的文化,而后现代主义艺术则是形象的。两种形态的差异体现在如下六个方面:"话语的文化意味着:1.认为词语比想像具有优先性;2.注重文化对象的形式特质;3.宣传理性主义的文化观;4.赋予文本以极端的重要性;5.是一种自我而非本我的感性;6.通过观众和文化对象的距离来运作。而'形象的'则相反:1.是视觉的而非词语的感性;2.贬低形式主义,将来自日常生活中常见之物的能指并置起来;3.反对理性主义的或'教化的'文化观;4.不去询问文化文本表达了什么,而是它做了什么;5.用弗洛伊德的术语来说,原初过程扩张进文化领域;6.通过观众沉浸其中来运作,即借助于一种将人们的欲望相对说来无中介地进入文化对象的运作。"①拉什的分析全面地描述了从语言主因的文化向形象主因的文化的转变的内在逻辑。

(三)数字化技术对符号化的革命

鲍德里亚尔在研究媒介社会的仿像文化时曾经指出,符号与现实的关系事实上经历了四个不同的发展阶段:符号是现实的反映,符号掩盖和偏离了现实,符号掩盖了现实的缺失,以及符号与任何现实无关。这四个不同阶段就是符号一步步脱离现实并反过来塑造现实的历程。② 早在电子媒介阶段,符号的生产便可以依照符号自身的逻辑来生产而可以与现实无关,早先的"地域在先原则"(即先有地域后有地图,如模仿论或镜子论),已经被"地图在先原则"(即先有某种模型后有某种文化)所取代。于是,符号(形象)与现实之间本来存在的表征关系和依赖关系显得无足轻重了,进而导致了现实与形象之间的差异和区别的消失,这就形成了"超现实"的文化。电子符号不仅仅是符号,同时也在塑造现实,主体的思想观念、行为方式都受到了对人为符号模拟的影响和制约。电子信息技术发展到数字化阶段,使符号与现实的分离更为凸显,物的现实与行为的现实走向符号化,数字符号构建了新的符号空间和符号生存方式,建构了新信息文化的新符号体系:

首先是空间的符号化。在自然世界,时间与空间是物质运动和存在的形式,而信息空间和赛博空间的本质却是反物质、反空间的。赛博空间是以计算机及现代网络通信技术、虚拟现实技术等信息技

---

① Scott Lash, Sociology of Postmodernism, London: Routledge, 1990, p. 263;见周宪:《视觉文化与现代性》,载《文化研究》第一辑,2000 年,第 126—127 页。

② Mark Poster, ed., Jean Baudrillard: Selected Writings, Stanford: Stanford UniversityPress, 1988, p. 170.

术的综合运用为基础而构筑起来的与现实物理空间相对应的人工虚拟的用以信息交流的空间。"赛博空间是一种共同感觉到的幻觉，它看似一个物理空间，实则是一个由计算机所构筑的、代表抽象数据的结构。"①在这个数据式的结构中，各个虚拟场所不是用钢筋、水泥以物理的方式建就，而是由软件以虚拟方式组建；它们通过逻辑关系而不是门、走廊和大街彼此相连；它们不存在于某个特定的地方，而是无处不在、四下弥漫——你无需走到网上去，只要在某台联网的电脑上输入访问码便可随时登录；可它们却又总在别处、无以触摸，无法用感官体验它的温度和硬度！威廉·J. 米切尔把这些场所的总和称为"比特之城"，在他看来，"网络好比一块摆在我们面前的城建用地，邀请我们设计和建设比特之城（即 21 世纪的都市），就像许久以前人们在米安达旁一个狭长的半岛上建成了日后的米利都（米利都是古代小亚细亚的希腊城市）一样。但这一新拓居地将彻底打破古典范畴，对古典时代至今建筑师们所使用的语言进行重新建构……这将是一个不依附于地球上任一确定地点而存在的城市，其格局不取决于交通的便利性和土地的有用性，而受互联性与带宽程度的制约……"。② 米切尔还比照现实，描述了比特之城中"重组的建筑"：门面与界面，书店与比特店、书库与服务器、美术馆与虚拟博物馆、剧场与娱乐设施、交易所与电子贸易系统、百货商场与电子商场等，这些重组的建筑构建了一个新的电子边疆，成为新信息时代新的活动空间。因此有人也提出："赛博空间是数字化的网络空间、虚拟空间、概念空间、符码空间，而不是物质空间。有人更提出它是世界 4。"③虚拟空间、信息化城市、信息化空间、数字地球……空间的符号化使传

---

① 爱德华·A.卡瓦佐：《赛博空间和法律：网上生活的权利和义务》，江西教育出版社 1999 年版，第 1—2 页。

② 威廉·J.米切尔：《比特之城—空间场所、信息高速公路》，北京生活·读书·新知三联书店 1999 年版，第 25 页。

③ 孙慕天：《论世界 4》，《自然辩证法通讯》，2000 年第 2 期，第 88—91 页。

统的物质世界受到前所未有的挑战。

其次是物质资源的符号化。物质、能量与信息是人类社会赖以生存的三大要素，人类五千年的文明史同时也是一部物质进化史，是人类对物质资源的获取、生产、创造和消费的过程。但随着现代科学技术的发展，资源的内涵发生了变化。在经济发展中，以能源、原材料为主的硬投入比重减少，而以信息技术、信息装备为主的软投入比重不断增加，从而使生产出来的产品的物质含量越来越少，技术含量、信息含量越来越多。相应地，能源、物质等资源禀赋条件对区域经济发展的制约越来越小，而知识、信息等智能因素的作用越来越大，成为经济增长的战略性资源。以计算机、现代通信和网络技术为代表的现代信息技术，使人类对信息资源的开发利用摆脱了迟缓、分散的传统方式，代之以高效率、专业化、集成化、多样化的现代方式，彻底打破了物质、能源与区域经济发展这种正相关性。信息越来越多地成为劳动对象和劳动产品，人类的经济方式从原来的资源经济、资本经济向知识经济转变，经济的载体也由过去的物质流、资金流转化为信息流。因此，资源的观念也从农业经济时期对土地与实物资源的追求、工业经济时期对资本与货币的追求，转变到现在（信息经济时代或知识经济时代）对信息的数量与质量的追求。这种资源观念的转变不仅仅是在经济领域，就是在政治、文化领域，物的竞争也都转化为对信息的竞争，争夺信息力。

再次是物质行为的符号化。物质行为包括物质的生产、经营和管理。众所周知，信息化分为企业信息化、产业信息化和社会信息化三个层次。企业信息化是信息化建设的基础和前提；产业信息化则包含了企业信息化的内容，社会信息化不仅包括前两个方面的内容，还涵盖了政府信息化、社区信息化和生活信息化等更大范围的信息化内容。社会的生产、经营和管理活动都纳入信息化的范围，趋向符号化。最显著的特征就是经济符号化，或说符号经济的兴起。第一个提出并使用符号经济与实体经济这一组概念的是著名经济学家和管理学大师彼得·德鲁克。他曾指出(1986):"符号经济取代实体经济,成为世界经济的飞轮,而且大体上独立于实体经济,这是一个最为醒目而又最难理解的变化"。[1] 在他看来,所谓符号经济(symbol economy),是指货币和信用;实体经济(real economy)是指货物、工作和劳务。[2] 在后来的文章中,他又指出:符号经济即资本的运动、外汇率和信用流通;实体经济即产品和服务的流通。[3] 符号经济在金融、贸易、电子商务领域具有最充分的表现。

20世纪70年代以来,信息技术改变了传统银行的经营方式和金融体系,促使银行实现电子化、资本虚拟化。比尔·盖茨曾预言:"传统商业银行将是在21世纪灭绝的一群恐龙。"这一预言虽然不能说完全正确,但是银行电子化却已成事实:一是货币形态由实物货币向电子货币演变。货币从一般商品发展到铸货币经历了漫长的历史发展阶段,而仅几十年间,传统的货币形态已跳跃式发展至信用卡、智能卡和电子货币阶段。电子货币又称电子通货,在目不可视、手不可及的情况下通过相互交换电子信息完成支付。电子货币的出现改变了现有商品交易的货币支付和结算方式;银行的概念由实体银行向虚拟银行渐进。随着高新技术对银行业的渗透,银行概念将逐渐被电话银行、家庭银行、企业银行特别是网络银行所替代。将来银行的概念或许就是一个网址的别名。银行服务方式由人—人接触互动式向人—机对话方式演变。传统银行面对面服务正在被ATM、POS系统、银行自助服务区、无人银行等设备所取代,银行服务的能见度越来越低。资金流动由依赖纸质支付的交换向电子支付方向发展EDI(Electronic Data Interchange)电子数据交换技术、电子商务、卫星联行、实时汇兑、证券外汇及资金市场的电子交易方式,极大地加

---

[1] 张平、张晓晶等:《直面符号经济》,社会科学文献出版社2003年版,第1页。

[2] Drucker, P. Toward the Next Economics, 1981, p. 6.

[3] 德鲁克:《管理的前沿》,企业管理出版社1988年版,第38页。

速了资金流动,并使资金流动趋向无纸化。金融电子化导致全球资本市场急剧扩张,并最终导致金融全球化。如果说资本概念的提出在马克思时代起到了揭示社会经济运行本质的作用,那么符号经济概念则是把握金融全球化时代的关键。

最后是社会交往的符号化。数字化技术的后果之一就是数字化生存与数字化交往。借助手机和网络等媒介,人与人的社会交往趋向符号化。如利用手机短信,本不相识的人们得以沟通交流,有的或许只是三言两语的对白,有的或许是无聊时的"陪聊"方式,有的甚至可能是恶意的心存不轨,但更多的人却可能是无话不谈的知心朋友。针对生活中存在的只通过短信交流、现实中不见面的短信交往构建的关系,有人称之为"短信关系"。狭义的"短信关系"指男女之间不见面、不约会、不通电话、不上网聊天,所有的交往全部依靠频繁的短信息进行,短信息中流露着对对方的关心和问候,甚至不乏暧昧的内容。"短信关系"是因手机短信而形成的新型社会关系,在这种关系中,对方的物质存在形式往往只是一串数字(一个手机号码),而无从知道对方真实的相貌、容颜、身高、体重等物理特征。在网络的赛博空间里,同样存在着这种数字化的交往,因为任何在网上的形象只是一个注册的 ID 和虚拟化的图像,正如那一句耳熟能详的话所说的:"在网上,没有人知道你是一条狗"。这就是一个数字化存在的后果,在符号与数字的背后,是一个个真实的个体和主体,但他们却以符号化的形式在交往,这种交往,因为身体的不在场和空间感的缺席,又建构了扑朔迷离的符号化(或说数字化)关系。

二、在线化

新信息文化以前所未有的"在线"的方式显现自身。作为新信息文化的物化基础,网络的联接和运行,建构了一个纵横四海、穿越时空的信息世界,人类以"在线"的方式进入这个世界,获取信息资源,体验在线生活。

（一）在线的现象学

在线即"在网"、"上网"。上网、在线是新信息时代获取和使用信息的主要途径。通过在线，可以与全球的人们在同一空间、同一时间关注同一件事，没有距离、没有时滞。在线是没有止境的信使，在线新闻、在线游戏、在线论坛、在线出版……建构了一个不同于往昔的景观。

在线新闻，根据我国年轻的新闻工作者吴琼莅的理解，是指由新闻服务提供商基于国际互联网络环境生产并通过互联网首先发布的多媒体交互新闻信息。[①] 它指明了在线新闻的五大要素：职业化的新闻服务提供商、互联网络环境、网络首发性、多媒体化和交互性等。这是在线新闻区别于传统的印刷、广播、电视新闻的新特点。在线新闻让我们在第一时间获取兼具文本、声音与图像的新闻信息。美伊战争、"非典"时期的疫情通报、中国女排在 2003 年世界杯上的辉煌战绩、"温情总理"温家宝上任后的第一次美国之行……国际国内各类信息都可以及时地由事发地点通过互联网向世界各地传送，麦克卢汉地球村的设想从来没有变得如此地真实！在线全程直播是在线新闻的最高境界，对于不少重大活动，一些门户网站都提供了在线全程直播的服务，并请专家现场评论，与网友们关注事件本身的发展，回答网友提出的问题。

在线游戏是依托于网络的游戏形式。来自世界不同角落的人可以在同一个网址上玩同一个游戏，或是同伴，或是对手，或在某一角色扮演游戏中相遇、相识、相爱、相斗或相恨。以棋牌类游戏为主的

---

① 柴庆云等：《信息文化——人类文明的新形态》，军事科学出版社 2003 年版，第 94 页。

联众世界,韩国开发的《传奇》,国产的《剑侠情缘》、《石器时代》、《新西游记》等,都给网络"游民"以无尽的乐趣。

在线论坛是网络空间的"海德公园"(Hyde Park)①,是自由言论的空间。在线论坛的形式如 bbs、聊天室或各个网站设置的分类论坛等。通过这些论坛形式,不分国界的用户都可以就自己感兴趣的论题畅所欲言,不同的观点和立场都得以表达。可以说,在线论坛是最有可能不受政治、意识形态、表达能力、经济能力等限制的表达方式,真正实现个人的表达自由和言论自由。

在线出版是在线发表和传送文本图像信息的另一方式。在线出版的形式,一是在线创作与发表,二是作品创作完成后在线发表。在线出版的优势突出地表现在"快"字上,没有印刷作品排版与印刷的系列繁杂过程。许多剧本,如《手机》,在电影和纸介的原著还没有播放、出版的时候已经在网络上连载,以新的方式招徕公众的目光,制造新的看点。在线出版的实现同时还成就了一个大众写作的时代,随着网络的普及,一批网络写手应运而生,他们以网络为载体,陈述他们的思想观点,表达他们的玄思与梦想,不少人将网络写作与出版当作自己的娱乐、职业形式或生存的方式,推出了一批批有特色的作品,构成了网络文化的新景观。

(二)在线的特点

在线的景观多姿多彩,但就本质而言,在线是获取和共享信息的一种方式,具有如下特点:

一是在线信息没有止境。在线的空间是信息的海洋,这里的信息不仅有海水资源的丰厚,而且像海水一样是动态的,川流不息,奔

---

① 海德公园位于英国伦敦麦加利大街即大学街和伊莉莎白街以南,因公园西北角有个能够畅所欲言的"自由论坛"而著称,成为言论自由的代名词。

腾不止。信息不断地被刷新,内容也就不断地堆积。与人类不能两次踏进同一条河流不同,在线的信息却可以重新调用、重复地使用。有人认为,在线文字与其说它像一本书,倒不如说像一个图书馆。点击链接就像从首页跳到中间页,或者从一个书架走到另外一个书架,甚至是从纽约的图书馆瞬间飞到东京国立图书馆一样。在线网络特有的信息呈现方式是超文本链接,与传统文本的线性结构不同,超文本采用的是一种非线性的网状结构来组织和呈现信息,没有固定的顺序,也不要求读者按某种顺序阅读。一个文本之中或文本之后,都设置有"相关链接",使相关话题与资料信息层层推进,读者既可以从这点到那点,也可以从那点到这点,进行一种无起点也无终点的阅读,如同环环相扣的信息陷阱,将你引向无尽。

二是在线是一个信息共享的平台,只要输入访问码,来自不同国家、不同肤色、不同民族与种族的人们都可以进入相应的网页,随意地调阅欲了解的主题内容。这种信息共享的方式与传统的印刷制品不同,对于特定的某一本书,如果某人已在阅读,另外的人则无法同时阅读,只能等对方放下书本之后才可以拿起阅读,这种对书本(信息)的共享方式是延时性的、排他性的。而在线则不同,对于特定的某一信息、文本,一人的阅读并不影响到他人,不计其数的人可以在不同的联网计算机上阅读同一个文本,而不会互相干扰,人们甚至可以在同一个文本的背后写上自己的评论,与他人即兴交流对此文本的感受。因此这种信息共享的方式是即时性的、兼容的。

三是在线的信息已经实现了多媒体化。信息媒介的发展经历了从语言到文字、到印刷品、再到广播、电视的过程,这是一个不断进化的过程,每一种新的媒介都试图既容纳前者的功能又超越前者的局限。广播给印刷制品以声音,电视给广播图像信息,而网络则容纳这些所有的形式,集多种媒体的优点于一身,将文字、声音、图像、色彩与动画形式聚合起来,构建了内容丰富、形式多样的文化世界。

四是在线使在线者与世界相连。在线是对在场的超越,在线的

世界没有地域疆界，没有物质的硬度，在线的人们可以以低廉的成本或无成本地实现与世界各地知识与信息的交流。在线建构了全球性的网络，促进了资本、劳动力和劳动资料的跨地域、跨国界的流动，促进了全球化市场的形成。同时，在线世界也是现实生活空间的拓展，人们往往超越日常生活空间，进入文化与交往的空间，谱写多姿多彩的文化内涵。

五是在线建构了赛博空间。单独的计算机只是一台具有记忆、计算、处理信息和播放音频、视频等一系列功能的机器，而在线的计算机却能够进入并建构奇妙的赛博空间。"赛博空间"这个词是加拿大科幻小说家威廉·吉布森（W. Gibson）于 20 世纪 80 年代中期首先使用的。他在一本科幻小说中描写了计算机网络化把全球的人、机器、信息源都联结起来的新时代，昭示了一种社会生活和交往的新型空间。连线和在线是建构赛博空间的基础，赛博空间是由相互作用、联系和思想本身构成的世界，是一种时尚的精神生活和文化空间；它既改变了人们以往接受、处理和发送信息的方式，也改变了信息本身的产生和存在方式；既拓展了人们交往的空间，也重新调整了人与人、人与社会乃至人与自然的关系。

（三）在线与交互

在线的世界是一个交互的世界，交互的实现来自计算机和网络的交互技术。

传统的媒介，无论是报纸、广播还是电视，都有自己的特点和优势，如报纸以文字表现信息，广播用声音表现内容，电视以直观的声音和图像表达内涵。但它们有一个共同的缺点，就是传播的单向性。所谓单向性就是受众只能读、听、看它们传递和播送的信息，而不能与之交流。受众就是"受"众，他（她）们永远是被动、无助的。"大众传播研究之父"威尔伯·施拉姆（Wilbur Schramm）曾经将大众媒介的传输模式概括为 SMCR 模式：即源—信息—信道—接收者（Source-Message-Channel-Receiver）模式①。源是传播的起点，信息是需要交流传播的内容，信道是用以从某地向异地传递信息的媒介或传输系统，接收者是传播的终点。按照这种模式，大众传播是一对多或者一点对多点的传播，即通过广播、电视或电影等媒介，信息被从单一的源传播给成百上千的接收者，受众只是信息的一个被动容器，对信息源没有反馈或反馈很少。也正是在这个意义上，传统的媒介被称为"大众"传媒。

这种观点后来随着对媒介认识的深化而受到批判。有的学者逐渐认识到受众收听广播、收看节目、接受信息的过程其实也是以自己的方式解读信息的过程，这种解读未必与内容提供者所极力表现的意义相符合。即信息提供者创造了文本（如广播电视节目），他们有一个假定的解读方案，想让受众从文本中读到某些思想和内涵。但受众不是必然接受甚至不是必然了解到这种预设的解读。受众也许会排斥它，而在他们的想法和文本的内容间作出一些妥协性的解释，或者用另一些解释来对抗文本的内容（Morley，1992）②。同时，受众还有个性化的价值观、兴趣爱好和基于这些爱好个性化的选择倾向，当面对多频道节目的多向选择时，这种偏好和倾向性就起作用了。这就是受众在面对大众传媒信息时特有的自主性，当然这种自主性的大小取决于受众本身的知识、素养、价值观和个人偏好等因素。正是基于受众的特殊的倾向性，传播学才有了"分众"的概念，其策略就是消解将所有受众作为一个整体传送同一套的传统，将受众"细分"，分解成具有不同品味和消费需求的不同观（听）众群，而提供不同类别的节目。

① 罗伯特·拉罗斯、约瑟夫·斯特劳巴哈著：《今日媒介：信息时代的传播媒介》，清华大学出版社 2002 年版，第 12 页。

② 同上书，第 40 页。

但即使这样,还是无法解决"单向性"的问题,只有到了互动技术的广泛使用才实现新的互动之路。现在互动技术已经广泛运用于传媒、生产和游戏等领域。手机是一种互动的媒体,可以通过互发文字信息、图片、铃声等方式聊天、沟通与游戏;互联网是最彻底的革命,赋予受众广泛的主动权。几乎所有的新闻、文稿、图片都设置"发表评论"的空间和链接,读者可以发表自己的观点和评论。而网上专门的新闻讨论组、电子公告牌、电子论坛等则是任由读者挥洒智慧、情趣、幽默的空间,参与者可以纵情地灌水、论战、点评,甚至相互批判、攻击。在网络聊天、讨论与交流互动中,最新的政治经济时事、最时尚的生活热点、最可能的时尚和最引人注目的事件,往往是交流的主题,人们可以在讨论中了解时事、社情,包括最好的事情和最坏的事情。此外,还可以在公众网站开辟的特别专栏接触和参与专业性话题的讨论,接受最新的动态;也可以设立个人网页,做一些个人喜欢的内容,与一些有共同爱好的朋友、同行,分享共同感兴趣的学术与娱乐。在这里,每个人都是读者,每个人也都可能是作家,没有纯粹的"受众","授众"成了最贴切的话语。

在新信息时代,互动的概念已经扩大到许多传统的媒体和领域,交互式电视、交互式电话、交互式商品、交互式光盘……交互性技术的发展与应用展现了科技人性化的追求,赋予人更多的自由和自主,而网络在线的作用,则使交互得以跨越时空,穿透心海。

(四)在线与在世

在线既是一种获取信息的方式,也是一种生存方式。在线的生活与交往,建构了在线生存。

海德格尔认为,人这种存在者即此在(Dasein)的存在方式就是"在世界之中存在"(being-in-the-world)。对于其中的"在之中"的本意,其意涵不是某些现成的存在者搁置在另一个之中的意思,即"'在之中'不意味着现成的东西在空间上'一个在一个之中'","反之,'在之中'意指此在的一种存在建构"①。人"在世界之中存在"的关系意味着,世界不是一个空的容器,人也无需被放置于其中,因为人已经在世界之中,世界是存在的敞开。海德格尔指出:"对我们来说,'世'根本不是存在者,也不是任何在者的领域,而是在的敞开(Lichtung)。只要人是站出来存在的人,人就在,而且就是人。他站出来,站到敞开的状态中。在本身,作为一种抛出,把人的本质抛入"烦",也就是此——敞开。人就是以这种方式被抛出来而站到在的敞开'之中'。"②世界使万物及自身出现,世界不是附加到已经现成存在的万物之上的;相反是世界的出现使万物有一个世界并从而存在者才能如其本然地显现、存在。③

　　人的存在方式首先是要有所作为,与其他事物"遭遇";人把他物作为自己生存的环境而联系在一起,"世界"的概念才得以形成。换言之,只有通过人(此在)的存在方式,他物才能得以显示,作为世界中的存在者(世内存在者)。这就是说,像"事物"、"整体"、"空间"、"联系"等概念,都是与人的行动和存在相关的显现物。因此,世界不仅是人的存在方式,也是其他事物向人显示的结构。"在之中"的方式形形色色:"和某种东西打交道,制作某种东西,安排照顾某种东西,利用某种东西,放弃和浪费某种东西,从事、贯彻、探查、寻问、考察、谈论、规定,诸如此类"④。海德格尔将这些人与事物"打交道"使事物得以显示的方式称为"烦忙(烦、操心、操劳)"(concern)。由人的"在世界之中存在"这一存在方式可知,人的本质取决于他的存在

---

　　① 海德格尔:《存在与时间》,陈嘉映、王庆节译,北京三联书店1999年版,第61—73页。

　　② 海德格尔:《人,诗意地安居 海德格尔语要》,郜元宝译,广西师范大学出版社2000年版。

　　③ 陈嘉映:《海德格尔哲学概论》,北京三联书店1995年版,第60—61页。

　　④ 海德格尔:《存在与时间》,陈嘉映、王庆节译,北京三联书店1999年版,第66页。

过程,所有的事物与人的生存及其环境不可分割。

在线生活与在世不同,在世是存在于以物质为特征的物理空间,在线是游弋于没有疆界的赛博空间。在世关注的是生产、生活等物质行为,经历生老病死的自然过程;在线,从"烦"和"敞开"的意义来理解,其所"烦忙"和"操劳"的东西,乃是信息与符号的内容,即信息的文化习俗隐喻。在线的生活没有物质化的衣食住行,但有彼此的交流与情感。瑞因高德(Rheingold)是最早和最清楚地描述在线思想与生活的人之一,他的《虚拟社区》一书是网络文化研究的典范文本。在书中他勾勒了网络发展简史或者说在线社区历史,研究大量在线交流的例子。他把虚拟社区定义为可以是也可以不是相互面对面聚集的一群人,他们通过电脑公告牌和网络媒介彼此交流语言和思想,展开集体讨论,履行商业行为,交流知识,共享情感,做设计,闲聊,争斗,恋爱,找朋友,玩游戏,调情或创作一些高雅艺术等。他们做人们聚到一起时所做的任何事情,只不过是用语言在电脑屏幕上做,把身体留在电脑后面。他对网络持乐观的态度:"我们当前已经拥有了一种工具,它能够把欢乐和理解带入我们的生活并有助于公共领域的重建。同样的工具,如果不适当地控制和使用,将会变成暴政的工具。公民设计、公民控制的全球传播网络的梦想是一种技术乌托邦主义的翻版,它可以被称作'电子集会'的幻想。"①

这种"电子集会"般的兼具私人与公共生活的网络生活,是新信息时代的生存新方式,网络生存构成了新信息文化的新景观。

三、虚拟化

比特虚拟一切,当人类使用电脑和互联网络,就开始迈进了虚拟世界,应对种种的虚拟情境。虚拟并非虚假,虚拟以数字化的形式克

---

① 鲍宗豪:《数字化与人文精神》,上海三联书店 2003 年版,第 532—533 页。

隆真实的社会样式,并建构真实的虚拟现实,真实的虚拟使新信息文化更具神秘与魅力。

(一)虚拟化与真实社会的电子克隆

在传统媒介的世界里,笛卡尔式的二元化结构是明确的,主观世界和客观世界始终以明晰的界限而存在,主体认识与反映客体,人类的各种知觉构成了这两个世界的桥梁,媒介以及媒介中流动的符号成为将知觉表达出来的工具。媒介越发达,表达越真实、准确。正如麦克卢汉所说的,"媒介是人的延伸","通过把我们的身体置于我们被延伸的神经系统之内,并借助电子媒介,我们建立了一种动态。在这里,以前只不过是手、足、牙和身体热控制的延伸的所有技术,以及包括城市在内的我们的身体的所有此类延伸,都将被转换为信息系统。"①总之,媒介扩展了人类获取信息的功能,人类可以凭借各种媒介更有效地获取客观世界的信息。

而网络的意义不仅仅在于获取信息方面的变革,更重要的在于它对真实社会的克隆,建构了一个真实的虚拟的世界。有人认为:"互联网用独特的信息传播方式将人连同他周围的生活完整地延伸了,营造出来一种被称为'赛博空间'的新的人类空间。在赛博空间里,主观世界和客观世界的界限模糊了,在它们之间出现了一个独立于客观世界的'第二客观世界',或者叫'虚拟现实'。"②虚拟是对现实的克隆与仿真,也是对现实的超越。在虚拟世界,人们可以进入现实般的虚拟场所,接触虚拟物品,扮演虚拟化身,体验虚拟情感:

首先是虚拟场所。在网络里,虚拟社区、虚拟邮局、虚拟图书馆、

① [加]德克霍夫著:《文化肌肤——真实社会的电子克隆》,汪冰译,河北大学出版社 1998 年版,第 52 页。

② 孟建、祁林著:《网络文化论纲》,新华出版社 2002 年版,第 20 页。

虚拟大学、虚拟医院、虚拟公园的观念已然耳熟能详。虚拟场所是现实场所的数字化存在，它具有与传统的物理空间和场所一样的功能，是对现实物理空间与场所的复制，甚至还可以创造现实物理空间所没有的东西。人们可以在虚拟医院里看病，在虚拟公园里戏耍，在虚拟博物馆里欣赏古典名画，在虚拟大学里听课拿文凭，在虚拟社区里交友、聊天甚至谈情说爱！在虚拟场所里的这些活动都是真真切切的，不同的是这些场所不是用钢筋、水泥以物理的方式建就，而是由软件以虚拟方式组建；它们通过逻辑关系而不是门、走廊和大街彼此相连；它们不存在于某个特定的地方，而是无处不在、四下弥漫——你无需走到网上去，只要在某台联网的电脑上输入访问码便可随时登录；可它们却又总在别处、无以触摸，无法用感官体验它的温度和硬度！威廉·J.米切尔（美）把这些场所的总和称为"比特之城"，在他看来，"网络好比一块摆在我们面前的城建用地，邀请我们设计和建设比特之城（即 21 世纪的都市），就像许久以前人们在米安达旁一个狭长的半岛上建成了日后的米利都（米利都是古代小亚细亚的希腊城市）一样。但这一新拓居地将彻底打破古典范畴，对古典时代至今建筑师们所使用的语言进行重新建构……这将是一个不依附于地球上任一确定地点而存在的城市，其格局不取决于交通的便利性和土地的有用性，而受互联性与带宽程度的制约……"。① 米切尔还比照现实，描述了比特之城中"重组的建筑"：门面与界面、书店与比特店、书库与服务器、美术馆与虚拟博物馆、剧场与娱乐设施、交易所与电子贸易系统、百货商场与电子商场等，这些重组的建筑构建了一个新的电子边疆，成为新信息时代新的活动空间。

其次是虚拟物品。虚拟物品不像灵巧的小物件可以抱回家中做摆设，不像食品可以吃进口里品尝它的酸甜味道，不像衣服可以穿在

---

① 威廉·J.米切尔：《比特之城——空间场所、信息高速公路》，北京生活·读书·新知三联书店 1999 年版，第 25 页。

身上试试它的大小和款式,然而,它在那里,实实在在地等你去发现、欣赏甚至料理。在虚拟物品中最具代表性的是虚拟宠物(virtual pets),网络中或手机中的虚拟宠物是具有现实宠物一样的外形和行为特征的电子宠物,具有生老病死的"准自然"生理过程,需要主人的陪伴和护理,如宠物蛋、电子鸡等。虚拟宠物的痴迷者认为"虚拟宠物世界的太阳永不落",拥有者可以根据自己的时间、喜好和爱心来调养宠物。互联网上讨论虚拟宠物的站点不断增多,在这些网页上,如 Giga Pets,有详细的关于护理虚拟宠物的要求和步骤,包括饮食、睡眠、玩耍、清洁、看医生、锻炼等一系列活动,都有规范化的程序,供参与者学习和借鉴。① 1995 年,日本富士通公司最先推出了名为"Phink"的半是海豚半是鸟的电子宠物,成为人们排遣烦恼的安慰品。借助于话音分析技术,与个人计算机相连的传感器能使 Phink 与人类进行社交性交流。就像真正的宠物一样,Phink 能记住人的脸和声音,当主人呼唤它时它也会高兴地又叫又跳。如果你用温柔的声音对它,它就会做出小鸟依人状;如果你粗声吼叫,它就会飞得无影无踪。Phink 像鸟一样会唱歌,会表演杂技……②虚拟宠物的出现满足了一些人喜欢宠物的心理,又克服了现实中养宠物的种种不便和不良后果,给需要者以巨大的慰藉和寄托!

再次是虚拟化身。在网络里,个人可以经常性地换上不同的头像和装束,以不同的名字和体形出现在各种场合,以不同的性别和年龄与人聊天交流,或者以不同的身份参与互动游戏。几乎没有人在乎你是不是真实的"本你",没有人追究原来的你是什么样子。在物理的空间,个人的相貌、着装、言谈、住所往往透露主人的身份、素养、个性甚至秘密,而网络则消灭了识别公民身份的传统尺度,相同的人在网上说着不同的话,不同的人打着一样的哈哈。虚拟化身不是生

---

① http://www.hasbro.com/common/instruct/GigaPet_DigiPooch.pdf.

② 金枝:《虚拟生存》,天津人民出版社 1997 年版,第 91 页。

物性、出身和社会环境的必然产物,而是一个具有很强操纵性的、完全非物质的智力创造。在许多网络游戏中,个人可以凭自己的喜好扮演不同的角色,或当文人墨客,或做绿林好汉,或做武林中人,甚至是毫无人性的杀人狂魔! 在现在流行的网络游戏如 MUD①、《传奇》、《金庸游侠传》、《大话西游》中,游戏者往往能在角色扮演中感受功成名就的英雄般的感觉! 就有"游民"由衷地感叹,"在单位里你是个小职员,在'网游'里你可能是国王,或者是个帮派帮主,手下数千人马"! 现实中的失落在虚拟幻境中得到了补偿,心灵深处的愿望得到了彰显,无数网民就生活在虚拟化身与现实"本我"的交错之间。当初史蒂文生(1850—1894)创作《化身博士》(1886)②,使博士本人——善的亨利·杰基尔与其注射药物之后的化身——恶的爱德华·海德不断地自我斗争,海德在放纵中感受快乐,而杰基尔却为海德的恶行忏悔乃至寝食难安! 最终,善的意志在消退,恶的欲望在膨胀,海德战胜了杰基尔,杰基尔就毁在自己创造的化身手中,在悔恨与痛苦中结束了生命,人类不得不承受自己制造的恶果! 在当下的影视文化中,越来越多地展示了类似的主题。《终结者》、《黑客帝国》系列就描绘了虚拟人物之间、虚拟人物与人类自身的斗争,在虚拟人物面前,人类似乎总是无能为力! 也许这是一个关乎人与技术的伦理关系的典型隐喻,但在愈演愈烈的虚拟狂潮中,也许无法回避的确实是本我与虚拟化身的归位问题!

　　网络对现实的克隆和虚拟绝不仅限于此,对典型事实的列举法始终无法穷尽现实本身。关键的意义在于,透过这些典型的个案与事实,我们可以了解的是:网络情境是对现实情境的一种仿真,网络

---

　　① MUD:即 Multiple User Dimension/Dungeon/Dialogue 的缩写,意指多人世界、多人地下城或多人对话,是一种支持全球游戏者同时参与的真人互动游戏。中文译成"泥巴"。它包括文字和图文两种。

　　② ［英］罗伯特·路易斯·史蒂文生著:《金银岛——化身博士》,燕山出版社2003 年版。

交往、网络行为、网络生活与网络情感等，无不可以找到其在现实生活中的原型与积淀。如虚拟情色的原型是现实生活中的爱恋，虚拟物品的原型是现实生活中的物品，虚拟场所是对现实物理场所的再现……既然现实生活中的场景被源源不断地复制到网络中，那么现实社会中的行为、心理、情绪、精神面貌也就在网络中产生其对应物，比如爱恨、谎言、承诺与犯罪等。从这个意义上说，网络世界和现实的客观世界是平行并列的。互联网重新建构了一种虚拟现实，从而使得主观世界和客观世界的关系发生了重大变化，主观世界与客观世界彼此融合。

另一方面，正如形象与图像符号试图重塑社会现实一样，互联网也以虚拟的方式重塑现实，甚至强调"替代"现实。如虚拟场所对真实场所的替代，虚拟货币对真实货币的替代，虚拟交往对现实交往的替代，虚拟经济对真实经济的替代，还有虚拟政治、虚拟情感、虚拟关系等。一个网络化生活程度高的人，往往在工作、学习、生活、娱乐与交往方面也非常依赖网络，虚拟的网络成了他们的生活环境，甚至就是生活本身。

（二）网恋隐喻与虚拟情感

网络的虚拟特性成就了新的虚拟情感关系——网恋。网恋是近几年来出现的新名词，它随着网络的发展逐渐引起人们的广泛关注。网恋，主要指恋爱双方通过网络相识、相知、相许，进一步产生美妙的（但不一定有结果的）恋情。网恋的主要特点是：以网络为主要沟通工具，充分利用网络通信的各种方法，如 E-mail（电子邮件）、ICQ、网上聊天室、BBS（电子公告板）、网络虚拟社区、网络游戏等来表达感情，发展双方的恋情。网恋通常有两种形式，一是在网上认识，在网上恋爱，甚至在网上结婚组成网上家庭，但在现实生活中完全不接触，追求一种柏拉图式的精神上的感受和寄托；二是在网上认识，双方都有心去发展恋情,在现实中见面后再进一步发展感情。网络是网恋的基础平台,它提供了演绎虚拟情爱的空间和种种的可能性。2003年2月11日《今日美国报》科技版以"网上恋爱日益为公众所接受(Online daters get personal)"为题发表了一份报道,称网恋已被看成谈情说爱的一个不错的方式,不少达到恋爱年龄的单身男女都愿意每个月支付25美元的服务费享受约会网站的服务,这些服务包括摄制个人录像、拍照和传输短信甚至与意中人在电话中聊天而不必暴露你的真实身份。①

越来越多的人经历和体验着网恋或类似于网恋的比较暧昧的网际关系。2002年11月新浪网在线进行了关于网恋的小调查,对"你相信网恋吗"的提问,共有19086人答题,其中回答"相信"的有10881人,占57.01%;回答"不相信"的有5130人,占26.88%,回答"无所谓"的有3075人,占16.11%。对"你是否网恋过?"的问题,共有19693人答题,其中13831人回答"是",占70.23%;5862人回答"否",占29.77%②。也许参与在线调查的人员多为经常上网的网民,只是普通民众的一部分,但对于"网恋"问题的答复,57.1%和70.23%的肯定率确实是一个很高的比率,可见网恋已经从一种新观念转变为一种平常化的行为和经历。这种新行为挑战着传统的爱情、婚姻、家庭的观念。

一是关于爱情婚姻的古老标准遭受全面消解。脸红、羞涩、心动、思念、紧张、期盼、激动……这些话语都曾经是恋爱中的男女的表征,忠诚、责任、保护、执着、一心一意、生死相许、天长地久……都曾经是关于爱情和婚姻的理想与誓言。然而,在一对一的虚拟空间里,所谓恋爱,不过是一种在计算机屏幕上演绎的文字或话语的游戏。通过不停的输入、复制和粘贴,见面的期待让位于快速的输入,耳边

---

① http://www.sina.com.cn 2003年02月11日09:18新浪科技新闻。
② http://www.sina.com.cn 2002/11/1919:18.

的呢喃让位于屏幕上的甜言蜜语,离别的思念让位于网络间昼夜不息的比特之流！如同滔滔流水,网恋来得快去得也快,海誓山盟的原意已经丢失,责任感退隐到快感背后,精神的愉悦被官能所取代,网恋男女们不会轻易把爱情与忠诚这样的价值标准联系在一起了,"冬雷震震夏雨雪"的爱情模式彻底崩溃,生死相许的神话全面解构,当爱情在网络上变得简便的时候,它也变成了转基因的西红柿——没有什么味道了。

二是爱情的消费特征日趋明显。当网络屏蔽了从性别到年龄、个性等所有的人性特征,并且以比特替代了气息的时候,任何手捧键盘的人都可以在网络上找到自己的网恋,并且煞有介事地谋划未来。爱情成了一种娱乐消费,消费爱情的人既可以是 60—70 岁的老夫(老妇),也可以是十多岁甚至是 7—8 岁的少男少女！在那些为网恋出走的故事里,女主角的年龄往往在十多岁,既没有经济能力,又没有行为能力,更缺乏对自我的责任感,于是才催生了骗奸骗杀美眉(妹)的网络流氓族。即使是那些一本正经的网恋,往往也由于网络交往的平面化、书面化和空泛化,而得不到来自社会层面和人性层面的保证,这样的恋情即使没有见光死,也经常会迅速枯萎。把网恋比做灿烂的黄花,比做一次性消费的快餐,应该是没有多少异议的。

三是爱情的游戏特征日益彰显。游戏里的人主演着爱情与婚姻的游戏,可以与意中人携手在网络种地、卖菜、砍柴、打猎、赚钱、结婚、生子,经历着"太阳升起多么美好"的生活。然而,游戏中没有任何舆论监督和制度约束,责任感与道德感的缺席不言而喻,而游戏主体从身份、性别到年龄、个性的虚拟,更令游戏者承受情爱之不可承受之飘渺！游戏中的人,可以以不同的身份与不同的玩家结婚。其实,游戏并没有结婚系统,所谓结婚只不过是在游戏中碰到了某个甚至某些个给过你好处的玩家,就要叫他老婆或者老公。在另一些游戏里面,夫妻可以互相学习武功。和不同武功派别的人结婚就成了学尽天下武功的不二法门,不停的苦练、结婚、离婚,最终成为一代大侠！近年来流行的"碰碰 I"被传为"最激动人心"的 MUD 游戏。"碰碰 I"是一个虚拟世界的感情生活实验剧，它是一个纯粹的爱情闹剧或者轰轰烈烈的试婚革命。在游戏中人们终于有最正当的理由同一些活生生的人展开禁忌之旅。也许游戏本身意味着脱离伦理道德和超意识。而 MUD 则公开成全了对任一种与现实脱轨的感情责任制的挑战，它是未成年人"早恋"、男人寻找"第二春"、女人"红杏出墙"的护身符。因为只要你打算进入一个 MUD，你就什么都可以干，也什么都可以不干。而当一个人在 MUD 里面极大地麻醉了自己的精神后，游戏里的一切正在演变成新的生活方式。这时候的泥巴，更像是精神上的"摇头丸"。①

四是网恋开始颠覆传统婚姻。在论坛、聊天室和各种即时交流工具里，婚外恋、多角恋、滥情和变性游戏触目皆是。由于网恋成本低廉、代价极小，而且充满了想像中的浪漫与神秘，那些有了家庭的男女也很容易就丧失了警觉，轻易就会沉湎于看似无害的情爱游戏中，等到自己变成了网恋征候群中的一员时，才发现现实的婚姻已经面临破灭。这样的故事在网络上已经屡见不鲜，甚至已经成为一种模式。当下许多破裂的婚姻，是由于网恋造成的。

李华新在《网络偷窥与激情虚拟》②一文中，对网上的这种虚拟情感的发展做出了分析和评价，她指出网恋在心理层面的原因在于：

（1）人们对爱情的追求都是理想化的，而在现实生活中，我们几乎不可能得到一份自己想象中的、符合自己理想、并且符合自己价值观的爱情。在网上则容易找到这种感觉，文字的机智幽默与不失时机的甜言蜜语最容易激发对浪漫爱情的幻想，也就容易使人沉醉其中。

---

① 文心兰：《泥巴帝国的"摇头丸"》，http://www.sina.com.cn2001/11/27 14:05,新周刊。

② http://www.sina.com.cn2002 年 07 月 18 日 16:16,千龙新闻网。

（2）无限可能的选择机会。现实生活中男女双方选择朋友的范围多为自己生活圈子中的人，选择的范围相对狭小，而网络却把天下人都置放在虚拟的空间，并可以突破空间距离限制，而去选择自己认为是志同道合的交往对象，这时面临的可能性几乎是无限的。

（3）神秘的感觉。发生网恋的人群中，已婚的比例不少。这些已婚者的多数因为对婚姻生活的不满或不快而去寻找别的寄托，网络为这些暂时出现情感障碍的人，提供了一个看似摆脱伤感的最好的场所和空间。尝试新的感情寄托和倾谈方式，无需负任何的责任，并且网恋多为精神之恋，不会有实质性的性爱活动，因此才会有那么多的人追求这种网恋的感觉。

网络是神秘的、富有的。网络可以给我们很多的东西，譬如风花雪月，浪漫的邂逅，还有美丽的爱情童话；然而，网络唯一不能给的就是长久与真实，走出网络，更多的网恋便无以为继。人们常说"网恋见光死"，从以网络为主要恋爱手段转至普通的恋爱状态，许多人会发现生活不过是绕了一个圈，吹散网恋的云山雾罩，原来面对的还是生活中的柴米油盐，婚姻的本质是两个人共同面对真实的生活，柴米油盐相扶到老，那么多人热衷于网上婚姻不过是游戏心态在做怪。有人说，在虚拟恋情里，虚拟的只是恋爱的形式或恋爱的对象，而恋爱的本质其实并没有改变，人们依然在寻求真爱，在表达真诚。可关键是，是坚持一个真实的"真我"，还是保留多重的身份？是和一个真实的人相爱，还是和一个虚幻的人相爱？传统意义上的背叛与虚拟空间意义上的背叛有何共通之处？个人如何实现社会身份与网络角色的平衡？因为虚拟的存在，人类发现包括爱与恨、嫉妒这些基本情感都面临着重新定位与指向的问题。因此，美国马里兰大学的商学院和信息管理中心的执行主任 Patricia Wallace 在其所著的《互联网心理学》中就指出："由于实际甚或和互联网本身的原因，互联网上形成的关系具有不稳定性质。在互联网上，人们可以更多更快地交心，

并且具有一种虚幻和理想化的成分,角色扮演、欺诈术以及性别转换使得互联网成为发展关系的危险之地,你在互联网上开始喜欢的人容易消失得无影无踪。"互联网上不可能有不谢的玫瑰,即使有了这种虚拟的玫瑰,也仅仅是一种技术手段的再现,而不是人们心灵的美好的再现。

（三）虚 拟 与 真 实

如果说"虚拟与真实社会的电子克隆"是从物的角度谈新信息时代的虚拟性,那么"网恋隐喻与虚拟情感"则是从精神与情感的角度谈新信息技术在精神层面的虚拟性。从物质到精神、到思想,当比特虚拟一切,当一切均被虚拟时,世界上还有什么是真实的? 虚拟是真实的吗?

尼葛洛庞帝曾戏言:"倘若我们要颁发'最佳矛盾修饰奖',那么'虚拟现实'一词一定榜上有名"! 确实,既然是虚拟,如何又可能是真实的?

虚拟的概念似乎在某种程度上挑战着人类既有的一切——从经济、政治、战争到思想甚至生存! 海德格尔曾经隐隐感觉到似乎有某种比对我们做人的尊严的外部挑战更恐怖的东西;而网络空间哲学家海姆则明确指出,虚拟实在就是一种与生俱来便具有社会意义的自我批评的技术。[①] 虚拟是对现实的模拟,却又使人远离现实、沉浸于虚拟之境!

应该明确的是虚拟并不等于虚和假,也不等同于虚无,它是另一种特殊形式的实在,是人类的想象力与电脑技术的一个伟大结合。不能用传统的真假标准来评判虚拟,如果说客观存在

[①] 迈克尔·海姆:《从界面到网络空间——虚拟实在的形而上学》,金吾伦、刘钢译,上海科技教育出版社 2000 年版,封面。

就意味着"真",而事实上"虚拟"也是客观存在的。虚拟主持人并不意味着这个主持人不存在,而是因为这个主持人是电脑模拟出来的,这个主持人是能够主持节目的。虚拟的宠物同样经历生老病死,虚拟的偶像也有喜怒哀乐,虚拟会议不过是指通过网络召开的会议,虚拟博物馆也只是将博物馆联到了网上,"网恋"对爱的表达与沉湎是真实的,"恋"的过程是实在的,不同的或许只是对方的身份也许是虚构的! 从这个意义上讲,虚拟并非假,它也是真的! 不同的是,虚拟是对传统的反动,不是按照传统的惯例来行事。"虚拟是对数字化的表述方式和构成方式的总称,它的根本特点是'真的假'和'假的真',是'真'与'假'的不可分割的统一体。一方面,虚拟的东西是真的,是真实存在的,它具有真的存在形式和功能,是人们能够感性地感受到的;另一方面,虚拟的东西又是假的,它只是一种数字化的存在,与被虚拟的对象有着本质上的不同。"[①]

其实,即使没有虚拟实在技术,实在与虚拟的问题也是困绕哲人的古老问题。柏拉图坚持理念就是真实的实在,休谟认为"物是感觉的复合",反实在论从来不承认具有某种独立的客观实在。一生几乎经历了整个 20 世纪的法国学者亨利·列斐伏尔(Henri Lefebvre,1901—1991)就认为科技发明的激增和技术对日常生活的侵入正在逐渐地改变着实在(reality)本身。首先是自近代以来的实在的整体性与连续性被打碎了,实在被技术切割为无数的领域、单元;其次就是实在本身的内容因而也被改变了,"在实在之中出现了另外一个实在,在我们的世界中出现了另外一个世界。这另外的实在究竟是什么,另外的世界又是什么? 是技术及其对自然的控制"。这就是说,技术已经融入到可感的实在之中,已经成为实在的组成部分,列斐伏尔后来又进一步地把它界定为反自然(antinature)。实在中抽象与

---

① 陈志良:《虚拟:人类中介系统的革命》,《中国人民大学学报》2000 年 4 期。

具体共存,反自然与自然同在。①"后现代主义的牧师"鲍德里亚(Jean Baudrillard,1929—)面对现代以来的种种电子景观和虚拟提出了"实在"被谋杀的《完美的罪行》(1995),揭示人们把虚拟当作实在、把幻觉当作现实、把拟象当作实情、把现象当作本质……他说:"影像不再能让人想象现实,因为它就是现实。影像也不再能让人幻想实在的东西,因为它就是其虚拟的实在","在模拟的前景中,不仅世界消失了,连其存在与否这个问题也不能再提出……"②

曼纽尔·卡斯特从文化研究的视角也认为"现实本身也是虚拟的"。在他看来,文化由沟通过程所组成。如罗兰·巴特(Roland Barthes)和让·鲍德里亚多年前告诉我们的,一切沟通形式都奠基于符号的生产和消费(Baudrillard,1972;Barthes,1978)。因此,在"现实"与象征再现之间并没有什么区别。所有的社会里,人类都生存在象征环境之中,并通过象征环境来行动。所以,目前以一切沟通模式(从印刷到多媒体)之电子整合为核心的新沟通系统,其历史特殊性并非是诱发出虚拟实境(virtual reality),反而是建构了"真实虚拟"(real virtuality)。根据字典的解释,"virtual:严格而论或就名义上而言虽然不是,但实际上是","real:确实存在"。这正如我们的经验,现实(reality)总是虚拟的,因为现实总是通过象征而被感知的,而这些象征以其逃离严格语意定义的某种意义而架构了实践。正是因为一切语言都有这种暧昧的编码,并开启多样诠释的能力,方使得文化表现不同于形式—逻辑—数学的推理。正是由于我们论述的多重语意(polisemic)特性,人类心灵信息的复杂甚至矛盾特征方得以彰显……因此,当电子媒介的批评者声称新的象征环境并未再现"现实"时,他们暗中指涉了一种从来就不存在的,"未经编码"之真实经

---

① 俞吾金:《列斐伏尔:驱逐现代性的阴影》,见《现代性现象学——与西方马克思主义者的对话》,上海社会科学院出版社2002年版,第155—197页。

② 鲍德里亚(Jean Baudrillard):《完美的罪行》,商务印书馆2002年版,第8—9页。

验的荒谬原始观念。一切现实都通过象征来沟通，对人类而言，不论媒介如何，在从事互动沟通时，一切象征对照于其派定的语意意义，多多少少都有所偏移。就此而论，一切现实在感知上都是虚拟的。

曼纽尔·卡斯特接着写道，在产生真实虚拟的沟通系统里，现实本身（亦即人们的物质与象征存在）完全陷入且浸淫于虚拟意象的情境之中，那是个"假装"（make belive）的世界，在其中表象不仅出现于屏幕中以便沟通经验，表象本身便成为经验。所有种类的信息全都包藏于媒介之中，使得媒介在同一个多媒体文本里吸纳了所有人类过去、现在和未来的经验……以多种传播模式之数字化与网络化整合为基础的新沟通系统彻底转变了人类生活的基本向度：空间与时间。地域性解体脱离了文化、历史、地理的意义，并重新整合进功能性的网络或意象拼贴之中，导致流动空间取代了地方空间。当过去、现在与未来都可以在同一则信息里被预先设定而彼此互动时，时间也在这个新沟通系统里被消除了。流动空间（space of flows）和无时间之时间（timeless time）乃是新文化的物质基础，超越并包纳了历史传递之再现系统的多种状态：这个文化便是真实虚拟之文化，假装（make-believe）便是相信造假（believe in the making）[1]！

四、新技术秩序与制度安排

虚拟是真实的！真实的虚拟改变了人类 2500 年"现实化"的历史。2500 年来东西方哲学、文化、思维行为的共同基点是现实性，感觉与认知的主体与客体都是客观存在的，如所谓的"凡是现实的都是合理的"，"存在就是被感知"。虚拟则相反，虚拟本质上是创造现实中有的东西和现实中没有的东西。在虚虚实实之间横亘着许多人类

---

① 曼纽尔·卡斯特：《网络社会的崛起》，夏铸九、王志弘等译，社会科学文献出版社 2001 年版，第 462—464 页。

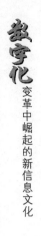

从未面对的问题和艰难的抉择,人类面临着新的社会与技术秩序,需要新的制度安排。

(一)新技术秩序

物质与精神,真实世界与理念世界,第一世界与第二世界,这些截然分离的传统划分在新信息时代似乎受到了质疑。新信息技术的发展与运用引致了种种的符号化、在线化和虚拟化景观,建构了新的技术秩序:

虚拟与现实的交融。网络技术与虚拟现实技术建构了文化平台:自然平台与虚拟平台,它们彼此交错,虚实相间,构成了虚实交融的技术景观。数字化虚拟使人类第一次真正拥有了两个世界:一个是现实世界,一个是虚拟世界。相应地,人类对于世界也有了两个感性平台。一个是现实的直接感觉对象的自然平台,一个是虚拟的人—机相互为感觉对象的数字化平台。数字化技术和互联网的诞生使在传统的人与自然的感觉关系基础上增加了一个新的感性平台:人—机新感性,它扩大了人类感性实践的范围,也拓展了人类的文化空间。人类在越来越多的界面中——人与自然、人与人、人与机器——三种交互的感觉世界中体验并创造新的文化。"虚拟是对数字化的表述方式和构成方式的总称,它的根本特点是'真的假'和'假的真',是'真'与'假'的不可分割的统一体。一方面,虚拟的东西是真的,是真实存在的,它具有真的存在形式和功能,是人们能够感性地感受到的;另一方面,虚拟的东西又是假的,它只是一种数字化的存在,与被虚拟的对象有着本质上的不同。"[①]虚实相间,人们其实生活在一个并非纯粹的物质世界里。

"缺场"与"在场"的交错。"在场"曾是传统哲学的根本。柏拉图

---

① 陈志良:《虚拟:人类中介系统的革命》,《中国人民大学学报》2000 年 4 期。

将"在场"的哲学树立为正统哲学,将在场和证明的观念与客观性、理念性和善的观念统一起来,建立起感性与理性的二元分立,作为所有对立概念的终极模式。亚里士多德通过时间和历史的连续性建立起了时间在场的观念。他把事物的在场当作这一事物的实体、本质和存在。笛卡尔认为观念对意识而言都是直接在场的。黑格尔则系统地证明主体的自身在场。现代信息技术已经对"在场"的传统观念发起了冲击,梅罗维茨就认为电子传播媒介引起的后果之一就是打破了物质场所、自然场所和社会场所之间的联结,造成了两者的分离。尤其是在网络建构的新信息空间里,缺场与在场更为交错,身体的"缺场"并不意味着思想的"缺场",而言语的交流与思想的沟通并不必然要求身体的"在场"。身居东西半球的人可以在赛博的世界里倾述,而同居一室的人却可能相对无言。"缺场"与"在场"的概念已经超越了身体"物"的存在,思想与身心分离,通过信息网络四处流传,形成了"缺场"与"在场"的交错融通。

新时空秩序。以电脑、激光、光纤、卫星通信、网络技术为核心的新信息技术构建了一个无时间与空间障碍的文化新时空,克服了传统信息媒介如口语传播、印刷媒介、电子媒介在时间与空间传播上的局限性,达到新的时空境界。花旗银行前董事长沃尔特·里斯顿说:"信息技术正在取消时间和距离的概念"。法国《快报》周刊一篇文章指出,"时间和距离的概念在传送数据方面不再存在。全球化将得到充分发展,边界的概念、国家的概念将会受到冲击,各网络之间可以不考虑地理上的联系而重新组合在一起。"[①]在网络中,时间和空间的坐标系已不是物理距离,也不是时区,而是鼠标的点击,真正是眼观六路,耳听八方,遨游于亦真亦幻之间、虚虚实实之中。新信息时代的时间表现为普遍化、压缩化、时间界限的模糊化和结构的弹性化;空间表现为空间界限的消解与空间的流动性、压缩性、碎片化以

---

① 《参考消息》,1997 年 6 月 17 日。

及空间实质的虚拟化等。在网络中,文本、声音和图像等信息形式以数字的形式传输时的高速度和空间距离的暂时消失的性质,实际上就是空间压缩性的具体体现。吉登斯认为,通信技术的发展导致了现代社会中时空的伸延和分离程度越来越加大和深化,它使得现代社会不仅在时间和空间上相分离,而且也在很大程度上使空间和场所相分离,"在场"的东西越来越为在时间—空间意义上"缺场"的东西所取代。这就导致了空间的碎片化。空间的碎片化,即距离的消蚀与断裂、深度的平面化、边界(限)的消解和次序的错乱。"距离的消蚀,作为一种美学的、社会学的和心理的事实,它意味着:对人类来说,对思想组织来说,不存在界限,不存在经验和判断的指令原则。时间与空间不再为现代人形成一个可以安然依赖的坐标。我们的祖先有过一个宗教的归宿,这一归宿给了他们根基,不管他们求索彷徨到多远。根基被斩断的个人只能是一个无家可归的文化漂泊者。"①正如英国社会学家鲍曼一部近著的标题所示:"生活在碎片中(Life in Fragments)"。

新行为秩序。新信息技术建构了社会行为的新平台:虚拟与现实的交融、缺场与在场的统一,无时间之时间与无疆域之空间。这是新信息行为的新背景,人类在历史上彻底可以超越物质与地理的束缚,放飞激情与幻想,在崭新的虚拟化的信息空间自由行动与驰骋。其次,新信息技术促进了社会行为的新信息化,借助最新的信息通信技术,社会交往与社会行为不仅可以多媒体化,而且变得可以实时互动,超越了时间的制约。实时、高效的通信手段,不仅使人们以新的方式传播信息与交往,还出现了基于网络、手机等新通信技术的社会性活动,如当下时新的"拇指运动"、"快闪族"的运动等,有的还造成了重大的社会影响,如在菲律宾、英国、加拿大发生的社会反抗运动

---

① 丹尼尔·贝尔:《资本主义文化矛盾》,赵一凡等译,北京生活·读书·知识三联书店 1989 年版,第 168 页。

等。再次，新信息技术促进了社会行为的符号化，符号化的社会行为建构了新的社会关系，如形成了特殊的短信关系、网络交往关系等。最后，虚拟化的赛博空间建构了虚拟化的社会空间，产生了虚拟政治、虚拟经济、虚拟情爱、虚拟关系等社会新关系。

（二）新问题

物的解构与符号化、虚拟化与新秩序的形成是一个同构的过程，彼此相互影响，相互渗透。新技术建构了新世界，但同时也制造了新问题，引发新的危机的可能性：

迈克尔·默林（Michael Marien）在《信息技术革命：益处与危害》一文中概括了信息革命的十大危害：危害了平等，在国家内部和国家之间制造了巨大的社会鸿沟；危害了生活的品质，加快了生活的节奏，使时间日益稀缺；对隐私权构成威胁；危害了民主，尽管它显示出可以增强公民的参与和举行电子市民会议，但不要混淆潜能与现实，具有讽刺意味的是，社会变得更加复杂的同时，人们却沉溺于日益多样化的电子娱乐；对环境造成了危害，未来我们需要的可持续发展的社会，被炫目的、包含我们并不需要的因素的信息社会所取代，信息社会对于建设一个可持续发展的社会是一个涣散因素；会造成更多的失业和隐性失业；危害了国家安全，我们可以实行信息战，也同样会受到信息战和信息恐怖主义的威胁；危害了法律与秩序，计算机犯罪是造成商业和政府部门损失的主要方面，这些犯罪中许多都没有记录；对未来构成威胁，似乎对未来的思考从数量和质量上都呈现出衰退现象。为什么会这样呢？可能是因为信息技术和信息社会使未来失去魅力，并使人们无意识或有意识地反对这样的未来，并希望世界停止下来以便逃离；最大的负面问题是过多的信息危害了我们的头脑，因为它造成了信息过剩，据《未来百科全书》估计：科学信息每 12 年翻一番，一般信息 2.5 年翻一番，但同与娱乐和商业利益相关的信息相比较而言,那些指导社会、社区、企业和个人生活的真材实料的最重要的知识却供应不足。①

默林对信息革命危害的评价似乎是全面的,涉及了从国家到环境、从商业到生活的各个层面。目前新信息文化中突出的新问题主要有:

一是新信息交往中的困境:手机、电子邮件(E-mail)、短信息服务(SMS)、网络等新通信工具在给人们带来即时通信的便利的同时,也引发新的危机和可能性。如随时随地的呼叫接听、所有信息的瞬间传送也造成了个人空间与个人行动的不自由,有人慨叹“还是原始社会好!”,因为太快的通信使一切都容易公开化,每个人的一言一行似乎都暴露在他者的眼前,似乎没有了属于个人的空间与秘密,缺少彼此间的张力,令人喘不过气来。同时,现代通信技术也为新的社会群体行为提供了更为高效、隐蔽的通信与组织手段。拉费尔·怀森特(Vicente Rafael)曾断言:人们购买手机不仅具有超越因为国家对日常生活的治理无能而造成的拥挤的状态和环境的能力,同时也具有制造新的拥挤的能力,这种拥挤完全是有意识地朝向某一个公共目标而组织造成的。② 事实确实如此,手机和网络在越来越多的社会活动、运动甚至革命中成为重要的通信手段,推进集会、运动乃至革命的发展。1999 年 11 月 30 日,一大群人通过网络联络自发地集会,抗议世贸组织的会议,他们采取的是人员“密集”的战略,借助手机、网络、膝上型电脑和手提电脑等新型通信工具来组织聚会集体抗议,最终赢得了这次所谓的“西雅图战役”;2000 年 9 月,英国的数千市民因为汽油价格的突然飙升而愤怒,他们使用移动电话、短信息

---

① Michael Marien: Information Technology : Boon and Bane. The futurist, 1997,V31(1);11-12.

② Vicente Rafael, The Cell Phone and the Crowd: Messianic Politics in Recent Philippine History; Howard Rheingold, Smart Mobs: the Next Social Revolution; Cambtidge,MA, Perseus pub,C2003.

服务、膝上电脑的电子邮件及出租车的调频收音机来"调兵遣将",将分散的人群调集起来,阻止燃料加油站的燃料运送,以极鲁莽的方式表达了他们的政治抗议;在美国,自1992年以来,数千自行车行动主义分子每月举行一次的批评性群众性游行示威,一同浩浩荡荡走过旧金山的大街小巷。这种群众性示威活动是通过松散的网络来组织和联系的,在有险情的时候就通过行动电话、电子邮件来互通情报,必要的时候就分成数个小一些的通信小组来联络……①新通信手段的集聚力量是巨大的,是福是祸,却不尽在人类的控制之中。

二是电子足迹与个人隐私的危机:现代人已经习惯了用信用卡消费、收发手机短信、浏览网页、使用电子邮件等信息方式,在体验到现代高科技带来的人性化的快捷与舒适的同时,却不知自己已经留下了种种的电子足迹,埋下了泄露个人隐私的危机。使用信用卡的交易业务会被记录在信用卡公司的数据库里,手机和网络聊天会留下聊天记录,观看的电视节目、在汽车里收听的电台、在网上浏览的网页和在线阅读的文章,都能被记录在电子数据库中。通过移动电话使用的基站,甚至能极其精确地探测到他们的方位。在最详尽的数据库里,有些数据可能会列出人们一生中个人每次购买的每一样产品! 如此详细的个人文档使监视雇员和求职者的生活方式成为可能。电子储存器贮存了人们的行为记录,这最终意味着毫无秘密可言。越来越多的企业对雇员的电子行为进行监视(有时是不声明的)。许多公司安装了计算机程序,监视雇员使用电子邮件和网络的情况:雇员有没有使用不合适的语言(例如愤怒的语句)? 他和谁(希望不是竞争对手)接触? 他是否访问过声名狼藉的网站(黄色网站)? 甚至连电话通话内容也使用相似的语音识别技术来控制。②

① Howard Rheingold,Smart Mobs:the Next Social Revolution,Cambtidge,MA,Perseus pub.,C2003.

② Cf. Electronic Privacy Information Center, Privacy and Human Rights,1999:An International Survey of Privacy Laws and Developments.

在许多国家,有一些所谓网络后门的讨论。当政府认为有必要的时候,他们就会利用这个后门来监视,或者,甚至自动地对人们的电子邮件和网页浏览器进行永久性监视(自动监视是以分析信息和网络访问的内容并向人工监视员报告"可疑"情况的程序为基础的)。在沙特阿拉伯,网络服务提供者被责成保存用户网上行为的记录,并在用户想进入被禁止的网站和网页时自动发出警告,实际上就是提醒他们正在被监视。① 企业也利用网络信息来收集用户的资料。当用户在网上冲浪时,用户的浏览器程序和网页服务器就会交换鉴别用户的个人信息(即 cookies)。仅是这样,还不能使任何人知道用户的个人信息,但是这允许他们每次都记录用户×访问某个特定网页的情况。这样,只要×把自己的个人信息发给网站,网站就会收集这样信息并卖给别的网站,×的身份至少原则上是可以确定的。然后,×在记录中有了姓名、性别、年龄、住址和电子邮件地址,×的兴趣爱好也可以从他的网页浏览记录中得以判断……企业便根据这些材料来进行市场分析,甚至有针对性地发送电子邮件和广告给用户。赛博空间的电子足迹更容易在不知不觉中为人所监控,而当事人却可能浑然不知,这才是问题的可怕之处! 约翰·吉尔摩曾在《隐私权、技术和开放的社会》(1991)中表达了对电子印迹的担忧和对无电子印迹的社会的呼唤:

> 要是我们能建立一个从来不收集信息的社会将会怎样呢?
> 在那里,也许你不必留下信用卡号码或银行号码就能付钱租用
> 一台录像机;在那里,也许你甚至不用留下姓名就能获得驾驶

---

① Human Rights Watch,"Freedom of Expression on the Internet"。见〔美〕派卡·海曼著:《黑客伦理与信息时代精神》(The Hacker ethic and the spirit of the information Age),李伦等译,中信出版社 2002 年版,第 71 页。

证;在那里,也许你不用透露你身在何处就能像电子邮箱一样发收信息。

也许这就是我想要建立的那种社会。①

三是对信息的崇拜与依赖:与对计算机与网络的极其信任相关的,是对信息的崇拜倾向:"对随着计算机而来的数不胜数的'信息'盲目崇拜,对网络时代、数字化时代过度神化,表现出对'信息'的愚忠和盲从。"②信息崇拜产生的主要原因,是由于信息产业所带来的巨大成功和利益给人们心理上的冲击。IT 精英、知本英雄近乎神话和奇迹般的暴富,信息产业和公司的急剧扩张和资产的膨胀,加深了人们的信息崇拜。信息崇拜在社会成员中广泛流行,成为信息时代新的宗教—信息拜物教。

四是信息悖论:指对于信息技术及其相关设备和管理的大量投资并没有相应地提高生产率。传统的"银弹思考"认为:利益就在技术之中,投入了技术就会魔幻般地产生利益。这是工业时代比较有效的思维和理念,但是在信息时代,这个法则并不是必然有效的。事实上,信息技术是一个教人们如何有差别地工作的思想集合。20 年前,这是简单易行的,但随着信息技术应用的进化,以及工业经济向信息经济、知识经济的转化,就需要一种新的管理信息技术投资的思路与方法。传统的孤立经营忽视了复杂性问题,它过于简化现实,这样就无助于提高对基于信息技术投资的经营转型的胜算。因此,项目常常偏离、软件界面无人问津,这就必然导致信息技术投资的低回报! 因此,信息悖论不是来自于技术,而是技术在完成清晰的商业目标的应用。

---

① Gilmore,"Privacy,Technology and the Open Society"(1991).

② 陈业奎:《对"信息崇拜"的理性批判》,《情报资料工作》1999 年第 6 期,第 4 页。

（三）制度安排

制度安排是属于社会公共领域的范畴，它是否适用于虚拟与现实交错的新信息空间？关于这个问题，一直存在着两种不同的理念，一种理念主张对网络信息空间全面地放开、自由地发展，另一种则主张实行适度的有效的管理。

约翰·巴娄(John Perry Barlow)和米奇·卡普(Mitch Kapor)是倡导网络权利运动的先驱，1990年他们在旧金山创建了电子边疆基金会(EFF)，来促进网络空间的基本权利。电子边疆基金会(EFF)把自己定位为"一个在计算机和互联网领域致力于公共利益，保护基本的公民自由，包括隐私权与言论自由的一种非盈利无党派的组织。"①在实践中，电子边疆基金会曾致力推翻美国国会1997年通过的"正当通信法案"(CDA：the Communication Decency Act)，该法案试图成立一个互联网审查机构，禁止故意向18岁以下儿童提供色情内容。他们认为CDA违反了美国宪法第一修正案所规定的公民言论自由权，其实质是为了使未成年人免受潜在的伤害而压制了成年人对宪法规定的言论自由权的行使。②后来克林顿提出的《儿童在线保护法案》(COPA)也遭到许多反对，被称为CDAⅡ。电子边疆基金会还支持强加密技术的使用，该技术以前在美国被宣布为非法。在这个法律被改变之前，电子边疆基金会通过吉尔莫(John Gilmore)组建了DES骇客器，它能够突破名叫DES的防护系统，该系统主要用于网上银行转账和电子邮件发送的保密。这是为了证明

---

① Electronic Frontier Foundation,"About EFF."，见［美］派卡·海曼著：《黑客伦理与信息时代精神》(The Hacker ethic and the spirit of the informat ion Age)，李伦等译，中信出版社2002年版，第69页。

② Richard A. Spinello, Cyberethics：Morality and Law in Cyberspace. Sudbury, Massachusetts：Jones and Bartlett Publishers,2000. 49.

美国允许的加密技术不可能保护隐私权。

其次是全球互联网自由运动（Global Internet Liberty Cam-paign）。这是在因特网协会（Internet Society）的一次会议上成立的组织。该协会致力于"抑制在线交流的预审"和"确保个人信息在全球信息基础设施"（GII：Global Information Infrastructure）中产生的信息只用于某个目的，而不用于与此毫不相干的目的，或者是未经某人知情同意不得泄露，不得使他人能在互联网上查阅个人信息和更改不精确的信息"，以及类似的目的。其他还有一些重要的联盟，包括"因特网自由言论联盟"、"因特网隐私联盟"、数字自由网络（www.dfn.org）、国际隐私（www.privacy.org/pi）等网络和组织，都致力于网络空间的言论自由和隐私。[①]

这些组织和联盟都致力于保护电子隐私与网络空间的自由，主张一种没有任何约束的赛博空间。事实上，没有约束的信息空间只能是一种乌托邦的梦想，因为作为一个有人存在其中而被社会化的空间，赛博之境必然面对着许多因人而起的问题，这些社会化的问题必然需要社会化的方式来克服与调整，这就需要制度的力量。

因此，另一种理念就是对信息空间的制度安排，实行适度的管理，尤其是面对信息空间出现的问题进行有效的制约和克服。

目前，人们面对许多新信息技术条件下的问题，如：

信息鸿沟（digital divide）的问题。1995—1997年间，美国当局与媒体就开始用这个词来描述与技术相关的社会差距。根据联合国经社理事会的文件，"数字鸿沟"系指由于信息和通信技术的全球发展和应用，造成或拉大的国与国之间以及国家内部全体之间的差距。它体现在国内和国际两个层面。在国际层面，发达国家与发展中国家存在着巨大的差距，发达国家与发达国家、发展中国家与发展中国

① 〔美〕派卡·海曼著：《黑客伦理与信息时代精神》（The Hacker ethic and the spirit of the information Age），李伦等译，中信出版社2002年版，第167页。

家也同样存在着显著的区别。在国内层面,不同阶层、不同教育背景甚至不同种族之间,都在因特网的使用能力与使用机会上差别甚大。阿尔温·托夫勒认为,在超级信息时代,世界将分裂成高速发展国家和低速发展国家①。高速经济产生财富和权力比低速的要快,信息能力的低下使低速发展国家反应迟缓,进一步削弱竞争优势;社会成员由于其信息占有与利用能力的差异而形成信息富有阶层和信息贫穷阶层,社会两极分化加剧。

信息空间文化多样性的问题。与信息鸿沟相关的问题就是文化多样性的问题。由于美国和西方在信息技术和网络方面处于明显的优势地位,它们通过网络推行一种全球文化经济(cultural economy)策略,使发展中国家人民的视听空间被西方文化殖民化。许多国家自觉地意识到了在网络发展中保持本土文化的相对独立性,从不同角度提出了保持文化多样性的文化战略。事实上,在网络时代保持文化多样性的文化战略,是 20 世纪 70 年代以来发展中国家谋求新的世界信息秩序(new world information order)的文化战略的延伸。为了保持文化多样性,发展中国家必须以网络发展为契机,致力于保护与促进自己的文化传统、文化工业与文化认同,形成自主的"替代性视听空间"(alternative audiovisual space),以颠覆国际文化信息交流中的不平衡,缩小数字鸿沟。

信息垃圾的问题。各类信息迅速产生,可靠性差,虚假信息、不良信息与有效信息鱼目混珠,良莠不齐。如手机短信中常有许多不请自到的黄段子、中奖信息以及非法活动广告等;网络中的垃圾邮件(spam)问题也非常严重。垃圾邮件是一些人出于表达意见或商业广告目的而成百上千地大批量发布的邮件。垃圾邮件或占用网络(或信箱)空间,使接收人被迫接受不需要的信息并浪费接收人的时间,传播不当言论,导致商业欺诈等,具有极恶劣的影响,目前主要用

---

① 阿尔温·托夫勒:《权力变移》,四川人民出版社 1991 年版,第 366 页。

技术的手段在邮件服务器中设置过滤拒收功能来对抗垃圾邮件,但依然无法杜绝。同时,网络中的色情传播十分普遍。1995 年 7 月 1 日,美国《时代》杂志以封面文章的位置刊登了卡内基·梅隆大学研究人员的网络色情研究报告。文章披露:"网上色情内容泛滥成灾。历时 18 个月时间,研究小组研究了共计 917410 个色情画面、描述、短故事和录像片段。在上述数字化处理了的图像储存的 Usenet 新闻组中,83.5%的画面为淫秽内容。"①这些信息的存在也给社会留下了许多可能的隐患。

信息服务管理混乱的问题。新信息技术的发展开拓了新信息服务的领域,但同时由于制度安排的滞后和管理性的缺失,也造成新的社会问题。如手机使用中就存在着一系列的陷阱:一是费用方面的陷阱,存在的普遍问题是短信订时容易退时难、取消服务照样收费、免费服务悄悄收费以及下载图片铃声高额收费等;二是手机成为非法活动的中介,如办证、色情服务、传销等;三是欺骗性信息,如中奖、骗话费等:"恭喜你,你的手机号码中了大奖,奖品为一台 34 英寸的王牌彩电。你只需存入 800 元托运费及个人所得税代扣费到××公司的账户上,并打电话给我公司告诉你的通讯地址,10 天后你就能收到奖品"。短信后面同时附上了该公司的账号和电话号码。"电信公司朋友告知:庆祝电信用户突破一亿向用户表示感谢,您把此消息转发十位用户,您的账户上将加上 188 元话费,我刚试,是真的,快转!",实质上,送话费是假、骗话费才是真的。四是匿名短信骚扰、短信小广告发不停等。有些人用短信群发器,将一些无聊广告与信息到处发送,给手机用户带来了许多不便,还可能误导消费。

在理想与现实之间始终存在着难以逾越的鸿沟。人类的理想是追求真正的自由,可事实是,在一个由网络关系建构的社会中,个人

---

① Patricia Wallance,《因特网心理学》,谢影、苟建新译,中国轻工业出版社 2001 年版,第 177 页。

的自由也可能导致他者的不自由,这就需要一种调节的机制,需要制度的安排。从理论上讲,制度要平衡各种关系,保证所有人的基本信息权利和义务;从实践上说,则需相应的政策措施,解决现实中的问题。如我国正抓紧制订短信服务管理办法,明确规范基础电信运营商、内容/应用服务提供商(ICP/SP)的责任和义务;并将对违反现有电信条例和短信服务管理办法的行为进行相应处罚。再比如电子签名立法。2003 年,全球通过互联网进行的贸易总额预计达到 1. 24万亿美元,我国电子商务交易额达 2700 多亿元人民币。电子商务实践中,保证电子交易安全的重要手段是靠电子签名。但是,由于没有相应的法律规范,电子签名应用中遇到了不少问题:电子签名、数据电文是否具有法律效力无明文规定;电子签名的规则不明确,发生纠纷后责任难以认定;为电子交易各方提供信誉保证的电子认证机构,其法律地位和法律责任不明确;电子签名的安全性、可靠性没有法律保障。目前,世界上已有近 50 个国家和地区制定了有关电子签名方面的相关法律。近年来,我国人大代表、从事电子商务活动的企业、经济组织和有关专家,纷纷要求加快制定电子签名法,维护电子交易各方的合法权益。

第 四 章
新信息文化的精神气质

任何一种信息文化都有其相应的精神气质，人们常用"理性"与"精英意识"表征印刷文化，用"感性"与"大众理念"表征电子媒介文化。在信息媒介的发展史上，媒介的每一次革命，都引发新的精神变革。

一、媒介革命与精神变革

人之所以为人，是因为她具有一种天然的超越性追求。原本四肢行走，她却挣扎着双腿直立；原本沉寂无声，她却要呀呀学语；原本道法自然，她却要点燃普罗米修斯之火，追求技术的机巧；原本往事如烟、生命似烛，她却要苦求长生不老；原本五官机敏、四肢发达，她却要执著于媒介的延伸！作为一种有限的存在，人却总有无限的追求，渴望超越这有限的存在本身！

技术是人类思想的具象化，寄托着人类关于超越的梦想。人类发明了技术，而技术也在改造着人类本身，媒介技术尤其如此，如同美国依阿华大学信息科学领域的著名学者卡尔·科希（Carl Couch）所说的："人们的社会关系塑造着他们所用的信息技术。而那些信息技术如何被使用又反过来塑造着他们的社会关系，特别是构成经济、宗教和国家结构的那些关系，在分享和保存信息方面限制、规定、影响着社会的结构。"①反观人类的历史,我们容易发现:正是印刷机铸就了现代社会,无线电广播塑造了极权主义者的听众,计算机则混淆了读者和作者的界限……媒介不仅创造并赐予我们种种生活方式,而且还提供了一个至关重要的情境,人们可以观看,可以参与,可以表达,新的物质图景与新的精神气质均能够并确实呈现其中!

(一)印刷媒介与思想文化的变革

人类的信息媒介经历了语言的产生、文字的创造、印刷术的发明、电子技术的发明和微电子技术与现代通信技术的应用与发展等五次革命性的变革,其结果不仅仅是新技术对旧技术的超越和新物品的产生,更带来了新的精神产品和精神力量。

如果说文字是对语言和思想的记录,那么印刷术的发明与发展可谓是文字与思想的新装,对人类文化与社会发展是一个革命性的突破,人类几千年的文明成果得以重新排版印刷与包装传播,知识的积累和扩散突破了历史、时空和地域界限,各种思想和信息广传于文明世界的各个角落,尤其对科学技术的推广、文化教育的进步、社会事业的发展产生了极其深远的影响。印刷是"用油墨把反体或翻转的形象翻印到纸张或其他表面上去的方法"。中国是印刷术的故乡,印刷技术源远流长。印章是机械复制文字的最早实践;刻石技术接近于雕版;墨拓则直接孕育了雕版印刷的方法。这些技术最晚在8世纪以前的中国就逐渐地演变为更有效的机械印制复本的方法。但它并不首先用来印制书籍,而是符咒、佛像、经文、告白等单张散页的印刷物,印刷书籍是在印刷技艺相当成熟以后的事。② 中国的雕版

---

① Carl Couch(1925—1994), Information Technologies & Social Orders. New York: Aldine de Gruyter,1996.

② 项翔:《近代西欧印刷媒介研究——从古腾堡到启蒙运动》,华东师范大学出版社 2001 年版,第 29—30 页。

印刷在 7—8 世纪属于民间创制期,9 世纪初到 10 世纪初为文人接受期,10 世纪以后则开始由政府进行推广。毕昇在 1041—1048 年间(宋仁宗庆历元年到八年),用胶泥烧制成活字,并用来排版和印刷,发明了活字印刷术。但活字印刷在中国并没有得到大规模的应用,雕版印刷一直作为中国印刷的主流,活字印本的数量仅仅为雕版书的百分之一二,与 15 世纪以来欧洲印本几乎全部为活字印本、李氏朝鲜活字本压倒雕版者均不同。印刷技术保持了中国文化的绵延不断。明代士大夫喜好藏书,每得善本,则校正印行,成为一时风尚。活字印刷对科举制也有作用,书院活字印书开始于明代,各地设立书院和学校,以培养学生、应付科考,这种方式一直沿用到清代。科举考试为政府选拔人才,从明清两代中选的进士可看出,他们大多出自江苏、浙江、福建等地雕版印刷和活字印刷繁荣的区域,这说明印刷对普及教育和学术繁荣的贡献。[①]

在欧洲,终结中世纪手抄本时代是古腾堡活字印刷技术。德国的古腾堡(Johannes Gutenberg)对活字印刷的创造性革新使大批量机械印刷高质量文献变得可行和经济。古腾堡活字印刷术成熟的标志是 1456 年在德国的美茵茨用拉丁语印刷完工的"四十二行圣经",这部圣经又以"马扎然圣经"(Mazarin Bible)之名而闻名于世。[②] 印刷媒介大规模的生产和流通,带来了知识传播与发展环境的巨大变化。15、16 世纪较以前的世纪来说是一个"知识爆炸"的时代。15 世纪中期,文艺复兴运动已经通过抄写拯救了不少古老的著作,古代的知识得到了复活,新的知识也迅速增长。印刷术出现后,这些知识的传播有了全新的途径,人们获得知识的成本大大降低,各种文献的数量和种类剧增,这对文化与社会历史变革产生了重大影响,后来人们

① 张秀民、韩琦:《中国活字印刷史》,中国书籍出版社 1998 年版。
② 项翔:《近代西欧印刷媒介研究——从古腾堡到启蒙运动》,华东师范大学出版社 2001 年版,第 41 页。

常将印刷术与欧洲文艺复兴、宗教改革、科学革命和启蒙运动进行相关性研究。在文艺复兴研究的学者中曾有"印刷术没有造就文艺复兴；文艺复兴造就了印刷术"①的争论，但不管结论如何，在文艺复兴期间，确实是印刷术的使用使得大量的古希腊文本得以再生和广泛传播。而至于印刷媒介与宗教改革的关系，杜兰的"古腾堡使路德成为可能"的话堪称精辟，作为马丁·路德的宗教改革运动和传播异教学说的工具，印刷机注定将永久性地削弱教会的霸权地位。马克思对此也有过综合性的论述："印刷术则变成了新教的工具，总的来说变成科学复兴的手段，变成对精神发展创造必要前提的最广泛的杠杆。"②恩格斯也认为，"印刷术的发明以及商业发展的迫切需要，不仅改变了只有僧侣才能读书写字的状况，而且也改变了只有僧侣才能受较高级的教育的状况。在知识领域中也出现了劳动分工了。新出现的法学家把僧侣们从一系列很有势力的职位中排挤了出去。"③恩格斯还曾参加了印刷工人古腾堡节的庆典，并翻译了西班牙启蒙学者金塔纳的诗《咏印刷术的发明》，其中写到，"你不也是神吗？你在数百年前给予思想和语言以躯体，你用印刷符号锁住了言语的生命，要不它会逃得无影无踪。如果没有你哟，时间也会吞噬自身，永远葬身于忘却之坟"，"禁锢在独卷手抄本内的思想，无法传扬到四面八方！还缺少什么？飞翔的本事？大自然按照一个模型，创造出无数不朽的生命，跟它学吧！我的发明"，"印刷术问世流行，看，刹那间，欧罗巴吵吵嚷嚷，多么激动，多么震惊；熊熊的火焰，宛若狂飙，喷射而出。"④马克思和恩格斯都充分认识到了作为新发明的印刷术对精神领域的革命性意义。

---

① 项翔：《近代西欧印刷媒介研究——从古腾堡到启蒙运动》，华东师范大学出版社 2001 年版，第 76 页。

② 《马克思恩格斯全集》第 47 卷，人民出版社中文第 1 版，第 427 页。

③ 《马克思恩格斯全集》第 7 卷，人民出版社中文第 1 版，第 391 页。

④ 《马克思恩格斯全集》第 41 卷，人民出版社中文第 1 版，第 42—43 页。

美国著名的史学家伊丽莎白·爱森斯坦（Elizabeth Eisenstein）在其名著《作为一种变革动力的印刷出版》一书中深入论述了印刷出版在文艺复兴、宗教改革和科学革命中的历史作用，认为现代印刷的发明是一种重要的技术变迁，它改变了社会平等（1979）。这种变迁有三种特别明显的表现：一是印刷打破了教会当局对于宗教思想的垄断，新教改革者也有赖于印刷来传播他们的思想，越来越多的识字的人们也能够依此获得圣经。这一变化对于宗教组织和权威的影响也是深远的。第二，印刷有争议地引起了文化工作状况的变迁。以前的知识分子总是忙于保存文化，文化在很大程度上局限于抄写和解释经典与宗教文本，而不是产生新的思想。这一艰苦的过程也限制了古代文本的传播。印刷的出现解放了知识分子的劳动，知识分子开始逐渐使用人文和科学的方法来探讨在神学之外的问题。第三，印刷成为新兴城市中一种重要的行业。印刷商支持和加强那些有益于印刷生意的宗教和精神发展。因为印刷中表现出来的理性化和程式化过程，在一定程度上削弱了中世纪封建和宗教权威的社会秩序，新的社会阶级开始出现并提出了对权力的要求。[①]

印刷术的发明是革命性的，但印刷术的最初推广却非一帆风顺，也非好评如潮。正如伊丽莎白·爱森斯坦的文献所记载的那样，并非所有的教会权威人士都乐于接受这种传播上帝口谕的新方法。实际上，印刷本的圣经在很多教区被认为是对手抄本圣经的亵渎，因为手抄本圣经是在灵魂的指引下完成的。16 世纪初期，促使中世纪向现代社会转化的因素随处可见。印刷物被大卫·里斯曼形象地比喻为"精神的火药"（《邮差》，1979 年，P65），不仅能点燃至少半打以上的保险丝，并且还充当了很多爆炸物的燃料。一份针对 16 世纪社会格局的调查报告，颇有后见之明地注意到了这些现象：宗教改革运动

---

①　约翰·R.霍尔、玛丽·乔·尼兹著：《文化：社会学的视野》，商务印书馆 2002 年版，第 120—121 页。

带来的教会霸权的瓦解,为其他一些非宗教势力的出现开辟了道路,其中包括国家政权及其政治权力的崛起以及科学革命和一些新的知识力量的出现。而且,印刷机不仅传播宗教教义,而且向人们传播关于一个新世界的信息,这对国家政权的出现起到了推波助澜的作用,它还向人们报告各种科学发现,从而为科学的诞生提供了条件。这些新生事物反过来又进一步削弱了教会的势力,并且为自身的发展开拓了更加广阔的空间。很快,公众教育出现了,最初是为了满足人们参与印刷革命的需要,也就是学会如何阅读,接着又成为了一种可获得各种新信息的工具。作为宗教教育的替代物,非宗教性的公众教育进一步削弱了教会的影响,相反则有利于国家政权和科学革命的出现。于是在这种信息的温室里(有些是关于人们买卖、投资、贸易、吃、穿等活动的信息),一种非常适合于新时代的新经济形式,资本主义诞生了,它是对劳动和财富的抽象概括。①

近年来,印刷术与民族语言、民族意识的形成及民族主义的发展关系研究成为国际思想界的热点,并给出了肯定性的结论。媒介大师麦克卢汉曾十分形象地将印刷称为"民族主义的建筑师":"印刷术的爆炸延伸了人的头脑和声音,在世界规模上重新构造了人的对话,这就构成了连接各个世纪的桥梁……它的作用就是结束狭隘的地域观念和部落观念,在心灵上和社会上结束地方观念和部落观念"。②印刷活动开创了大规模机械复制的时代,突破了手抄本时代知识的神圣化和神秘性,使得知识获得了前所未有的宽广的传播。这在相当程度上瓦解了宗教共同体的知识载体所依赖的媒介特征,同时也瓦解了中世纪以来西欧人基于地方性和基督教普世主义的群体认同感。一定区域内的人们随着交往与交流的增多,"异质"成分缩小,

---

① 〔美〕保罗·利文森(Levinson,Paul)著:《软边缘:信息革命的历史与未来》,熊澄宇等译,清华大学出版社 2002 年版,第 24—25 页。

② 麦克卢汉:《人的延伸——媒介通论》,四川人民出版社 1992 年版,第 194 页。

"同质"成分日益增加,社会成员的团结感和连带感明显增加,从而使人们日渐意识到自己是有着共同血缘、语言、文化、情感和利益的共同体,这是民族意识的开始。其次,印刷是促进近代民族语言形成的关键性因素,民族语言取代拉丁语和各种方言,使得人们之间的认同感空前加强。安德森认为民族意识的起源在于资本主义的生产关系、印刷这种新的传播技术和人类语言多样性的宿命这三者之间的互动。其中作为商品的印刷成为促进民族意识产生的关键,他将之称为"印刷—资本主义"(print-capitalism)。它们在拉丁语之下和地方口语之上创造了一种统一的交换和传播领域,进而形成世俗的、特定的却又不甚明显的民族的想象的共同体的胚胎;印刷—资本主义产生了一种新的固定的语言形式,这在长期的发展中有助于建立对民族思想来说具有中心意义的关于古代的形象;印刷—资本主义还产生了一种与以往官方行政所用的本地语言不同的权力语言。[①] 它成为加强中央集权统治的有力工具,为民族国家的建立奠定了基础,并重新塑造了欧洲地缘政治格局。

(二)电子媒介:精神的新家

　　电报被称为"在一个引人注目的时代的一个引人注目的发明"。电报的发明首次在人类历史上将传播与运输分离,拉开了电子媒介传播的历史,人类文化从此有了电子化的载体,获得了新的精神体验。广播是对电报的发展,商业化的广播承载了许多文化的内容,收听广播成为一种积极而不是被动的娱乐方式。1924 年罗伯特和海伦·里德发现米德尔敦各个阶层的人都热爱无线电:"在这里,技术和创造力可以部分地抵消金钱的力量,把富人所享受的东西转移过

---

　　① 项翔:《近代西欧印刷媒介研究——从古腾堡到启蒙运动》,华东师范大学出版社 2001 年版,第 13—14 页。

来,无线电决不仅仅是一种被动的消遣工具,它带动起来的是许许多多富有创造性的活动。"①在上世纪30—40年代,广播播放的内容主要有:音乐、新闻、综合性节目和连续剧等。最初的广播主要播放音乐,但音乐收听率在30年代明显下降,从50%降到了25%。各种音乐特别是爵士乐及轻音乐是1920年广播的主要内容。二战期间,音乐再次成为广播的主角,主要是播放唱片。综合性节目是广播网的首要节目形式,由滑稽演员主演,大量依靠在整个30年代都相当流行的歌舞杂耍表演。当时,喜剧使广播第一次席卷了全美大陆,"艾莫斯及安迪的表演"在1928年风靡美国。白天播放的连续剧节目剧增,1940年白天节目中有60%是这类连续剧(肥皂剧),因为当时妇女一般在家而不在外工作。新闻广播到30年代末已成为独立的力量,直接和迅速地报道新闻。据1939年《幸福》月刊调查,70%的美国人把广播作为获得新闻的主要途径,而58%的人认为广播比报纸提供的消息更准确。1939年的慕尼黑危机带来了广播新闻的高峰。在欧洲广播网的评论员前所未有地昼夜转播实况新闻。听众听到了希特勒、张伯伦和其他重要人物的现场讲话,纽约的评论员迅速作出分析。许多政治领袖也利用广播进行政治宣传并因此获得奇效。如1941年7月3日,在德军大举入侵基辅、明斯克、维尔纽斯和苏联西部后的11天,斯大林向全国发表了广播讲话,他号召道:"兄弟们,姐妹们! 我需要你们,我的朋友……"他的讲话无疑起到了鼓舞人们投身战斗哪怕直到"田园变成焦土"的效果。美国总统罗斯福由于患小儿麻痹症只能坐在轮椅上,但这却不防碍他通过广播在全美国人民面前进行演讲以树立强有力的形象。他在晚上向美国家庭播放的"炉边谈话"广播节目成为了他的政府的一个特色。也许由于在广播中表现出的和蔼亲善,罗斯福成为在只能连任两届的宪法修正之前

---

① [美]丹尼尔·杰·切特罗姆:《传播媒介与美国人的思想》,曹静生、黄艾禾译,中国广播电视出版社1991年版,第80页。

唯一一个四次当选为总统的人。

广播把艺术、娱乐、教育和新闻送进起居室，人们不必亲自努力甚至不必出门即可享受到最新的娱乐信息和文化产品，这对人们克服地域、空间的局限和信息闭塞的困境、重构一个认识世界无疑是一个具有历史性的重大发明。随后出现的电影、电视，以其强大的图像攻势，打破了广播的信息传播垄断格局，迅速赢得了大批的观众。

电影的发明标志着文字语言文化向视听语言文化的转变，这是人类文化史上的一次革命，它对世界文化发展的影响及其价值决不亚于文字的发明。著名的匈牙利电影理论家贝拉·巴拉兹早就指出过：电影"也像印刷术一样，通过一种技术方法来大量复制并传播人的思想产品。它对于人类文化所起的影响之大并不下于印刷术"。[①]自1895年12月28日，法国的卢米埃尔兄弟在巴黎卡普辛路14号大咖啡馆的地下室里，播映了人类的第一部电影以后，于是有人激动地预言，20世纪将是电影的世纪！这种新的表现形式融文学、音乐、艺术、舞蹈、戏剧、建筑、雕塑、摄影于一身，在巨大的银幕上展示着这个世界，掀开了人类文化崭新的一页！然而人们万万没有想到，仅仅过了41个春秋，一门更年轻的艺术横空出世，以"重新书写人类文化史"的气概，宣布：20世纪应该是电视的世纪。1936年11月2日，英国广播公司在伦敦市郊亚历山大宫，播出了世界上最早的电视节目，并以《电视》为主题歌公然唱到："神秘的电播，从蓝天而降，把迷人的'魔术'，送到我们身旁……"从此，电视这个"神秘的小精灵"猛然闯入人类社会，揭开了人类传播史的新纪元！[②]

电视传播的本质特征是一种电视像现传播，是指由电视摄录像技术、同步录音技术为技术前提而创造的一种全新的电视传播符号系统。这种电视传播符号系统有能力把时刻处于四维时空运动当中

①　沈嵩生：《转型时期的中国影视教育及其展望》，见《21世纪影视展望论文集》。
②　汪天云：《电视社会学研究》，上海三联书店1998年版，第2页。

的外界客观事物,作同步立体全程全貌彻底仿真式的纪录与传播,并被观众同步接收到。同时这种电视传播符号系统已不仅仅是一种技术性符号,而是经过电视工作者从现实生活当中选择、组合并灌注了某种主体意识,从而使之具有了文化意义、认识论意义的一种传播符号系统。这种电视传播符号系统,我们就把它叫做电视像现。电视像现包含了电视图像与电视声像两个既有机统一又各有不同的方面。① 电视图像是指依靠电视摄、录像技术,对客观事物的立体运动形象作同步全程全貌彻底仿真式纪录与传播的、具有认识论意义的形象符号系统。电视声像是指依靠电视摄、录像过程中的同步录音技术,对客观事物在运动中发生的真实声音作同步全程全貌彻底仿真式纪录与传播、具有认识论意义的声音符号系统。按照现代心理学的分析,人的视觉的信息吸引率为 83%,听觉只为 11%;视觉注意力集中程度为 81.7%,听觉只为 54.6%;视觉记忆率(保持 3 天以上)为 20%,听觉只为 10%。② 电视的出现使视觉信息方式战胜了听觉信息方式,电视战胜了广播。

电视的技术特性赋予其高度综合的文化内涵,它几乎将人类社会的政治、经济、文化、科技、教育、艺术、军事、卫生、历史、体育等都涵盖于一体,而且还公然把新闻性、教育性、娱乐性、艺术性、服务性等功能包揽于一身。电视既是一种独立的文化,又是文学、音乐、美术、戏剧、舞蹈、建筑、雕塑、摄影乃至电影的最广泛的综合艺术。因为它不仅可以照相式地再现绘画、雕塑、建筑等空间艺术,也可以动态式展示音乐、诗歌、辩论等这些时间艺术,还可以完美而别致地凸现舞蹈、戏剧、电影等综合艺术,它几乎是艺术殿堂中无所不能的"第九女神"。③ 电视是大众传媒的无冕之王!

---

① 郑征予:《电视文化传播导论》,复旦大学出版社 2003 年版,第 3—4 页。
② 同上书,第 55 页。
③ 汪天云著:《电视社会学研究》,上海三联书店 1998 年版,第 11 页。

电视的诞生不仅带来了新的文化形式,更从心理上抚慰了战后的一整代人! 尤其是上世纪 40 年代后期,电视成了从战争归来的士兵们的精神伴侣、心灵慰藉,成为千百万个重新建立的"家"的文化标志! 从来没有一种文化载体,能像电视那样富有社会的同情心和家庭的凝聚力! 而且,她是那么善解人意、雅俗共赏。她把诗歌、散文、小说,从图书馆搬进了一个个窗口;她把戏剧、电影、音乐会从大剧场投送到一个个房间;她把建筑、雕塑、摄影巧妙地运载到每一双渴望的眼睛前,无需长途跋涉,无论风霜雪雨,她成了人们全天候的精神安慰盛典,她滋润着每一颗备受战争创伤和创业辛劳的心灵! 最近 50 年来,全球电视已膨胀为集信息、娱乐、广告乃至销售于一体的巨大产业,有线、无线和卫星形成的电视传播网络可以把地球覆盖好几层。在 1996 年中期,欧洲通讯卫星的发射,使观众能够接收的频道达到 500 多个,西方青少年每天观看电视的时间平均已达 5 小时,大大超过了阅读时间,而在中国,各县市基本上都建有自己的电视台,大中城市已基本普及了有线电视,卫星天线的出现使覆盖中国大陆的美、英、日、德等国家和地区的十几个频道的卫星电视节目进入中国电视成为可能。在中国,电视机普及率高达九成以上,在发达地区,有些家庭拥有几台电视机,83.69% 的居民将看电视作为度过业余时间的首选,儿童收看电视率高达 95%,日平均达到 0.7 小时,假期里则更高,可以达到日均 2.3 小时。①

电视所涉及的现代化、多元化和技术化对于世界文化,对于民族和个体,都带来前所未有的震撼。被震动的是作为文化而内含的价值体系和意义基础。随着技术的发展,从时空到思维的距离都在日益缩短,世界文化交流空前活跃,各种孤独封闭的小文化圈被打破,它们被代表技术经济多元化现代化的大众文化裹挟进入大文化体系中,使个体生存的文化民族传统进一步沦丧、漂泊,没有一种形态能

---

① 汪天云:《电视的社会功能》,上海三联书店 1998 年版,第 121 页。

像电视文化那样承受和容纳现代多元经济、技术发展的震动。西方学者保罗·利科尔曾经指出，在实现现代化和重返文化根源，维护古老文明和参与世界化文明之间，必然存在着不可调和的冲突。但电视作为大众文化却在现代化技术与古老文明传统之间架起了桥梁，就像西方人所认为的那样，每当一种新技术被引进社会，人类必然会产生一种要加以平衡的反应，也就是说产生一种高情感，否则新技术就会遭到排斥。由此看来，类似"大众情人"的电视情绪恰恰就是这种高情感的反应，虽然原始民族文化的支离破碎、精英主流文化的边缘化在所难免，但以电视为代表的大众文化却构筑起了技术经济多元一体的新文化体系，展现了独有的价值内涵和意义基础：

一是怡情与慰藉。作为新的艺术与文化形式，电视建构了人类的第二生存空间，是人类精神的新家，既可使人在高雅的艺术与剧情中获得怡情与激情，也可在轻松的娱乐中提供情感依托和精神慰藉。正如艾略特所说的，现代世界是技术的森林，人性的荒原。工业化的物质盛宴与现代化的高楼大厦并没有给人类带来根本性的解脱和幸福，人类用科技救赎自我的希望变成了对技术无可奈何的依恋。生态的恶化、人情的淡漠、对本体的恐惧和深沉的幻灭感成了潜伏在现代人内心深处的黑洞，本能性情感的拒绝和本能性对情感的渴望似乎形成了当代人个体生存的二律背反，因此个人的孤独是根本的，"我从哪里来，我到哪里去？"成了整代人的迷茫！当个人利用技术存在从社会整体中超越出来以赢得世俗权力和自由的同时，也因为拒绝社会责任、社会情感而丧失了崇高感和超越价值。电视为大众制造了一个纯情的世界，并将它合理地融入无情的现实世界中，电视在情感与现实之间打开了一扇门，在里面作着温情的表演，为大众提供安全感的保障、情感的补偿，以获取寻求精神根源的力量，它用逝去的情感描写当代人生，用爱情、亲情、友情等各种美好情感构筑新的生活。顾城怅然："黑夜给了我黑色的眼睛，我却要用它来寻找光明！"（《一代人》），电视或许就是现代人在寂寞黑夜中闪亮的眼睛？

二是娱乐与宣泄。电视是集信息、娱乐、广告乃至销售于一体的巨大产业，娱乐成了电视必然的现代主题，它穷其心智，企望给现代社会为生活奔波的人寻找生活的乐趣。游戏、娱乐、运动、闲谈，制造着喧闹的气氛，重复着寻乐的执著。然而，快乐是别人的，电视里找不到真正的欢乐和情感，而是在出售情感所带来的愉悦感觉，精心打扮的形象安置在模式化的情境中，这是一种间接代偿的满足，形象的愉悦代替了情感的体验。宣泄白日梦以释放压抑的能量，使抑郁的情感得以稍加放松。媒体研究的集大成者尼尔·波斯曼认为，电视代表了与印刷术心智之间的历史性断裂。印刷偏好系统性的解说，电视则最适合于偶发性的对话。他说："印刷术对解说可能具有最为强烈的偏执：拥有从事概念性、演绎性与序列性思考的复杂能力；拥有对理性与秩序的高度评价；不容许矛盾；达致超然与客观的优秀能力；并且能够容忍延迟的反应"。然而就电视而言，"娱乐乃是所有关于电视论述的超意识形态（supra-ideology），不论是描述了什么，或是采取什么观点，最重要的假定都是电视的存在乃是为我们享乐与欢愉之用"。①

三是价值的认同。电视作为公开化、大众化的媒体，促使社会成员趋于共同守望一种价值观念，产生一种凝聚力。电视媒介通过大规模的视觉复制和庞大的观众群体的消费，将世俗文化、流行音乐、广告、生活闲谈、声泪俱下的电视剧、热闹的晚会等所带来的文化意蕴辐射到大众心中，在建立电视启蒙神话的同时也在引发一种大众共享的价值观念、共存的人文精神。大家从同一荧屏的影像和声音的流动中去改变对时空的认识，建立正确的知识结构、行为方式、价值观念、人格魅力、审美观、世界观、人生观，形成思想上的认同感，凝聚起同一文化背景下的精神力量。电视神话把无生命的东西和有生

---

① 波斯曼 postman，1985，87；见曼纽尔·卡斯特（Castells，Manuel）著：《网络社会的崛起》，夏铸九、王志弘等译，社会科学文献出版社 2001 年版，第 411—412 页。

命的东西一致了起来，它就像是一种文化强权，填满了人们的生存空间，成为大众人生意义的来源。

四是意识形态的渗透。电视天生是"一子三母"的畸形儿，它一是作为工业产品，受制于商品生产规律；二是作为一种艺术样式，受制于艺术创造的"美的规律"；同时，它作为一种行之有效的大众传播媒体，又被指定担负确定的国家意识形态使命。因此，电视节目往往具有两种形态和双重价值。一是作为艺术与文化作品，具有传播人类文明成果的价值；二是作为意识形态的精神产品，带有较强的思想性或一定的意识形态倾向，甚至还具有明显的政治性，有意向地影响人们的观念、文化和行为规范，建构社会的意义世界和道德秩序。

（三）大众传媒的价值建构与反思

从印刷术和电子媒介的发展历程中可以看到传统的大众媒介对人类精神与意义世界的重构。事实上，以印刷文化和电子文化为主体的大众文化传播的发展已经改变了人类生存的整个社会文化环境和文化世界，造成了与传统生活环境不同的第二现实，因而也深刻地影响着人们价值心理和价值观念的变化。

首先，大众传媒重构了人类的文化世界和文化认知系统，成为人们理解认知世界以及价值心理、价值观念形成的主要源泉。几千年来人类基于地理与空间意义上的家庭、邻里、村落、学校和社区等地域性的文化交流与认知系统被各种具有时间和空间超越性的广播、电视、电影、报纸、杂志和图书等大众传媒所建构的文化信息系统所渗透，甚至有取而代之之势。人们在传媒世界里获取信息、感受文化，品味人生百态，体悟价值观念，是理解人生和世界的重要渠道。

其次，大众传媒改变了人们建构价值意识的方式，使之更富个性化和开放性。表现在两个方面：其一，个人化的信息读取是对传统的群体性信息获取的超越。纵然是众多的人同时阅读或观看某一传媒信息,但对信息的解读却是一个非常直接的个人化的行为,无需其他个人或集体的参与或介入。其二,大众传媒的价值意识建构方式不是封闭的,而是开放式的,人们轻易地获取来自世界各地的信息,也形成了开放式的信息思维和价值观念。

再次,大众传媒改变了价值意识建构的内容。在传统社会中,代代相承的文化传递主要是经验知识和风俗习惯、伦理道德一类的礼俗文化,人们的价值意识也是基于这些文化而建构的。而大众传媒却打开了一个看世界的窗口,将一个精彩的外面的世界呈现出来,使人们在短期内所接受到的文化内容和价值信息比过去几个世纪接受的还多,一个孩子所知道的文化内容比一个老人活了几十年知道的东西还多!

最后,大众传媒特有的开放性和流变性决定其所传达和建构的价值意识是多元而变动的。传媒世界的流动性和多元化在价值领域的后果就是单一价值观念的终结,面对复杂多变的信息世界,人们不仅容易接受新的文化与信息,也容易接受信息背后的价值观念。在价值判断上,也逐渐走出了非此即彼的单一的价值评判模式,有了更多的宽容与理解,呈现多元化趋向。

如果说以上是从建构性的视角分析大众传媒在价值观念和精神领域的后果,那么,这仅仅是事情的一个方面;更重要的是越来越多的事实表明,大众传媒对文化本身、对人类价值和精神的消解正在增长,已经成为现代社会不可回避的现实问题。历史上关于这方面的研究,主要有四个传统,一是早期的社会学研究的传统,以来自美国的库利、约翰·杜威和帕克为代表,主要研究新媒介的社会后果;二是经验主义的研究传统,以行为科学的方式研究大众传媒的具体效果,这是美国媒介研究最根深蒂固的传统;三是加拿大的英尼斯和麦克卢汉开创的研究传统,研究媒介本身及媒介与社会文明的关系;四是社会批判理论的研究传统,主要是针对大众(传媒)文化与文化工业化的批判。以霍克海默、阿多诺为代表的法兰克福学派将文化工业或以大众传播为载体的大众文化的危害大体归纳为三个方面：第一，文化工业或大众文化的标准化、划一性扼杀了个性和创造性；第二，文化工业或大众文化的强制性、支配欲使文化变成了一种控制形式；第三，文化工业或大众文化的欺骗性、操纵性消除文化原有的批判和否定的向度，使其堕落成为现实和统治辩护的意识形态工具。①近年来，对大众媒介文化批判的呼声越来越高，认为造成了以下消极的后果：

灵韵的消失：本雅明在反思机械复制时代的艺术作品时，最痛心疾首的就是作品灵韵的消失。他认为艺术作品的灵韵就在于其存在的独一无二性，而复制技术却使大规模地复制作品成为可能，这就导致了作为作品精华的灵韵的消失。在当代中国文化语境中，如果说，欲望代替激情是个人对自我的根本性置换，那么，制作代替创作就是技术对艺术的根本性置换。两个根本性置换的结果是文化的工业化，文化成为"文化工业"。而文化工业的当代典型代表就是大众传媒，电视文化则首当其冲，成为机械复制时代的代言人。摄影代替绘画，电影代替小说，而电视以它超越时空的包罗万象，无所不在地占领我们存在的每一个时刻中的每一寸空间。机械复制取消了作品产生的此时此地性，而代之以超时空的无限重复性，作品的韵味，即它的独一无二的存在被众多的复制物取代。从根本上讲，摄影、电影、电视的胜利，就是技术对人的胜利，制作对创作的胜利，模仿对存在的胜利。

同质化与个性的消解：大众传媒以自己的喜好左右着人们的视听，它好比希腊神话中的普洛克洛斯忒床，按照公共的尺度截去人和世界的头与脚，再给人和世界安上假头和假肢，而我们以为我们在思考着自己的问题，走自己的路。我们以从"大众窗口"所得到的话题

---

① 周向军、傅永军：《控制与反抗：社会批判理论与当代资本主义》，泰山出版社1998年版，第119页。

进行交流。我们因这个窗口而结成"共同体"的,但我们所得到的是早已标准化的、实质等同的答案,我们是作为这个窗口的附庸而结成"共同体",这样的"共同体"是在大众媒体温柔的铁腕造成的软性高压下形成的,大众的"共识"是在不知不觉中被强加的。如长年累月地看电视,不仅使你的意识、观念、语言与别人几乎一模一样,而且使你的无意识、他的梦境与别人的也大同小异,这样,人便成了大众化的人、没有个性的人。传播学家伊丽莎白·诺埃尔-诺依曼曾经分析了其中的逻辑,指出大众传播媒介是"意见气候"(Opinion Climate)的形成者。所有电视观众对节目的态度,很容易构成某种左右社会的"大气候",这种气候往往对不同意见的人造成巨大的压力。诺依曼认为:人由于其"社会天性"总是寻找与周围环境和群体的和谐,以免陷入孤立。因此,个人发表意见之前要对周围的"意见气候"进行观察,判断个人观点属于"多数-优势"还是"少数-劣势",个人或因为与多数意见相同而侃侃而谈,或因为属于少数而沉默,结果是优势增势,劣势减弱了。这种"造势"是电视对社会的"异化标志"。大众传播和其他文明化状态一样,代表着一种进步,同时也造成一种自我异化的境界。

感觉的麻木:马歇尔·麦克卢汉曾反复攻击由电子媒介导致的"麻木"、"恍惚"、"下意识状态"、"梦行状态"和"麻醉"。"任何发明或技术都是我们身体的延伸或自我截肢,而且这样的延伸也要求身体的其他器官与延伸部分之间建立新的比例和平衡……看见、使用或察觉任何以技术形式表现的我们自身的延伸,都要信奉这种技术形式。听广播或阅读印刷品是把我们自身的这些延伸接纳到我们自身中央,从而自动进入'自我关闭'或自我置换状态。我们每日使用技术,对我们的技术持续地信奉,这就使我们像那喀索斯那样,对于我们自己延伸的形象产生下意识和麻醉的状态。由于持续信奉技术,我们便将自己作为伺服机构和它们发生关联。这就是为什么我们使用了这些技术,就不得不把这些客体,即我们的延伸看作是神明或几乎是一种宗教。"①也有人将这种感觉的麻木称之为"没有感觉",在一个大众传播主导的世界,我们耳濡目染的信息都是由传媒呈送的信息,我们失去了从正常的世界中感觉到新鲜、感受到真实、感受到舒适的能力,"我们的病就是没有感觉",我们需要一种精神的"按摩"来向我们提供新鲜感和舒适感。麦克卢汉有句鲜为人知的话语"媒介即按摩"(medium is the massage),媒介的按摩能给予人的满足总是一种代偿性的满足,它转移人对自己已失去的某种东西的注意力和转移因为失去某种东西所引发的痛苦的注意。麦克卢汉以医疗上曾经用过的"止痛耳机"为例来说明这一点:当人的身体的某个部位疼痛难耐时,医生就让病人戴上一种特制的耳机,这种耳机发出的声音大到足以使人只注意到这声音,而暂时意识不到痛,从而达到止痛的目的。吴伯凡在其所著的《孤独的狂欢》中提出了一个很有意思的比喻:大众传媒就是从各个角度来为大众止住或遗忘因失聪、失明、失语而导致的心理上的不适和痛苦的"止痛耳机"。在大众时代,整个社会成了一个超级规模的医院,或者说是一个超级的疗养院、一个残疾人活动中心。它以各种传媒设施为失去了感觉的人提供各式各样的服务。大多数人都感觉不到这种无感觉状态,他们把这一切看成是常规和风俗,以为生活世界本来就是这样!

理性的迷失与思想的贫乏:法国当代思想大师让·博厄迪约曾经振聋发聩地预言:"我们正身处一个信息愈来愈多,意识却愈来愈少的宇宙。"②这并非危言耸听,沉醉在大众传媒的信息流里,人类确实面临着经验贫乏、思想贫瘠的困境!早在上世纪30年代,著名学者爱因海姆就指出:"电视是对我们的智慧提出的新的严峻的考验。如果我们成功地掌握着一新兴的媒介,它将为我们造福,但是它也可

---

① 麦克卢汉:《理解媒介》,见丹尼尔·杰·切特罗姆:《传播媒介与美国人的思想:从莫尔斯到麦克卢汉》,中国广播电视出版社1991年版,第192页。
② 董焱:《信息文化论—数字化生存状态冷思考》,北京图书馆出版社2003年版,第75页。

能让我们的心灵长眠不醒,我们一定不能忘记,在过去,正是因为不可能表达和传达直接的体验,使语言的使用成为必要,因而也强迫人们使用概念来思维。当传播可以通过手指的一按而进行时,人的嘴便沉默了,写作也停止了,心灵也随之凋谢。"①电视是以光影为刺激的视觉文化,是利用摄像机对事物进行忠实的复原,因此会消解现实的深度而留于现象的表层。电视对现实的简要化和叙事的模式化、复制化不仅影响着人们对世界的洞察和判断,衰退他们创造和想象的抽象能力,而且视觉的轮番轰炸和电视媒体世俗化、表面化的追求也导致思维能力的退化。现代社会,人们对电视的观看往往取代了实践的亲历,只有影像而没有经验是伴随着电视成长的一代人的样板。捷克著名作家米兰·昆德拉曾在《不朽》一书中,给媒介环境提出了"意象形态"这样一个新概念。他指出,传统的人们正在演化成轻易被电视和其他媒体摆布的"信息动物"。意象形态的强大使现实成为无人光顾的孤岛,而意象反而成了人们津津乐道的现实! 对电视的情境与影像的沉溺,取代了对历史碎片的回忆和对未来美景的预测,人类赋予事物的精神价值就此消失。你拥有丰富的感性,而无法升华到理性的思索中,你会依赖本能直觉,而抛弃精神之路。久而久之,便会使用儿童的眼光去看待世界,只有零碎的感觉形象,却没有睿智的思索,只能描述,却不能解释和概括,正如居伊·德波(Guy Debord)在《景象的社会》中描述的,观者从观照对象(是他无意识活动的结果)那里一无裨益,以下面的方式表现出来:他观照得越多,他生活得越少;他在需求的主导形象中认识到自己时所接受得越多,他对自己的生存和欲望就理解得越少。与主动积极的人相关的景象的外在性,就呈现在以下情形中:他的姿势不再是他自己的而属于另一人。后者将自己的姿势展示给他看。这就是为什么观者感到哪里都不自在的缘由所在,因为景象无处不在。

① 汪天云:《电视社会学研究》,上海三联书店1998年版,第160页。

由大众传媒造就的信息洪水与信息猛兽、信息崇拜与信息失真、现代人情感的贫乏与灵魂的空虚等也都成为大众传媒批判视野里的众矢之的！2000年《新周刊》推出专题《弱智的中国电视》、《十六年之痒》、《砸烂电视》、《中国电视节目榜》等系列文论，对中国电视业和电视观众的表现进行了全面的反思，并将"一天到晚开着电视"列入"不能带入21世纪的111种行为"①之一。大众媒介成为现代人既爱又怕且恨的文化载体，这令我想起了张爱玲在她的小说《红玫瑰与白玫瑰》里将妻子与情人比做红玫瑰与白玫瑰的话语："娶了红玫瑰，久而久之，红的变了墙上的一抹蚊子血，白的还是'床前明月光'，娶了白玫瑰，白的便是衣服上的一粒饭粘子，红的却是心口上的一粒朱砂痣。"②以电视为代表的大众媒体，就像是观众心中的红玫瑰与白玫瑰，它一方面接受天使的礼赞，成为人类纯美文明的祭礼，另一方面也招致撒旦的诅咒，成为人类地狱之境的陷阱！美国著名社会学家尼尔·波斯特曼说："任何一种大众传播工具的迅速发展，都会对社会产生巨大的影响。它会逐渐形成另一种政治，另一种教育，另一种文化……这是不可避免的。"③可是，究竟这"另一种"该往何处去，却是人类理性应该思索的主题。

二、新信息文化的基本气质

人类历史上每一项关键性技术的突破，一种新技术架构的形塑，通常都会导致人类的生活方式甚至基本社会结构的转型，从而开拓新的生存空间，形成新的生活经验，开始新的理性与精神历程。作为20世纪最引人注目的发明的计算机与网络技术，已经成为一种全方

---

① 曹运：《一天到晚开着电视》，《新周刊》2000年第4期，第70—71页。

② 《张爱玲文集》，第132页，安徽文艺出版社；见汪天云：《电视社会学》，上海三联书店1998年版，第159页。

③ 郑征予：《电视文化传播导论》，复旦大学出版社2003年版，第52页。

位改变人类社会生活空间与精神生活空间的技术架构，深刻影响着人们的思维、情感与精神气质……

（一）自　由

在人们认为有价值的诸多价值之中，自由是最有价值的一种。裴多菲的诗句"生命诚可贵，爱情价更高；若为自由故，两者皆可抛"就表达了人类对自由的内在追求。自由有身体的自由与心灵的自由，在躯体身陷囹圄的时候，心灵的自由或许是身体痛苦的安慰；而在身体获得自由之后，对心灵与思想自由的追求就更彰显。在新信息文化语境下谈自由，更多地是指心灵与思想上的自由。与印刷文化的精英式传统和电子文化的独白式传统相比，新信息空间获得了更大的自由度，包括获取主动、获取信息与知识的自由、表达的自由、知识自由与精神的愉悦与自由等。

黑客是计算机与网络世界的技术与精神领袖，在他们看来，自由是尤其重要的一种存在状态："通往电脑的路不只一条，进入（访问）计算机应该是不受限制的和绝对的，总是服从于手指的命令"、"一切信息都应该是免费的"、"怀疑权威，促进分权"、"计算机能够使生活变得更美好"……（利维语）[①]不受约束、自由出入、信息可免费自由获取、去除思想的权威、还思想以自由，这就是黑客眼中的自由。

事实上，随着新信息技术的发展，这种自由也在不断增长：网络中的信息资源是公共的，可以自由地存取；可以自由地表达话语，自由地发表文章而不被拒绝。对于互联网用户来说，最有价值的事情是思想的自由交换和价值观的辩论。多年来，这种非常无序的众网之网已成为一个避风港，可以对任何事情，从性幻想到宗教说教，进

①　吴骥:《伦理学视野里的黑客》,www.Blogchina.com,2003.3.12.

行不经删节的、漫无边际的讨论。① BBS 是这个自由表达的世界的最自由的空间,发表的自由、拒绝的自由、批评的自由,在这里得到了在传统文字媒介里无法想象的发挥。为 BBS 带来表达自由的,除了媒体的技术因素之外,一个主要的原因就是它的"匿名性"。正是凭借这种匿名性带来的开放性和虚拟性,给了写手们一个表现自我、发现自我、发泄自我的最好空间,写作成了一种不受任何约束的、如"呼吸"般自由的写作,在这里可以尽情拾起或重塑被日常生活、社会角色所压抑、限制了的一部分自我,展现思想的生命力。

在计算机与网络世界里谈自由就不能不提到自由软件运动(Free software),这是信息社会追求信息自由的典型。具有自由主义与理想主义气质的理查德·斯托曼(Richard Stallman)、李纳斯·托沃兹(Linus Torvalds)和埃里克·雷蒙德(Eric Raymond)作为自由软件运动的先驱,始终贯彻着自由的精神。自由软件是指一件可以让用户自由复制、使用、研究、修改、分发等等而不附带任何条件的软件。自由软件的主要许可证有 GPL 许可证和 BSD 许可证。

自由软件不仅仅是产品,而且是一种全新的价值观、世界观。有了自由软件,IT 业就多了一个新世界,多了一种新的可能。人类不是单面,世界不是只有一个指向,生活不是只有一个声音。它还给了我们拷贝的自由,分享的自由,学习的自由。它使源代码获得解放,使软件走向真正的开放。

自由软件运动的精神领袖、GNU 计划以及自由软件基金会(Free Software Foundation)的创立者斯托曼就认为,自由是基本的道德美德:所有的计算机用户都应该享有相互协作、共享以及拷贝和交换源代码的自由。斯托曼为自由软件运动树立了道德、政治以及

---

① 见〔美〕罗杰. 菲德勒(RogerFidler):《媒介形态的变化——认识新媒介》(Media morphosis Understanding new media),明安香译,华夏出版社 2000 年版,第 85 页。

法律框架,1992年4月他在一篇谈软件为何应该自由的文章中,表达了自由软件的思想。他认为以往版权的理念是给予了作者一个几乎绝对掌握自己创作的权利,而他人若要取得与使用这项创作就要付费,同时此权利成为了一种天生普遍的假设常植于多人心中,认为这是社会的法律传统,故少有反思。这样的法律观念也常常让人在对创作物的划分上,往往倾向于只有私有和违法的绝对二分。但是事实上并非如此,若是从版权的初设脉络看来,这个权利是因为获取社稷福利才特别赐予作者的。所以对于软件的使用、再制与修改等问题或许应该从社会整体利益与公众的角度出发,而非单是从狭窄且线性的商业上公平与否来思考之。一味地要求对所有权的掌控与使用便付费的权利,将使社会付出很大的成本与代价,如:对使用权限的限制会导致社群之间的资源共享的消失,破坏社会凝聚,社稷间的人本关怀会减少而单以私利为行为准则。而且,付费软件如没有获得原始码,用户就不能将该软件修改至更适合自己用途的需求上,其负面影响还深远至整体知识创新与教育层面,造成研发上的重复,也将损害社会上长久以来普遍的科学合作精神……①

斯托曼关于软件自由的思想代表了新信息时代的信息哲学理念,在现实中,李纳斯·托沃兹(Linus Torvalds)的Linux操作系统的开发就成功实践了这种理念,实行开放式的研发,利用网站社区接受任何人的建议和作品,以开放的方式推进创新。后来,埃里克·雷蒙德(Eric Raymond)又进一步发展了自由软件的理论与实践,提出"开放源代码"运动,并将其实践化。1998年2月3日,在硅谷的一次会议上,"开放源代码(Open Source)"被正式提出,后来发展成为开源运动。雷蒙德成了领导这场运动的理论家和开放源代码促进会(Open Source Initiative)的主要创办人之一。他在其名著《大教堂和市集》中,第一次以大教堂模式和开放市集模式的比喻形象生动地将

① 沈昱全:《自由软件理念对创作与版权的审思》,Blogchina.com,2003.12.29.

自由软件和商业封闭软件区分开来——"一种是封闭的、垂直的、集中式的开发模式，反映一种由权利关系所预先控制的极权制度；而另一种则是并行的、点对点的、动态的开发模式。"他在文中论证了自由软件不仅仅是一种乌托邦的理想，而是在开发模式上真正代表着"先进生产力"，代表着历史发展趋势的必然。①

自由软件与开源运动的意义，已远远超越了在对现有信息的自由获取、表达与使用，而深入到知识与技术开发的理论，渗入知识创新的精神内涵，这对人类精神的丰富与发展无疑是深刻的。

（二）开　放

"开放"一词常常在各种语境下使用，如政治上的民主与开放、经济上的开放和思想上的开放等。开放是与封闭相对的概念，与减少限制和制约相关联，如政治上的开放意味着政策的放开、束缚的减少与民主的提升；经济上的开放意味着市场的放开与管理上的放开；思想上的开放则指心灵的自由、思路的开拓与思维方法的灵活。思想与精神的开放性追求是人类的天然本性。开放是对现实的拓展，超越现实的事与物、放飞思想的翅膀。自古以来的思想家、哲学家很早就超越人类与社会而思考宇宙的本质、世界的本体，建构开放的形而上的思想、理论与方法。但这种思考往往由于自然、历史与人类自身的局限性而仅仅停留在思想甚至幻想的层面，成为形而上的玄思。现代科学技术的发展逐渐改变了这种状态，将想象变成现实的探索；而新信息科学与技术的进展与创新，更推进了人类精神的开放。

首先，是建构开放的信息平台与信息空间，形成开放性的视野。现代通信与网络技术建构了全球性的信息交流与互动平台，超越了

---

① 方兴东：《大教堂和市集——开放源代码运动的圣经》，Blogchina.com，2003.07.16.

现实时空的限制，打破了国家和地区之间各种有形和无形的壁垒。信息以光速实时传递，空间与场所分离，人类的生存空间演变成一个地球村，在人类思想的视野里，地理不再是障碍，全球化的思维成为自然；而且，人类的视角并不仅仅局限于地球，而是拓展至太空与宇宙，将古代哲人对于宇宙的玄思，转变为科学的探索与实践，人类对火星的最新探测正是这种力量的明证。

其次，电脑网络以超文本与超链接的方式重组信息资源，开创了获取、阅读与发布信息的开放形式，形成对信息的开放体验。如果说电视是个观看的"窗口"，而电脑的视窗与其说是"窗"，不如说是"门"，是无数扇由你点击、推开就可以走进去的"门"，进门之后，你可以尽兴地享受作为主人的权利与乐趣。"读什么"与"写什么"完全是个人的自觉自主的选择，即兴而发。20世纪60年代中期由西奥多·纳尔森（Theodor Nelson）提出的超文本（Xanadu）促进了两方面的跳跃，即作者提供的深思熟虑的可控链接，而读者通过这种链接将会对文本产生全新的认知，这个过程与纸面文本的跳跃是不同的。一个能够实现超文本链接的数字化内容，可以带领读者由一个文本的一行到另一行、另一页、另一个文本、另一本书或一部在线的百科全书，也可以轻松查找一个作者甚至是多个作者的作品，完成对某一主题或某一作者作品的全面阅读和了解。这种超文本的无限链接和对内容的自由选择，超越了以往的所有文本形式，读者的阅读对象不是静止的，也不是单一的，而是无限的伸延。因此，超文本的体验，与其说像在阅读一本书，倒不如说像在访问一个图书馆。点击链接就像从首页跳到中间页，或者从一个书架走到另外一个书架，甚至是从纽约的图书馆瞬间飞到东京国立图书馆一样。这种超文本的文字，与传统文本的线性结构不同，它采用的是一种非线性的网状结构来组织和呈现信息，没有固定的顺序，也不要求读者按某种顺序阅读，这就建构了一种开放式的阅读与理解形式。

再次，形成了开放的创作与信息表达形式，网络资源超文本与超链接方式的后果,实现了作品发表与信息发送的在线化、作者的平民化、创作方式的交互化。尤其是在创作的开放性方面,得到了前所未有的发展。同一部作品,世界不同角落的人可以共同在线参与创作,或共同修改、研讨,或各自接龙创作,形式与内容不拘一格。开放性的创作方式造就了开放的精神气质。目前国际上比较有影响的内容开放运动有:维基百科(wikipedia)、日本的 Aozora Bunko(自由的日文电子书籍)、亚洲开放源代码中心(Asian Open Source Center)、自由的旅游指南(Capitan Cook)、自由的网上漫画(Extinction Level Event.com)、Creative Commons(致力于内容开放概念的组织)、Jake(http://jake-db.org,有关软件及数据库的研究报告)、Linux Documentation Project(Linux 文档计划)、Nupedia (http://www.nupedia.org,比较专业的内容开放百科全书)、Opencode(http://eon.law.harvard.edu/opencode 内容开放及研究开放学会)等。内容开放(Open Content)的作品是指任何在比较宽松的版权条例下发布的创造性作品(例如文章、书籍、图像、音像及影像制品等)。内容开放的作品允许任何第三方在不受较严格限制的情况下自由复制信息。有些内容开放材料还允许第三方不受限制地对原作品进行修改或再发布。

维基百科可谓是开放性创作、内容开放的典型,是一个国际性的内容开放百科全书协作计划。英文维基百科诞生于 2001 年 1 月 15 日,中文维基百科则诞生于 2002 年 10 月 24 日。截止到 2003 年 10 月,40 个语言版本的维基百科总文章数超过 30 万条,而且非英语版本的总文章数首次超过英语版本。根据最近发布在英文维基百科上的"发展最快的维基百科"的统计结果,2003 年 10 月以来,中文维基百科的增长率为 176%,位列第 9,居于 8 个比较小的语种之后,而在俄语之前。

维基百科的理想是成为一部放弃了版权可以被任何人使用的"自由的百科全书"。在维基百科上,所有写下的条目都允许其他用户的评议和修改，为的是让内容臻于完善，直至"百科全书"的诞生。维基百科的创始人是一位美国的软件工程师 Jimbo Wales，他用这个构想来给他所支持的"自由软件"和"开放资源"的理念赋予更加广阔的涵义。维基百科所推崇的"维基精神"，一方面是原创精神，另一方面，则是懂得如何理性地和所有其他人一起进行知识分享与合作。① 维基方式代表了新信息时代知识创作与开放的新趋向，有人将其称为"知识的狂欢"。

最后，形成了开放的社会交往互动方式和交往理念。新信息技术推进了新社会交往，各种即时通讯软件、交友软件、协同工作软件、博客软件建构了新的交往关系。在即时互动的网络世界和虚拟社区里，各种形式的主动"参与"发展出了特有的表达方式和表现习惯，使彼此在虚拟的空间获得真实的交流，"物以类聚、人以群分"，个人的兴趣和爱好，特定的交流群体，会逐渐形成从玩世不恭者到浪漫主义者之间的友谊，创造并保持一种理想的群体互动规范。这是一种开放的交往形式。网络技术极大地降低了人际交往的成本，给人们提供了既能随时集结又能随时解散的"瞬间团聚"，形成了许许多多的"部落性群体"，恰如在有些西方大城市中的"庞克"（punk）、"奇奇"（kiki）或"盘尼阿瑞"（paninari）等"现代部落"一样②。网络群聚的结果是，一方面人为地建构出了具有相对自主性的"场域"，譬如艺术场域、宗教场域、学术场域、经济场域等；另一方面在各种场域中生成了相应的"惯习"；场域不断型塑生成着惯习，而惯习又有助于把场域建构成一个充满意义的世界。总之，虚拟社区与网络世界并非回到了初民社会，而是在超越了现代性之后，人类精神的回归，它是一种"自由人的自由联合"。

---

① 蒋亦凡：《"自由百科"狂欢节》，http://www.sina.com.cn2004/03/18 新周刊。
② ［美］马克·第亚尼编著：《非物质社会——后工业世界的设计、文化与技术》，滕守尧译，四川人民出版社 1998 年版，第 229 页。

如上所述,开放的新信息技术建构了开放的新信息文化。作为新信息文化的精神特征,开放性既根源于现代自由开放的通信与网络技术,又为其所支撑。它既作为一种技术上的追求,更是一种情感体验和精神状态。

(三)多元化

正如学界所认同的,后现代社会是一个多元化的去中心的社会,权威的解构、意义的消解与信仰的危机似乎正成为社会的主题。正如当下流行的都市快闪族语录所宣扬的:"我们最大的心愿,就是把无聊当灿烂,我们时聚时散,快若闪电。我们的爱情,也瞬息万变。"这代表了都市新一族的价值取向,也是新信息环境下的新精神现象。经济基础决定上层建筑,在新经济和新信息环境下,借助新技术的表征,人们获取了新的表达方式:从情感补偿的外在寻求到主动的情感抒发,彰显了表达的欲望;从传统电子媒介"观看式""受众"到网络式交互式"授众",彰显了主体的理性;从个体的独处式解读到群体的狂欢,凸显了大众的群欢;从工作到生活,从研究到娱乐,从学习到游戏,人们有了新的情感体验和精神取向,种种似乎截然不同的活动在新信息时代皆自然和谐地融合,从一种绝对化单一化的形式向多元化方向发展。

首先是文化形式的多元化。以网络空间而产生和存在的网络文化具有了许多崭新的文学艺术形式,如网络文学、网络动画、网页视觉设计等;实现了主体的多元化、作家身份平民化、创作方式交互化、创作动机非功利化等;载体的多元化:文本载体数字化、流通方式网络化、欣赏方式机读化等。另外像网络动画、网络视频、网页视觉设计等也伴随着互联网的发展而发展起来,以最新的计算机图形图像技术和网络技术为基础,在载体、形态、受众、审美等各个方面都呈现了多元化的新特点。

其次是思想的碎片化。与大众媒体造成的思想的贫乏所不同的是，网络空间呈现的是思想的碎片化。信息的多元、表达的自由、写作的即兴性、话语的个性化和批判的随意性形成的是非常个性化或个人化的言说，如同后现代主义对理论的宏大叙事的消解，网络空间则实践着对宏大叙事的现实解构。没有崇高的道德规范和整齐划一的道德秩序，没有庞大而完整的理论体系，甚至没有规范的写作、没有规范的用词和语法结构，自创自写、自说自话，有的甚至只是随意涂鸦、纯粹是自我抒发！去中心化的思想碎片跃然网上。

再次是观点的多元化。多种观点并存，争鸣、批判与反击同在。批判与反思是理性的应有之义，然而在传统媒介时代，独白式播放的信息方式总是以高高在上的姿态向下灌输思想与信息，受众却无以反馈，更无以反抗。而网络空间身份的平等和对信息的充分获取则倾向于对强制式独白的反抗和对权威的消解。在互联网提供的"公共空间"里，专家的意见与外行人的意见同样受到实时的匿名质疑和公众自身实践的检验。这样，互联网的倾向就总是反对"权威"的，不论是传统权威还是理性权威。许多论者把这一情形称为"失序"。万维网所要求的精神便是对"权威"、对所谓"专家"的批判精神和对种种异己观点的包容心态，要求人们倾听每一种声音，不论那是强者的声音，还是弱者的声音。

最后是主体身份的多元化。虽然国外一些学者在最新的研究中提出，"网络空间被结构成为一个男子气的充满敌意的领域，一个对于妇女和儿童来说很不安全的领域"①，而且，在网络使用与交往中也确实存在"网虫"与"菜鸟"的区分，但赛博世界的匿名与虚拟身份的特质，还是激发了人们心中对于平等的渴望与最大可能的实现，形成多元化的主体格局。在网络中，没有世俗的金钱、身份、地位、职

---

① 杨新敏：《国外网络文化研究评价》，载鲍宗豪：《数字化与人文精神》，2003 年版，第 538 页。

业、等级的观念，没有传统的科层区分的束缚，没有专家与外行、老人与小孩、男人与女人的区分，甚至没有要承担社会责任和不良后果的焦虑，这非常符合哈贝马斯所讲的对话所必须的"理想的言说情境"。因此，在网络里，网民的身份是自我设定的，网民与网民之间在地位上是平等的，可以畅所欲言，而不必在意对方的身份、地位与脸色，这或许就是导致主体身份多元化的根源！

新信息时代多元化的格局在给人类精神注入新活力的同时，也使人类的精神陷入了新的困境，如：全球化视野与本位思维的对立，主客体二元性思维与主体间思维的对立，虚拟、游戏心理与实在性思维的矛盾，中心化与去中心化取向的矛盾，理性与非理性、自律与他律的对立，意义的消解、权威的解构与信仰的危机等。

（四）娱乐与激情

新信息文化带来了新的娱乐与激情。马歇尔·麦克卢汉曾经说过："自动化结束了文化与技术、艺术与商业、工作与闲暇之间的对立。而在以前的机械时代，闲暇就是不工作，或者就是空闲。电子时代恰恰相反，由于信息时代要求我们同时发挥所有才能，因此，我们发现自己突然像艺术家一样，最紧张的工作也就是最悠闲的时候。"[①]计算机和网络带来的奇幻多变的虚拟空间使游戏打破了工作与娱乐、成年与儿童的界限，"游戏人生"获得了全新的含义，不仅工作、学习与娱乐是一体的，而且是纵情的、尽兴的。Linux 操作系统的创造者李纳斯·托沃兹认为：计算机本身就是娱乐。在他看来，黑客之所以编制程序，是因为他觉得编程本身有趣、令人兴奋和快乐。"因特网之父"文顿·瑟夫（Vinton Cerf）评述那些痴迷的编程专家

---

① 李河：《得乐园·失乐园——网络与文明的传说》，中国人民大学出版社 1998年版，第 110—111 页。

竭尽全力编程的魅力："编程令人愉悦。"①制造第一台真正的个人电脑的史蒂夫·沃兹尼亚克（Steve Wozniak）认为计算机编程"是一个充满魔力与诱惑的世界。"②对工作充满激情，使他们精神振奋，爱尔兰一个16岁的黑客萨拉·弗兰纳里曾这样描述她所谓的Cayley-Purset加密术运算法则的工作："我有一种棒极了的兴奋感……我一天到晚不停地工作，这是多么令人愉快。有时我真不想停下来。"③早期的计算机黑客尤其偏重技术方面的创新，喜欢简洁、完美和漂亮的程序设计，并以发现系统级别的错误为一大乐事，在克服一个又一个的计算机网络的难题中获得愉悦。这些人与那些具有反叛精神的"计算机迷"合而为一，或从中衍生出来，精通程序编制，"这些信息技术的当代英雄们用自己的创造改写了'嬉皮士'具有的那种颓废的'边缘意识'。他们让自己总处在技术和时代的边缘，在这里施展他们的创造和想像力，在这里进行发现'自我'的实验。"④

对工作的激情投入使计算机高手们获得了极大的快乐与满足感、成就感。著名黑客文化捍卫者埃里克·雷蒙德（Eric Raymond）在他关于Unix黑客哲学的阐述中，很好地概括了一般的黑客精神：

要正确奉行Unix哲学，你必须忠诚于完美。你必须相信，软件是一种值得你付出全部智慧和激情的艺术……软件的设计和应用是一种快乐的艺术，一种高水平的游戏。

要正确奉行Unix哲学，你必须持有（或重新获得）这种态度。你必须去关怀。你必须去玩。你必须心甘情愿去探索。⑤

---

① Hafner and Lyon, Where Wizards Stay Up Late：The Origins of the Internet(1998)，P.139。

② WolfsonandLeyba，"Humble Hero"，见派卡·海曼：《黑客伦理与信息时代精神》，李伦等译，中信出版社2002年版，第4页。

③ Flannery with Flannery, In Code：A Mathematical Jurney(2000)，P.182.

④ 李河：《得乐园·失乐园——网络与文明的传说》，中国人民大学出版社1998年版，第100页。

⑤ Raymond，"The Art of Unix Programming"(2000)，chap.1.

快乐不仅仅属于黑客,在计算机与网络世界,不同的人都可以找到自己的快乐与激情所在:从影音到文本,从视频到聊天,从学习到娱乐,从工作到游戏,从友谊到爱情……鲍德里亚尔的名言适当地表达了网络空间人们的纵情心态:"在实时尽情放纵地生活吧——直接在屏幕上生活和受苦吧。在实时思索吧——你们的思维直接被电子计算机译成电码。在实时干你们的革命吧——不是在大街上,而是在录音室里。在实时体验你们的爱情吧——在其整个发展过程中都有录像。在实时深入了解你们的身体吧——体内视频检查、你们血液的流动、你们自己的内脏,就像你们在里面一样。"[1]

(五)游戏心态

不知是网络成就了游戏,还是游戏成就了网络,总之,随着网络的发展,游戏也在发展,成为人们生活中的一部分,成就了一个新的网络游戏产业。在中国网络游戏用户数正在以每年超过100%的速度增长,网络游戏市场规模的年增长率接近200%。2003年10月23—26日,首届中国国际网络文化博览会上,文化部市场司司长刘玉珠透露:2002年,中国网络游戏业的年收入在9亿至10亿元之间,这一数字已经超过了同年的中国电影票房收入。短短三年,"网游"从无到有,在中国形成了一个堪比电影市场的新市场,形成了一个千万人的"游民部落"!

"闭着眼睛都能挣钱"、"让年轻人精神垮掉的产业"、"蓬勃发展的力量"……尽管前缀截然不同甚至意义抵触,但这些语句的中心词都指向同一产业——网络游戏。几乎从诞生之日起,网络游戏便面对着种种责难。有些学者认为,从教育性和文化性的角度来讲,网络

---

[1] 让·鲍德里亚尔(Baudrillard,Jean):《完美罪行》,王为民译,商务印书馆2000年版,第28—29页。

游戏几乎"不具备任何意义"。而身为父母者，更把网络游戏看作"电子海洛因"，使青少年沉迷其中，难以自拔。但不管人们如何评说，爱玩是人的天性，越来越多的人陷入"网游"，游戏人生的观念日重。

网络游戏形式主要有棋牌类游戏、科幻游戏和角色扮演类游戏等。最具争议和最受人瞩目的游戏观念是：游戏爱情、游戏杀戮与游戏痴迷症。

在角色扮演类游戏和种种网络交往如 QQ、聊天室中常常上演着爱情游戏。越来越多的人经历和体验着网恋或类似于网恋的比较暧昧的网际关系。网恋已经从一种新观念转变为一种平常化的行为和经历。这种新行为挑战着传统的爱情、婚姻、家庭的观念。在网络游戏中与喜欢的人一块种地、卖菜、砍柴、打猎、赚钱、结婚、生子，经历着"太阳升起多么美好"的生活。网络爱情正如摩尔说的："就像因特网那样，爱情也是一个奇怪而不可思议的东西，而且爱情还能够在那些最奇怪的地方被找到，甚至是在电线上，在一条贴满全球的电子花边带上。"①虚拟的爱情是美好的，没有生活中柴米油盐的琐碎，没有你争我吵的世俗纷争；有的，只是彼此付出的温柔与关爱！网络中乌托邦的恋情，你不必付出太多，却可以收获恬静美好的情感！然而，游戏中没有任何舆论监督和制度约束，责任感与道德感的缺席不言而喻，尤其是在虚拟身份的背景下，恋爱就像一场"假面舞会"，曲终人散，甚至不知道对方是谁！爱与不爱似乎不在于双方，而只在于"我"拇指的舞动。而且，在游戏中人们终于有最正当的理由同一些活生生的人展开忌禁之旅，于是有人痛心，呼唤"在这个爱情符号发疯似地繁衍、膨胀乃至爆炸的年代，真实的爱情在哪里呢"②此外，一些别有用心、道德败坏的人，甚至利用网络制造爱情，诱骗少男少女，

---

① ［美］摩尔：《皇帝的虚衣——因特网文化实情》，王克迪、冯鹏志译，河北大学出版社 1998 年版，第 53 页。

② 王一川：《一场符号化的爱情游戏》，见《当代电影》1999 第 3 期，第 26 页。

报刊中常常报道的少女离家出走、网友骗财骗钱骗色甚至谋财害命的案例常常是网恋的某种结局,造成了极坏的社会影响。

其次是游戏杀戮。许多的游戏通过杀戮,包括对动物和敌人,来获得盘缠及自身的升级,这就引导了一种杀戮的主动行为,鼓励人们不断地杀人和动物。有的游戏甚至就是杀人游戏,使人在杀人的快感中获得尽情的愉悦。正如罗斯扎克说的,"热衷于在闪烁的屏幕前进行假想的毁灭,让自己的闲暇充满好战尚武之举的电子游戏迷,早已将正义感和道德规范置之度外,在当今的社会里,大规模的杀戮被视为一种威慑,尸体只不过是一串统计数字,4000万人的死亡被当作一次胜利,战争的连续升级被看成是和平,他们的正义感和道德规范更是无从谈起。"①杀人游戏导致了人的精神的麻木。

最后,游戏痴迷症。游戏的魔力令许多人痴迷于其中。孤独的人是可耻的,和玩家共创一个新世界,一个在现实世界中不可能见到的新天地,能创造一个具有神奇能力的物件,你获得更强的法术和更大的权力。这充满了诱惑。"游戏是亲密而安全的——我们分享着自己最深层的幻想,但却没有人知道我们究竟是谁。总之,这种使人产生幻想的驱动力是一种非常人性化的驱动力。互动游戏允许我们做的就是分享我们自己的幻想(虚名而安全),在它们上面构造幻想并且实施它们。"②在一个虚拟的世界里,人所有的梦想只能获得想象性的实现。而对着苦多乐少的现实,面对着异化的厄运,面对着欲望与法则、理想与现实的永恒冲突,人类总是期待着社会和人生能有一些幻想式的改变。当这种改变无法成为现实时,他们往往会通过一些代偿机制,来迂回地实现自己的梦想。网络游戏正好满足了人类的这种期求,我们可以进入从不曾去过的世界,可以在游戏中张扬

---

① 罗斯扎克:《信息崇拜:计算机神话与真正的思维艺术》,中国对外翻译出版公司1994年版,前言第7页。

② [美]摩尔:《皇帝的虚衣——因特网文化实情》,王克迪、冯鹏志译,河北大学出版社1998年版,第71—72页。

自己的侠义、慷慨和勇武。就算是一场打斗或实施"侵略",也是一种"安全冒险",完全不必承担道义上、精神上、法律上的风险,因为根本没人受到实际的伤害,一切只是游戏。或许这就是人们痴迷于游戏之境的原因。

历史的发展总是充满了悖谬现象,文明的进步在一定程度上带来了道德、政治、宗教、种族、文化等种种禁忌,总有一些话题和行为被"公众"、国家或某些民族、宗教设为不宜公开。任何国家都会有一套自身的道德准则,而人们在一些特殊的场合却常常有逃离这种准则的语言或行为,比如喝酒、抽烟和黄段子。在欲望与法则、理想与现实的永恒冲突中,发泄被压抑被扭曲被异化的情感是人类的共同的精神和心理需求,而娱乐正是其中最为有效并且能够被社会文化所接纳的形式。

我们的娱乐活动反复向我们提供机会,让我们直接或通过代理形象进行社会通常禁止和认为有害的行为。如果社会把娱乐活动当真,那么娱乐活动可能就没有这么舒服了。但是清教徒的道德观把娱乐当作一种游戏。娱乐的各种形式被认为是边缘性的,因而是非真实的。它使参加者和旁观者觉得他们在干着一些事,同时又没干这些事。娱乐活动的结构是让你当真;在做一件事的同时,我们既有所为,又无所为。我们可以随心所欲,但又不必担心在正常情况下这些行为带来的后果。娱乐的这种游戏式的、非真实的特性,使它反传统的性质得以隐蔽,从而逃过社会和个人的审查。①

娱乐,即使是会触犯种种禁忌的娱乐,仍然被许多人视为"安全冒险",也就是说,既能够满足人类与生俱来的冒险心理,满足人类触犯禁忌的欲望,又不会受到指责,更不会受到法律的约束和制裁。这

---

① [美]查·阿尔特曼:《类型片刍议》,宫竺峰译,见《当代电影》1985 年第 6 期,第 77 页。

或许也是人们留连于赛博空间游戏之境的原因所在。

三、新信息文化的精神性超越

新信息文化的基本精神气质既是多元的,又是发展的;既是现实的,又保持着对现实的超越性追求。

(一)从现实世界到虚拟空间的精神性超越

新信息时代区别于旧信息时代的最大特征就在于其从现实世界到虚拟空间的拓展。作为计算机网络与虚拟现实技术之产物的新信息空间——赛博空间是一种主体的感觉性存在,它的存在与运行方式是虚拟化、符号化与在线化,它与现实世界有着本质的区别,是对现实世界的超越:如符号化对物质实体的超越,无形对有形的超越,无限对有限的超越,在线化对在世的超越;对虚拟物品、虚拟行为和虚拟情感的追求,对世俗羁绊的超越,对多种欲望的直接表达和对多元化思想的表述和认同等。人类借助虚拟的方式,更易于直接地表达现实生活中不敢、不便表达的话语,经历现实中不可能的角色经验和情感体验,追求现实中不可能却又是理想化的精神状态。当人类从现实生活世界迈入赛博空间,体验虚拟交往、虚拟情感和虚拟生存时,人类精神的方方面面也会受到相应的影响,甚至获得对于现实世界的精神性超越:

首先,赛博空间的开放性及其对异质性的宽容利于形成开放的精神气质、多元化的思想和民主的氛围。赛博空间是一个具有无限包容性和解放心灵的自由空间,在抛弃了实体社会的线性时间、有形空间和种种规限之后,各种思想都可以找到自己的归宿,人们的交往与述说不再受现实的国家、民族、阶级、社会地位等各种因素的制约,人类精神具备了摆脱束缚、获得解放的更大可能。

其次，赛博空间建构了一个人类交往的新平台，虚拟主体与虚拟交往的实现使人类精神获得了前所未有的虚拟体验。赛博空间的主体身份由主体以电子文本化的形式建构，是一种符号化的主观自然，具有获得性、匿名性、体验性、想象性、自主性等特征。现实主体借助网际身份，以不同的角色、个性、年龄、性别等出现在赛博之境，经验多种角色行为与言说。借助虚拟的形式，人们更易于直接地表达现实生活中不敢、不便表达的话语，经历现实中不可能的角色经验和情感体验，追求现实中不可能却又是理想化的精神状态。

再次，赛博空间交往的形式是将身体留在电脑屏幕前，而将心灵放飞于赛博之境。身体的缺场，即心灵之缚的缺场，在网络里，人们更倾向于无拘无束地精神交流。网络交往不再受到时间、空间以及各种"社会藩篱"的限制，而是按照主体的主观需要，自由地建立起交往的网络。交往成为个人自由自觉的活动，表现的是一种互为主体的状态，每个主体是与另一主体在交往，发展的是一种主体间性。交往方式也从单向度向交互性、非中心化转变。因此，赛博交往可达到对为了功利性目的而进行的交往的消解，易于实现交往理性的最高境地——心灵沟通。

最后，赛博空间为在实体社会中失落的心灵找到了新的栖息地，给人们重建了精神家园。赛博空间造就了人类的"双重生活世界"，将同一个体置于不同的生存环境之中，一个是现实世界，另一个是虚拟世界。在现实世界里，人要承担着现实社会赋予他的义务；在虚拟世界里，人要通过符号进行信息交换以维持个体的精神存在。同一个体要在两个不同的世界里"切换"，而虚拟世界的自主性令某些个体视其为逃循现实世界、寻求精神慰藉、缓解压抑情结、获取精神上的支持和心理上的自我同一感的精神家园。

譬如网恋和虚拟情爱，如同本书第二章所分析的，网恋源于情感的理想化追求与现实的落差，致使更多的人愿意以文字的方式进行网上的对话,与有同感的人进行交流与倾述,爱情的苦闷或惆怅便有了一个耐心的倾谈者。而且,性别可以转换,角色可以改变,身份也可以虚拟,任何人都可以扮演心中所想扮演的人物,原原本本地表现心底深处的个性与欲望。因为虚拟的存在,人类发现包括爱与恨、嫉妒这些基本情感都面临着重新定位与指向的问题。因此,有人说,网恋或网络游戏里的虚拟关系,公开成全了对任一种与现实脱轨的感情责任制的挑战,它是未成年人"早恋"、男人寻找"第二春"、女人"红杏出墙"的护身符。而网络游戏中关于战争与英雄、杀敌与复仇的演绎,则是人们对心底情绪的发泄和对不满现实的平衡。面对苦多乐少的现实,面对着欲望与法则、理想与现实的永恒冲突,人类总是期待着社会和人生能有一些幻想式的改变。当这种改变无法成为现实时,他们往往会通过一些补偿机制来迂回地实现自己的梦想。虚拟的表现形式正好满足了人类的这种期求,人们可以自由体验自己的想象,却完全不必承担道义上、精神上、法律上的风险,既能够满足人类与生俱来的冒险心理,满足人类触犯禁忌的欲望,又不会受到指责,更不会受到法律的约束和制裁。

令人沉醉的虚拟情爱背后暴露着都市的欲望与落寞,或许这不过是对现实生活的一种逃避方式。在现代都市里,工作的节奏高度紧张,生活的压力让人喘不过气,人与人之间更多的是冷冰冰的工作关系,感觉不幸福的人越来越多,爱情变得越来越稀缺。没有爱情的男人和女人们只有在网络里寻找慰藉。如果说虚拟情爱是人们心中欲望的一种隐晦表达,那么种种"天亮之后说分手"的e夜情则验证了虚拟社群并不虚拟的寂寞与其对人生、爱情的游戏心态,这种状态其实可以在现实中找到存在的背景。

上世纪80年代以来,随着后现代主义在国内的传播和中国改革开放走向市场经济的变革,一些人全盘接收了后现代主义思潮反基础、反本质和反理性的基本观点,同时接受了与之相对应的人文精神价值取向,宣扬无理想、无正义、无道德、无责任、享乐当时、游戏人生等态度,否定真理与价值,消解理想与正义,躲避崇高,摆脱主旋律;研究者在创作与研究中弱化甚至取消了关于世界观、人生观和价值观等主旋律话语的追求,放弃了作为文学家、艺术家、思想家的神圣社会地位和严肃、负责的职业道德要求,主张一种无主体、无义务、无中心、碎片化、平面化、无导向的自娱性、随意性的创作原则和写作风格。这在文学领域的影响最显著,在后现代主义的思潮中,文学的写作主体、表达形式、传播方式及效果都发生了巨大的变化。带着"多元化"的彩妆,文学的"现代性"追寻,那种对主体和自以为是的个性的强调,对历史和民族命运的赎罪般的沉思,在后现代主义"先锋派"和"新写实"的叙事中已经面目全非。代之而起的是纯粹的欲望表达,对语词和句式的迷恋,对幻觉、暴力、性爱和逃亡等反常状态的表述;"新写实"则对日常琐事津津乐道,沉浸于卑微的快乐和实用价值的观赏。"现代性"的价值谱系内所指认的"终极性"、"超越性"的意义已经被消解,剩下的是"后个人主义"式的立场和感觉方式。① 文学的价值和功能取向被拉到一个较低的层次,推翻文学的种种清规戒律,文学写作不再有必要的自律,文学不再承受艰难的探索,不再保持超越性的乌托邦冲动。

正统的文学艺术尚且如此,民间的文化更是纷繁复杂,良莠不齐。在去除政治话语与科学霸权、提倡多元化的今天,网络造就了一个大众写作的时代,也造就了一个多种话语并存的时代。多种声音的出现是一种进步,体现了对异质性的宽容,当然这种异质性的展现也在某种程度上体现着现代人真实之所想、所乐与所求。尤其是在网络里,借着厚实的面纱,身体的缺席与身份的不可获知性制造了某种自由的空间使人得以充分自由地展现自我。正如一位心理学家所说的,互联网是一个 24 小时开放的实验室。里面实验的是人性,是人和人的关系。自然,这开放不仅伸到世界的各个角落,也伸到人心

---

① 陈晓明:《移动的边界》,湖北教育出版社 2000 年版,第 50 页。

中最隐秘幽暗的地方。互联网让人们可以隐去真实的身份，去展示自我的另外一些组成部分，"当现实和角色游戏结构之间没有清晰的界限时，这个实验室就成为我们以及其他网民的危险地带。"网络彻底解放了人们的真性情，理论上使人们有了"爱我所爱"的可能，虽然你也会发觉，网络上的性情有时候也是一种嬉戏。

（二）公共精神对私人精神空间的超越

在传统社会中，人们的生活始终处于一种二元分离的状态：一方面人们渴望有自己的私人空间，可以自由自在地生活与言说，保留自我的个性与秘密；另一方面，人们又渴望与他人接触交往，使自己与公众处于集体的狂欢之中，这就需要一个公开暴露及开放自我的公共空间。传统的环境条件往往令人们处于一种难以两全的困境：要么停留在自我的领域而远离公共的空间，要么进入公共的领域而暴露自我的生活。网络空间的崛起第一次真正改变了这种境况，它不仅为人类架起了一座沟通的桥梁，更重要的是，它可以轻松地让处于私密空间的人们同时处身于公共空间、参与公共活动。正如德克霍夫（Derrick，de Khove）所说的，网络空间的重要"影响在于把自我从它的私人精神空间扩展到联机共享的精神空间，同时为隐私保留目前的社会空间。"①

网络空间的个人身份隐蔽性与公共参与的简单易行，使人们更方便地了解社会现实与社会热点，激起了人们参与社会事件、推进社会问题解决的热情，一种新的公共精神油然而生。2003 年在中国发生的一系列事件，正是这种公共精神的彰显。

2003 年被媒体称为"民权元年"，在这一年中，以网络为代表的

---

① D. 德克霍夫：《文化肌肤：真实社会的电子克隆》，河北大学出版社 1998 年版，第 264 页。

媒体在对民生、民权等公共事件的关注、参与中彰显了重要的社会力量："抗击非典"与对公共危机的应对探讨,美伊战争与对现代和平的呼唤,孙志刚案及对人权的关注,还有一波三折的"刘涌涉黑案"、"宝马车撞人案"等。公众以网络及其他信息媒体为平台,以社会舆论与实际行动为武器,捍卫公民的价值和尊严,维护社会的公正与正义。

孙志刚案是极具典型的个案。在这一年里,武汉青年孙志刚因为没有暂住证而命殒广州某一收容所。此案发生后,《南方都市报》在 2003 年 4 月 25 日刊发了记者陈峰和王雷的文章《被收容者孙志刚之死》,迅即引起举国关注,先有三位博士上书要求进行违宪审查,后有众多知名知识分子群起倡议,网络是他们活动的支撑平台,通过各大门户网站的讨论区和全国知名的 BBS,全国上下都关注和支持对此案的审理。在以网络为主导的舆论的关注下,国家领导人也高度重视此案的审理,关注《废止收容遣送条例意见》,并最终以前所未有的快速废除了收容遣送制度并重新拟订了对流浪乞讨人员的收容救济条例。一项国家法例竟因一篇报道和公共舆论而终止,这在中国当代新闻史上和法制史上似乎还是第一次!网络的公共力量以前所未有的力度展现出来。同年,也是基于网络等舆论,国家最高人民法院启动再审程序,依法判处沈阳黑帮头子刘涌死刑。这是 1949 年建国以来我国最高人民法院第一次对一起普通刑事案件进行提审!可以说,是社会舆论把罪行累累的刘涌送上了绞刑架,捍卫了法律的尊严!但其中网络起了极为重要的作用,它将全国各地(甚至是国内国外)、各行各业诸多关注此事的有良心和正义感的人们在第一时间联结在一起,实时互动论说,发出了震撼人心的正义之声,构建了强大的社会舆论环境,才引出了大快人心的结局!

网络的力量是强大的,强大的网络令人们对其赋予更多的期待。人们比任何时候都更关注国际时事、国家政事、公共事件甚至是普通百姓的不平心事！就在"刘涌涉黑案"刚刚尘埃落定之时，"宝马撞人案"①又成了舆论质疑司法公正的焦点。短短数日，网友评论此案的跟帖数已稳居各大网站新闻评论榜首，新浪网的网友跟帖量甚至突破了 100000 条的"天文数字"，属于中国有网民以来所仅见的！对刘涌改判、宝马撞人的局外人而言，审判公正与否本是一件与己无关的事，而民意如此汹涌，这说明，曾被研究国民性的专家所诟病的中国人"冷漠"、"缺乏公共精神"的"恶习"已大为改观。网络揭开了人们冷漠的面孔，激发了人们心底的公共情怀；人们走出了自己的私人领地，走向公共的世界，捧出一颗颗热血沸腾、正义凛然的心！以下是新浪网友在宝马案发生后在 BBS 上发的帖子，读来颇为感人肺腑，又发人深思：

你是不是如同我的母亲②

——致宝马事件里的农妇

你是不是如同我的母亲，

为了糊口，

每天起得很早，

睡得很晚，

泥土一样颜色的脸上

落满了愁纹和风霜？

你是不是如同我的母亲，

只体验过拖拉机的颠簸，

---

① 2003 年 10 月 16 日，黑龙江省哈尔滨市的苏秀文驾驶宝马车连撞 13 人，致 1 人死亡 12 人受伤。同年 12 月 20 日，法庭以苏秀文犯交通肇事罪一审判处其有期徒刑 2 年、缓刑 3 年。之后，互联网论坛上群情激愤，纷纷质疑审理的公正性，甚至流传各种传言。

② 新浪网友就宝马撞人案庭审回放：检方力挺"操作失误"遂愿发表评论 IP：211.100.224 *

从未想过宝马车的舒适，
用大脚量完了一座城市，
却舍不得坐一次公交车？
你是不是如同我的母亲，
　　数着零散的角币，
替我计算着下一年的学费，
一阵寒风就能把你吹个趔趄，
　　却仍然在义无返顾地走？
你是不是如同我的母亲，
　　最喜欢儿女灯前的闲话，
　　放下一天的操劳，
享受一个短暂的温馨，
　　明天继续为生计奔波？
　　　　然而现在，
那车大葱永远卖不出去了，
柔弱的生命怎能抗得过宝马的铁躯？
　　你悲惨地躺到了地上，
　　草芥一样地烟消云散。
你的生命正如我的母亲，
你的尊严正如我的母亲，
你的苦难正如我的母亲，
你的死亡让我想到了母亲。
　　你代我的母亲，
　　用自己低贱血肉之躯，
承受了来自权贵的轰然一撞，
淋漓的鲜血被金钱和权势遮盖了，
"高贵"的杀人者依然逍遥复逍遥。
　　那件不遮体的单薄的棉衣，

抵得住另一个世界的黑暗和寒冷吗？

在这个真实的如同坚冰一般的人世里，

我只能长歌当哭，

为全天下受苦受难的母亲，

为了你。

祈祷天堂里没有宝马，

不需要早起卖大葱。

文字也许是无奈的，但言语却是深沉有力的！当越来越多的人依赖网络表达对哪怕是一个普通百姓的不寻常境遇的关注、对社会正义的呼唤和对不平与邪恶的不满时，空气里飘动的便是战无不胜的浩然正气！当民众的公共精神被激发之后，我们的民族便会同心协力，携手并进！

（三）博客精神与个体理性的现实性超越

对言论自由的追求是人类的执著梦想，言论自由的程度标志着国家民主与社会文明的程度。在刚刚过去的 20 世纪，世界各国宪法都以这样那样的表述形式，确认了人民自由表达的权利。但由于社会、文化、历史、民族传统与经济等因素的差异，这种宪法权利实现的方式和程度在各国有所不同。在什么场合说什么样的话，什么人可以对国家的公共事务发表言论，什么人的言语有分量，似乎有着某种约定俗成和秩序：管理阶层掌控国家的公共事务，人文知识分子关注社会的道德体系和道德秩序，技术人才解决生产和发展中的具体问题……管理与说教的权力似乎永远属于所谓的社会精英，普通老百姓和人民群众似乎永远只是被管理、被组织的对象，甚至属于弱势群体，只能发出微弱的声音甚至无声无息：要么无言以对，要么有言无声，要么声若游丝！言论自由的阻力主要来自：世俗的观念、环境的制约和主体的身份地位、知识水平与表达的能力等。

对于政策、知识乃至世俗力量的制约,技术或许无能为力,但从改善环境、提供言论的自由空间的角度,新信息技术至少可以从技术的层面解决自由言说的空间瓶颈:在网络空间,既可以自由言说,也可以自由发布;既可以自说自话,也可以讨论辩论;既可以自我保存,也可以广泛传播。网络中的 BBS、新闻组、聊天室、论坛、社区等,都是可以公开发表言论的公共领域,并且可以迅速传播,迅时传遍全球各地。博客(Blog)是网络应用的最新发展,也是主体自由言说与发表的最新平台,利用博客软件工具可以直接发表言说、日记与作品。按照佩姬·努南的说法,"博客是每周 7 天,每天 24 小时运转的言论网站。这种网站以其率真、野性、无保留、富于思想而奇怪的方式提供无拘无束的言论。"①MSNBC.com 的主管经理 Joan Connell 说:"我认为这是一种更为民主的表达形式。很长时间以来,媒体就好比是一个不通风的房间,但现在开始有不同的声音和想法进来了。"②

博客行为以网络为平台,借助独特的博客软件来运作,在技术上没有太多的创新性,因此方兴东等人认为,博客是一种"零进入壁垒"——零编辑、零技术、零成本、零形式——的网上个人出版方式。"零编辑"意味着不需要他者作为编辑,作者就是编辑,即时写作、即时发布、自我检查,这是与传统写作截然不同的"体验",是"一种体验式写作"(姜奇平)。"零技术"是因为博客的技术极度简化,任何人只要会上网发邮件就可以没有技术障碍地马上申请到自己的博客网站,不像建立个人网站那样需要各种专业知识,如域名知识、FTP 知识、网页制作与编程知识等,这些知识过去往往作为一种障碍,令许多想建构个人网站的人望而却步;"零形式"是指博客崇尚内容,不追

① 陈劲宏:《走进博客的世界系列之一博客的由来》,《电脑知识与技术》2003 年21 期,第 77—79 页。

② 方兴东、王俊秀:《博客——E 时代的盗火者》,中国方正出版社 2003 年版,第33 页。

求表现上的形式化,作者只需简单选择形式的模板,而无须为形式耗费时间和精力。"零成本"是指拥有博客网站的成本几乎为零,博客软件工具是免费的,申请博客网站就像申请免费邮箱一样,不需要注册域名的成本,不需要租用服务器空间的成本等。这一系列的"零"使建立博客网站简单易行,自其诞生之日起,已经吸引了越来越多的人加入。自 1999 年以来,尤其是 2002 年的 9·11 事件之后,博客已经成为新的时尚,并且步入主流媒体的视野,还极有可能成为今后互联网的主流。据美国一家公司称,现在非常活跃的博客人数已经达到了 300 万!

博客在精神上的意义是真正回归了人类开放、自由、共享的传统,可以自由自主地表达并与他人分享自己的所思所想,是人类独立思想的栖息地。美国著名 IT 记者和专栏作家保罗·安得鲁斯(Paul Andrews)的一篇《谁是你的守门人》的论文中说:"谁决定了你所阅读的东西?你的本能一定是这样反应的,'奇怪,当然是我自己。'但事实上,你所读到的、听到的和看到的绝大多数东西,在进入你意识之前,都经过了过滤、编辑和包装等高度机械化的流程。在这个过程中无数的决定不但影响着你能够看到什么,也影响着你是否可以阅读。这个流程是在一个美其名曰'创造价值'的名目下进行,决定了哪些内容可以付诸印刷,行话就叫'看门'(gate keeping)",但博客改变了这一切,"新一类新闻记者正在兴起,他们以直接来自新闻源的'原始素材'为基础。这些记者正在进行新的尝试……这是对体制官僚化的媒体的报复性破坏……博客改变了'新闻'从个人传播到公众的信息流动的本性……只要一摁'张贴'键,任何人都可以出版自己的作品,这将改变传统媒体出版模式。"①

方兴东等提出,博客实现了"作者层面的开放源代码"、"内容层

---

① Paul Andrews, Who Are Your Gatekeepers? http://www.paulandrews.com/ stories/story Reader \$ 122.

面的开放源代码"和"读者层面的开放源代码",这在传播学和媒介理论上的意义是革命性的,它具有思想的独立性、行为的个人化和出版的自主性,因此,哈佛大学法学院的学者戴夫·温纳(Dave Winer)称之为"一个人未经编辑的声音"(The unedited voice of a person);James Snell 称之为"互联网上独立的思想泡泡(thought bubbles),博客中的每条内容都是博客们当时在想什么的思想快照";硅谷《圣何塞水星报》最著名的 TI 专栏作家丹·吉尔摩(Dan Gillmor)称之为"新闻媒体 3.0"①:旧媒体(old media)→新媒体(new media)→自媒体(we media)。

　　博客从形式到内容都是自由和开放的,个人的思想与言论在这里可以得到最原初的呈现,这对个人精神和个人理性的彰显无疑是革命性的。在现实生活中,人们往往因为社会环境、社会角色、社会地位与社会关系的制约而在具体的场域、不同的情境说各种不同的话:真话、假话、好话、空话、套话、大话、废话、言不由衷的话……人们习惯了带着各种面具说话和办事,而更多地将自己内心真实的思想掩埋或只在自己的私领域表达与交流。博客则不同,它提供了一个没有束缚的空间,也提供了主体言说现实性超越的可能:网络的虚拟性使主体可以隐匿自我的真实身份,无障碍地表达心中的真实思想与感受;网络的开放性使主体可以随时传播自己的文章、作品与观点,并且瞬间传遍全球;网络的互动性使主体可以方便地与人交流、沟通与互动,激发彼此思想的火花,获得心灵的共鸣! 可以说,人类从来没有像博客那样原原本本地释放自我,张扬主体的精神与理性!

　　但相应的质疑也随之出现:这种无约束的独白与文字的狂欢,在真实性方面是可靠的吗? 在道义上是合理的吗?

　　博客在国外出现之初,类似的问题一直被追问。麦特·德拉吉(Matt Drudge)在披露克林顿的"拉链门事件"时就被正统新闻界认

第四章 新信息文化的精神气质

---

　　①　方兴东:《博客的自律与他律》,见《北京青年周刊》2004 年第七期,第 25 页。

为"不准确、不道德",被《花花公子》杂志称为"新闻业的坏小子,克林顿的大噩梦"。但博客最终以其对事实的追求与对真相的披露,赢得了不同寻常的公信力:2002 年,博客披露了美国参议院多数党领袖洛特的种族主义言论,而导致他被迫辞职;2003 年 6 月《纽约时报》执行主编豪威尔·瑞恩斯(Howell Raines)和总编辑杰拉尔德·博伊德(Gerald Boyd)因博客揭露了其旗下"名记"杰森·布莱尔(Jayson Blair)杜撰、抄袭他人的报道的真相而引咎辞职! 博客行为独立自主,在揭露事实真相方面具有得天独厚的优势,颇具颠覆性的力量,对传统的媒体构成了极大的挑战。《连线》杂志认为:博客已经成为传统新闻记者的预警系统,提前提醒即将爆发的、不引人注目的、但是突发性的新闻。

国外的博客一般有战争博客、日记博客、知识博客、新闻博客、专家博客、技术博客、法律博客、群体博客、移动博客、视频博客、音频博客等,内容多种多样,人们在网络的博客平台共享知识、信息、思想与快乐。

国内的博客也随之发展。2003 年博客在中国因"木子美现象"而扬名,也因木子美而受到质疑与责难。

2003 年 6 月 19 日起,木子美在"中国博客"中建立了自己的博客网站,抒写博客日记《遗情书》。她这样描述自己的生活:"不需要工作时,会看看碟,上上网,或者去一些酒吧,碰到心仪的男人,可能会跟他聊聊天,喝喝酒,然后一夜情……因为不害怕,我轻易就能爱上一个男人,轻易就能跟他上床,轻易就能从他身边离开。"她说,她只是在工作之余"有着非常人性化的爱好——做爱"。同时她还有一个爱好就是将此中经历及细节写出来并公之于众。木子美因其白描式的写作方式而一炮打响、迅速走红。10 月中旬以来,《遗情书》的访问量每日增长 6000 次以上,成为中国点击率最高的私人网页之一。至 2003 年 11 月 11 日零时 30 分,《遗情书》的访问量为 162682次。木子美被称为广东第一个"用身体写作"的女人,"她的写实作风显得更为大胆"。2004 年,在木子美之后,又出了一个同样是来自广东的"竹影青瞳"。1 月 5 日起她在天涯虚拟社区的个人博客上发表文字,并在每篇文字后面帖上自己的自拍裸照,导致一个月内点击率飙升到 13 万次以上。她以惊世骇俗的文字和标题引起争议,自称人间妖孽,并宣称人世将流行"竹影青瞳"!

木子美与竹影青瞳离经叛道的行为在社会上引起了轩然大波,有人认为是世风日下、道德败坏,有人认为是色情博客、应予以取缔,有的人认为这满足了人们猎奇与窥私的欲望,也有的人认为这没有什么大不了的,只是作者用另类的文字吸引眼球而已。著名社会学专家李银河认为这标志着"在中国这样一个传统道德根深蒂固的社会中,人们的行为模式发生了剧烈的变迁","中国社会已经开始向第三阶段过渡了(不仅男性享有性自由,女人也将享有)"。中国人民大学社会学教授周孝正指出:"木子美现象并非个体现象,它只是中国社会中新兴的缺少社会责任感的群体代表。"

博客言说遭遇了前所未有的困境。

从价值判断的角度看,木子美与竹影青瞳将自己私人化的行为、应该在私人领域或小范围领域的话语引入公共领域,将私人生活公开化,不仅是描写一种生活方式,更渲染了一种生活态度和价值观念。这种太随便的与纵欲的生活方式和人生态度,对于公众不仅是一种视听上的污染,对于人生观、价值观尚未定型的青少年而言,很可能是一种误导,更是一种伤害。从长远来说,会形成不良的社会影响。这样的文字如果越来越多、越来越公众化,对健康向上的生活方式的倡导、对社会正气和社会精神的形塑,都不是一件好事。尤其是木子美本人,她将随心所"欲"作为其本人的人生追求和生活方式,并毫不顾忌地公开渲染,确实是非常另类的"后后现代人"、"新新新人类",其行为与追求将受到传统道德观念的质疑和批判。

然而,从虚拟空间的角度分析,它却具有一定的合法性。首先,虚拟空间具有不同于真实社会生活空间的行为规则和价值准则。虚拟空间本身就虚虚实实,真假不分,所有的文字、图片不过是一些符号,是人们把玩的一种游戏,现实生活中的道德约束和价值体系对于虚拟行为是没有必然的约束力的,或者说,根本就不好用现实的道德规则来评判非现实的虚拟行为。现实的道德规则和价值体系也不应该被强加于虚拟语境,作为基本的行为规范。

其次,博客网站在本质上是个人的、自由的、开放的和交互性的。现有的媒体都是由企业、社会组织和政府拥有的,而博客是真正意义上的个人性:个人拥有,个人写作、个人发表与个人管理。个人可以在自己的博客和别人的博客上自由地言说与评论;博客是开放性的,意味着博客是真正意义的公共领域,博客作为一种传媒工具,意味着个人空间直接变成公共领域,个人进入公共领域的门槛和机制完全消散与无形。博客是交互性的,意味着与传统媒体完全不同。开放的网络应该是多元的、宽容的,能够容纳一切异质性的行为和观念,包括像木子美和竹影青瞳这样的人和她们的文字与图片。博客就是这样一个空间,一个个人话语可以张扬的空间,木子美和竹影青瞳的走红,正是从另一条路径展示了网络对个人话语和个人理性的张扬。博客日记解放了写作,纵容了人性,是对传统写作方式的一次颠覆,其自由、自我、自爱,无所顾忌的开放姿态和近乎"残酷"的真实诉求,令网络虚拟社区和现实日常生活之间的壁垒悄然崩塌。

再次,互联网仅仅提供了一个信息交流的平台,它不可能仅仅凭借自身去完成社会体制的转变和传统的更新,它在某种意义上只是孤立的工具,而不能赋予它更多的理想色彩和强加的意义。就如哈贝马斯在《公共领域的社会结构》中讨论公共空间的历史形成的时候评论道:"虽然不能说此时公共空间的形成离开咖啡馆、沙龙就不能形成,但是一旦没有这些东西,公共空间的形成将是不完全的。"的确,作为一种信息交流的革命,互联网提供了一次创新的契机、自由的契机。可是问题在于我们往往抛开了其社会环境的限制和文化背景的约束,预支了我们构建"公共空间"的美好愿望,这样以目的回溯现实,当然就会发现互联网只不过是一个个自我陶醉出来的肥皂泡而已。更严重的是,很多人以为互联网可以打破各种藩篱来实现真正的百家争鸣,而现实却在于,我们无法摆脱意识形态权力和金钱霸权的控制,布笛厄和哈克在那本《自由交流》的对话录中已经充分表明不管是共产主义集权下或者资本主义社会中,知识分子或者说一个独立的思想者是不得不面临两难的困境,他必须受到政治或者物质的掣肘。因此,应该揭开互联网可以摆脱社会体系束缚的假象,正确地对待互联网和网上的种种事情,包括正常形态的,也包括另类的。

最后,类似于木子美、竹影青瞳这样的文字和作品,过去并非没有,事实上还不少,比如越禁越多的黄书黄碟。所不同的,是她们的文字借助网络得以扩张、广为人知。是新网络新技术给予其新的平台新的契机。虽然单个的博客力量是微弱的,但是,博客与博客的多点对多点的传播,完全可以卷起一阵狂风——系统学上将这称为蝴蝶效应,毛向辉(2003)将这称为蚂蚁集聚效应。[①] 因此,个人可以直接进入公共领域,有时候也会带给他人某种影响,甚至是侵害。但不能因此而否定或剪断网络、废止博客。其目前在中国的发展是"另类推广"并具"堕落"隐忧,需要合理引导。将博客的价值观念导向仅仅限于无约束的"个人的宣泄和表达",等同于窥私欲的个人网络日记,显然是不适当的。博客在国外是以正面的形象及时传播新信息,是弥补传统媒体信息不完全传播或信息失实的重要工具,是备受关注颇具潜力的新媒体;在国内,如何正确引导和管理博客,应引起主流媒体界、学术界和政府相关部门的关注与研究。

---

① 方兴东:《博客的自律与他律》,见《北京青年周刊》2004 年第七期,第 25 页。

第 五 章
新信息文化的主体特征

文化是"人化"的产物,是人类的创造物。人既作为文化的创造者而存在,也作为文化的接受和使用者而存在。新信息环境建构了新文化,既为人所改变,也改变着人本身。

一、信息文化主体的历史性考察

在海德格尔看来,"语言是存在的家",而对于具体的个人来说,语言却是每个人必不可少的存在方式。口头语言是每个人在生产、生活与社会交往中的基本媒介,是每个人的权利。然而随着文字、书面语言和印刷术的发展,主体却发生了分化:一些人成为了字母与文字的精英,一些人却被排除在外。

(一)媒介、知识与权力

字母代表王权。一位埃及异教徒法老(Ikhnaton)在 3000 多年前就创造了某种"一神论"的宗教,并穷其一生在埃及推广但却未获成功。与之形成鲜明对照的是,仅一个世纪之后,摩西的"一神论"宗教却永久扎根,并且转化后在基督教和伊斯兰教中得以延续,改变了大半个世界的信仰。是什么使摩西(公元前 1250 年)的一神教同其前身——犹太教和太阳教相比,产生如此重大的影响呢?这不仅仅是由于摩西带领他的人民挣脱束缚到达了上帝允诺的地方,更重要的是,他沿途向人们传达了《十戒》和自己写的5卷书。换句话说,他传达了一神教的表象和内涵,这使他的口才和政治才能得以留存。事实上,三千多年来摩西的意志一直都存在于这个世界上。① 差异的根源就在于:摩西使用了字母文字——一种行之有效的数字媒介,其能力足以轻易描述一种无所不能、无所不在而又本质上不可见的神性;而此能力在可怜的法老那种基于图画的象形文字系统中却是缺乏的。

另一个个案,就是著名的"巴比伦塔"的故事。"巴比伦塔"是《旧约·创世纪》中的一个故事:诺亚的子孙在上帝的特别照顾下,免于在"大洪水"中丧生。"大洪水"过后,他们在大地上繁衍生息,使用同一种口音的语言生活与交流。一天,他们突发奇想,要建造一个通天塔来显示他们的力量。于是他们马上付诸行动,齐心协力,修建这座塔。塔越建越高,上帝不高兴了。但上帝并没有直接用他的神力摧毁这座塔,而是使建塔的人失去了共同的语言,各人说各人的话,彼此无法交流和交际。于是,合作瓦解了,"社群"分崩离析了,人们作为一个整体的力量被摧毁了,"巴比伦塔"不了了之。上帝就是通过对语言媒介的控制破坏了通天塔的修建。

字母代表王权,而对借用字母表达的理论化、系统化的知识的拥有则导致了垄断与权力。加拿大著名的经济史学家与政治经济学家、麦克卢汉的良师益友英尼斯(Harold Innis)在研究传播媒介的偏向性时就洞察到了媒介的性质与知识的垄断紧密相关,而后者又和权威与权力相连。在他看来,传播媒介具有偏向性,"偏向时间的媒介"便于对时间跨度的控制,"偏向空间的媒介"便于对空间的控制。重型的材料羊皮纸、粘土和石头都属于"偏向时间的媒介",而轻便的

---

① 〔美〕保罗·利文森:《软边缘:信息革命的历史与未来》,熊澄宇等译,清华大学出版社2002年版,第15页。

纸莎草和纸张都属于"偏向空间的媒介"。两类媒介都同权力结构有关，"偏向时间的媒介"有助于树立权威，从而有利于形成等级森严的社会体制；"偏向空间的媒介"则有助于远距离管理和广阔地域中的贸易，有助于帝国领土扩张，从而有利于形成中央集权但等级性不强的社会体制。在英尼斯的媒介理论中，寻求新媒介的竞争被描述成社会竞争中的一根主轴线：新的传播媒介的出现改变社会体制的形态，它不但开创人们交往的新形式，发展新的知识结构，而且常常转移权力中心；社会权力的竞争离不开寻求新的传播技术形式的竞争。英尼斯视控制媒介为行使社会和政治权力的一种手段，例如，僧侣阶层控制一种复杂的文字系统即是教会行使权力的一种手段。他还认为，每种传播媒介都倾向于造成对知识的垄断，而新的媒介的出现可以打破旧的垄断权。例如，印刷机的出现打破了中世纪西方国家中教会垄断宗教信息的局面，越过教会抄写员，使《圣经》及其他宗教材料成为人们普遍可获得的印刷品，这削弱了教会的势力，使权力中心向国家政权转移。这也引发了后来的马丁·路德的新教改革和欧洲资产阶级的兴起。

对知识垄断的另一个后果就是知识精英与大众的分化。在原始社会，社会生产力非常低下，脑力劳动和体力劳动尚未分离。随着生产力的发展和剩余价值的增加，使一部分人逐渐脱离体力劳动而成为脑力劳动者，即知识分子。最早的知识分子多为人文知识分子，如古代中国和古希腊的一些智者或哲学家，他们仰望星空，思考世界的本质与人生的意义，为人类建构意义世界与道德秩序。后来，随着生产的发展，技术与科学也发展起来。技术为人们的实践活动提供手段、工具和方法，科学给人们提供知识、认识模式和思维方式。拥有技术和科学的人被认为是突出的人。进入现代社会，科学技术发挥了更重要的作用，社会的各个方面都以科学知识为中心而建构，产生了新的政治秩序和经济秩序，知识作为一种资源，成为经济增长的内生变量，知识分子也由此提升到政治、经济和管理领域的各个方面的主导地位。不过,知识分子中也存在知识和能力的差异,所以在社会大舞台中的地位与角色也不同。人们通常把拥有高层次学历、渊博的专业知识、出众的才能、在本学科和专业领域内有丰硕成果的这一部分知识分子称为知识精英。他们是社会大系统中的"序参量",对社会规范、组织建构、经济运行等向合理化、有序化方向发展起着决定性作用。另外,传统的知识分子一直被大众认为是载道者,即真理和正义的化身。而在现代科技社会,他们是在诸如大学、实验室、医院、科研机构、政府机关、企业单位等具体部门,与大众发生直接的相互作用。知识精英与普通知识分子在自己的工作岗位上既保留了传统知识分子的身份、良知,又增添了现代社会所培养起来的一些精神、品格、作风,知识精英作为社会物质财富和精神财富的创造者,对一般大众起着重要的影响。但由于社会依知识和能力进行分层,知识精英与一般大众的社会地位、责任和权利有相当大的差异,知识精英往往拥有更大的利益,在一些方面与大众形成对立甚至冲突。

(二)大众化:从印刷到电子文化的主体

"虽然书面语言和文献技术已经在创造和保存人类知识方面扮演了不可或缺的角色,但是它们仍只是在不久前才找到如何走进大多数人生活中的方式。在它们存在的 6000 年的大部分时间内,它们被视为赠予统治精英的神圣礼物。古腾堡发明的书写文献用了五个半世纪的时间才变得无处不在。社会上每个人都应该识字的观念一直到 16 世纪末才流行起来;而且一直到工业革命开始,这个观念才为大多数西方文化所接受"(Mitchell Stephens,1988)。[①]

Mitchell Stephens 的话语描述了印刷文化在社会上流传的大致

① 转自[美]罗杰·菲德勒:《媒介形态变化:认识新媒介》,华夏出版社 2000 年版,第 56 页。

过程,不像今天的书籍和杂志这样普遍地垂手可得,印刷作品最初只是统治精英可以容易得到的宝贵物品,就是西欧的贵族阶层也是到了 17 世纪才开始受到印刷媒介的普遍影响,这主要归因于文字与印刷所采用的信息形式。印刷作品由字母和符号组成,理解需要识字,需要良好的阅读和写作能力,从读小说到理解专业的文章都是如此,这就限制了人们对印刷品的接触:只有掌握所需接触编码的人群才可能接触和阅读印刷作品,这就将非常小的儿童与文盲排除在所有印刷传媒之外。据研究英语历史的学者估计,莎士比亚时期伦敦的识字率大约在 1/3 到 1/2 左右。柏克在对 17 世纪伦敦通俗文化的研究中认为,该世纪初城里 76％的手工业者和小商人能够签自己的名字,妇女的识字率在世纪中叶为 10％,到世纪末戏剧般地升到了48％。就整个英国来说,到 1641 年,有 30％的男性人口具有签名的能力,能够阅读但不能书写者则还要远远超过这个比例,即便是在东英格兰的农民和普通工人中,识字率也分别达到 21％和 15％。[①] 识字率的水平影响着人们对印刷作品的接受程度。而根据阅读水平和内容的不同,又将社会进一步分成了不同的信息系统。尤其是一些专业书籍,使用了"外人"不能理解的隐含假设和专门的行话。在印刷场景中,人们不能轻易地从一个领域进入另一个领域,隔行如隔山,不同学科的专家很难进行专业的交流。这样的场景在技术上是公开的,但在功能上仅限于某个群体的成员。"在人际传播中不礼貌的行为——只对部分听众说话,却成为印刷传播的标准、有效和恰当的风格。编码的复杂性以及阅读所需的努力使得只有某些人能够读某些书,书籍将特定的读者'聚集'到特定的信息系统。"[②]印刷就其实质而言,是一种精英文化,是知识精英创造与阅读的文化形式。

---

① 项翔:《近代西欧印刷媒介研究——从古腾堡到启蒙运动》,华东师范大学出版社 2001 年版,第 127—128 页。
② [美]约书亚·梅罗维茨 J.(Meyrowitz,Joshua)著:《消失的地域:电子媒介对社会行为的影响》,肖志军译,清华大学出版社 2002 年版,第 71 页。

影响印刷媒介流传的另一因素，就是书价高，这将许多人隔离于印刷作品之外。莎士比亚时期，伦敦的木匠、鞋匠、铁匠和小商人每天的收入大约 16 便士。如果他们在环球剧院正厅后排站着看一场《哈姆雷特》的演出，最多只需 1 便士，但如果想买一本《哈姆雷特》阅读则需 4—8 便士。而当时 6 便士便可以支付两顿正餐。教士的年收入在 10—20 英镑之间，如果买一本当时流行的锡德尼的传奇故事《世外桃源》或哈克卢特的《航海记》，就必须拿出一两周的全部收入。教师的年收入大约为 6 英镑 9 先令，买一本这样的书则需要花费相当于三个星期的收入。这样看来，连这些更有可能养成阅读习惯的阶层也很难支付昂贵的书价。① 这就与识字率一起将许多普通民众排除于书本之外。这种情况到了 18 世纪启蒙运动之后，随着社会科学与教育的发展才得到较大的改变。

而电子文化的产生一开始就没有这方面的障碍。

广播是通过电波在空气中传播的，只要有一台收音机就可以收听广播；而电影最初则是穷人的娱乐。自 1895 年 12 月 28 日，法国的卢米埃尔兄弟在巴黎卡普辛路 14 号大咖啡馆的地下室里，播映了人类的第一部电影以后，电影业迅速发展。到 1905—1907 年间，几千家廉价电影院如雨后春笋般成长，5 美分的廉价电影随处可看，电影成了普通民众的娱乐首选。据项翔在《近代西欧印刷媒介研究：从古腾堡到启蒙运动》中的文献研究表明，在对当时的 127 名小学生的调查中，69％的男生和 55％的女生每周看电影；在 129 名成人中，81％看过电影。人们对电影的接受程度远远超过了书籍。之后，电视的出现，将故事片、音乐、艺术、文学、美术、戏剧、舞蹈、建筑、雕塑、摄影乃至电影等元素都搬进了百姓家中，成为人们日常生活最普通的文化形式。

---

① 项翔：《近代西欧印刷媒介研究——从古腾堡到启蒙运动》，华东师范大学出版社 2001 年版，第 129 页。

电子媒介之所以更容易得到社会的认可与接受,主要在于其信息形式。与印刷作品需要识字、阅读与理解能力不同,电子媒介的信息是对原信息的模仿、复制与再现,它更接近声音、图像和动作这种非线性信息。观看电视所涉及的接触代码,也就是一个代码而已。电视的电子信号代码,复制了日常生活的图像和声音,它的难易度基本上是 1;电视不是展示"现实",却比句子和段落看起来和听起来更像是现实。电视的声音和图像都容易观看和理解,即使是两岁大的小孩也发现电视是可接触的,这解释了为什么电视这么易于充当"照看孩子的保姆"。由于代码的不同,电子媒介打破了印刷媒介所塑造出来的专门的、互不相通的信息系统,不同身份与学识背景的人共享着同一类信息。而许多人通过电子媒介学习和体验到的东西,与他们的年龄、传统教育和社会地位相对无关。鲍德里亚更进一步指出,电视促成了符码和类像(simulacrum)在日常生活中的迅速传播,是传播一种主要的仿真(simulation)手段。人只要打开电视就能在家里感知和接受世界,它所制造出来的"超现实",比现实本身显得更真。这样的结果是,以往传播被视为现实的表象和反映的时代,是一去不复返了。

电视电影的图像信息更易于为人所接受与记忆。按照人类学家艾伯特·梅赫拉宾(Albert Mehrabian)对非语言行为的研究,人们在面对面交往中给予信息的相对比例分别是:语言 7%,语调 38%,面部表情 55%。如果这些数据准确,那么一条信息的 90% 以上的含义是通过表情表达的,表情是最被人注意的信息。在书面语言中,文字本身是最重要的东西。在面对面交往中,语言信息的重要程度与语音和手势信息的数量成反比。当非语言信息很弱或者根本没有时,语言信息才变成主要的。而电视电影这种影像恰恰在于它可以充分清晰地表现人物形象的表情和对象的神态。

同时,与印刷媒介不同,电视将它的内容提供给所有人。电视不会帮助信息精英控制文化知识的解释,也不会分隔交流系统。虽然电视的内容仍然能被强有力的经济和政治力量所掌握和控制，但是控制电视与控制印刷是不同的。不同的人读不同的书，但是对电视观众来说无论电视播放的是什么内容，不管他能否理解或如何理解，他都可以观看。与书本不同，电视不易被精英们用于仅属于他们之间或个人间的交流。

电子媒介的信息形式正在改变着我们对世界和人的理解。通过电子"文档"，未来的子孙后代都能体验到一种全新的历史。过去的"历史"是由有钱、有权和受过教育的人所写成的抽象文稿。由于这种抽象性，历史资料也常常充满了论证、提议、观念和理想。然而声像带档案的不断增加，也将普通人带进了历史，同时，它们也显露了普通的东西，甚至是我们领导人的普通一面。这些记录的"语言"是表情的—表象的—模拟的形式的姿态、感觉和经历。历史更多地融入了普通大众的生活、言语和追求。

（三）精英与大众的历史分层

"文化"这个词对于有的人来说是有压力的，因为它常常表示"高尚"与"礼仪"。形容词"有文化的"常用来描述那些"有教养的"或举止符合"社会礼仪"的人。只有较高品质的文化才是唯一重要的文化。于是在英语中便有了以大写字母"C"开头的"文化"（Culture）和民间社会的"大众"（mass）文化。按照文化社会学的研究，精英与大众的分层，是关于文化的记忆中抹不去的痕迹，也是正在被崛起的新信息文化所改写的历史。

罗伯特·雷德菲尔德（1956）曾称之为精英的"大传统"（great tradition）和一般大众的"小传统"（little tradition）。大传统指的是那些如严肃音乐、艺术和文学，它们声称代表了文明的精华。小传统的文化没有经过正式的学术加工，而是以口述故事、手工制作日常所需物品、歌唱等形式代代相传。这一区分表明了一种自古代以来基本的、广泛的文化分层现象。① 这种分层随着商业经济的发展而变迁。约翰·R·霍尔和玛丽·乔·尼兹的研究表明,在中世纪晚期和现代早期,贸易、城市和市场手工业不均衡地发展,以至于小传统发生变化,最终衰落了。而当城市在现代早期发展起来时,"小传统"的某些因素又被融合到新出现的城市大众文化中去,而且最终被它遮蔽了。从某种意义上说,大众文化就是被带进城市里的传统文化,只是城市居民修改了它的形式以适应新的环境。正如城市手工业行会的文化,他们的舞蹈、工作歌曲和手工业生活的种种传说,就具有很多"小传统"文化的元素。欧洲精英文化的"大传统"则受教会赞助人或封建宫廷的保护而保存下来,当时的精英文化表演通常采用宗教仪式或在宫廷里由耍把戏者、行吟诗人、魔术师、小丑和剧团表演等形式来进行。后来不断发展的商业经济和新的职业阶层改变了这一切。随着 16 世纪产生的商业资本主义的固定化,另一种类型的大众文化出现了——娱乐者、艺术家、乐师和工匠为观众和消费者生产文化,对于他们而言,文化工作是一项生意。如同经济中的职业专业化的发展一样,他们的文化产品也逐渐依照不同阶层消费者而调整。另一方面,随着新的富裕的资产阶级企业主的出现,新类型的精英文化也开始出现。在"艺术"中出现的宗教主题被新的物质客体所代替,"为艺术而艺术"的观念开始成为评判和收集艺术品的基础。这样就出现了能够自由地在艺术创作中探索自己的美学追求的个体艺术家,他们为艺术市场而不是为某个赞助人而创作。新富者还延续了宗教赞助人的制度赞助艺术发展,不同的是他们发展出了与传统的宗教和宫廷生活不一样的现世主义的和城市生活特有的趣味,形成了新贵们的精英文化。这种分层一直延续到整个工业化时代,而工业化的大生产和新产生的大众传媒形式,如电影、广播和电视等,

---

① [美]约翰·R.霍尔、玛丽·乔·尼兹:《文化:社会学的视野》,商务印书馆 2002 年版,第 124 页。

又促进了大众文化的推广和普及。

按照约定俗成的理解，精英文化与大众文化的历史分层，既源于传统贵族与新兴企业主、资本家等文化主体的分层，也源于其不同的文化形式、风格和内涵。在精英论的视野里，理论研究、经典文学、高雅音乐和绘画精品等精英文化才是人类文明的精华，而这之外的文化形式，如广播、新闻报纸、时尚杂志、电影电视、流行音乐、音像制品、通俗小说等大众文化方式则是通俗的，有的甚至是粗俗的和唯利是图的。这种大众化生产、复制、传播和消费的文化缺乏深度与内涵。对于本雅明而言，"群众文化意味着真实性、真实的主体性和自主性的丧失。在大众文化中，文化产品与观众都受到了贬低。"①在他最著名的论文《机器复制时代的艺术作品》中，他认为当某物可以通过艺术品的复制来获得时，某物也就迷失了。唯一与永恒被换成了短暂与复制。复制使得艺术作品去"迎合观众"，因为通过复制，使更多的观众看到了通常不能看到的原作。在复制过程中丢失的是艺术作品珍贵的唯一性、打动人的"气韵"(aura)和原作所固有的"此在性和现在性"(hereness and nowness)，大众根本无法体验这些特征。阿多诺也认为，广播可以复制音乐的现在性却无法复制此在性：在家里听音乐会的现场转播，可以和现场的听众同时听到音乐，却无法与他们分享同在现场的感觉。总之，在无限复制中，作品的固有价值已经被丢失或贬低了。

大众文化给普通大众带来无限的乐趣，但却为精英传统所轻。法国作家兼批评家乔治·杜亚美就曾把电影批判成"被奴役的消遣，给那些愚昧无知、身心交瘁、惶惶不可终日的可怜虫们散心用的娱乐……一种既不需观众全神贯注也不要观众有多少智商的热闹场面(spectacle)……除了能给人带来有朝一日会成为好莱坞明星这一荒

---

① ［美］约翰·R.霍尔、玛丽·乔·尼兹：《文化：社会学的视野》，商务印书馆2002年版，第154页。

谬可笑的幻想外,它既不能拨弄出心中的火花也不能唤醒任何希望。"①杜亚美的这种观点代表了现代性时期知识分子与艺术精英们的观点,维护高雅文化的独立与珍稀,大众则被打入通俗文化这一永不超生的地狱,在他们看来,大众文化首先是指当前流行的东西,而流行的东西往往稍纵即逝,生命力很短,而且其价值并未受到历史的检验,因而不能与经典作品同日而语;其次,大众化通俗的东西往往鱼龙混杂,难以称得上是真正的艺术,有的甚至品味较低,没有内涵,没有价值,实在难登大雅之堂!精英与大众的鸿沟似乎就这样怎么也跨不过去了。

但大众传播使大众与知识精英之间形成了一种微妙的新型关系。鲍德里亚认为,大众传播加强了人们思想观念和日常经验的一体化过程。由此带来的一个结果是,知识精英不再是传统社会中观念的传播者和灌输者,大众也不再是传统社会中被动的观念接受者。不仅如此,大众传播时代的大众开始用"沉默"来对抗传播的主宰和知识精英的统治企图。鲍德里亚强调说,这沉默是一种权力、一种回应、一种策略,它不是被动的表现,而是将终结那些宏大叙事方式,借此大众以沉默对世界做出了他们自己的回答。大众与精英的分立状况,随着电脑与网络的出现,有了极大的改变。

二、网络文化的主体

网络作为新信息文化的标志,将人类带入了一个崭新的文化时代。而网络作为一个文化制造与交流的平台,给主体提供了一种新的文化体验。

---

① 〔美〕马克·波斯特(Poster,Mark)著:《第二媒介时代》,范静哗译,南京大学出版社 2000 年版,第 5 页。

（一）网络文化主体的构成

研究网络文化主体的传统方法是对网民进行结构分析。在我国,最权威的统计分析是由中国互联网络信息中心(CNNIC)联合其他互联网络单位来实施的调查统计。从 1997 年开始,到 2007 年 1 月已经发布了 19 次统计报告。调查的内容包括中国互联网络发展的宏观概况和中国网民的相关情况。中国互联网络发展的宏观概况包括中国网民人数、中国上网计算机数、中国域名数及其地域分布、中国网站数及其地域分布、中国网页数和网页字节数及其地域分布、中国 IP 地址总量及其地域分布和中国国际出口带宽总量等。中国网民的相关情况包括网民的基本特征、网民对互联网的使用情况及态度、网民对互联网热点问题的认知与行为等。统计报告显示,到 2006 年 12 月 31 日止,我国上网网民总人数为 13700 万,其中男性占 58.3%,女性占 41.7%;用户的文化程度,高中(中专)以下 17.1%、高中(中专)31.1%、大专 23.3%、本科 25.8%、硕士 2.3%、博士 0.4%;已婚网民占 42.2%、未婚网民占 57.8%。目前中国的网民仍然以男性、未婚者、35 岁及以下的年轻人为主体,但与去年同期相比,女性网民的比例、已婚者网民的比例、35 岁以上网民的比例都有所上升;文化程度为本科以下的仍然占据网民的大多数,与去年同期相比,这一比例略有上升;从网民个人月收入来看,个人月收入在 2000 元以上的网民所占比例较低;学生网民仍然比其他职业的网民要多,但与去年同期相比,其在网民总体中所占比例略有下降。在职业方面,学生和企业单位工作人员是网民主体,比例分别为 32.3%、29.7%;其他职业依次是:事业单位工作人员 8.6%,学校教师及行政人员 6.2%,国家机关、党群组织工作人员 4.3%,自由职业 9.6%,农民 0.4%,无业者 7.2%,其他(含军人)1.7%。

网民获取信息的主要途径及经常使用的网络服务/功能调查结

果如下：①

＊5.网民获取信息的主要途径是(多选题)：

网络	85.0%
电视	66.1%
报纸	61.1%
杂志	19.5%
书籍	18.5%
广播	14.9%
其他	8.5%

＊6.网民获取信息最主要的途径是：

网络	47.4%
电视	30.6%
报纸	15.7%
书籍	2.5%
杂志	1.2%
广播	0.6%
其他	2.0%

7.网民经常使用的网络服务/功能是(多选题)：

收发邮件	56.1%
浏览新闻	53.5%
搜索引擎	51.5%
获取信息(产品服务查询、工作信息查询、医疗健康服务查询、政府信息查询等)	41.0%
论坛/BBS/讨论组等	36.9%
在线影视收看及下载(在线电视)	36.3%
即时通讯	34.5%

① 中国互联网络发展状况统计报告(2007年1月)。

在线音乐收听及下载(在线广播)	34.4%
文件上传下载(不包含音乐、影视下载)	32.9%
网络游戏	26.6%
网上校友录	25.6%
博客(Blog,网络日志)	25.3%
网络购物	23.6%
网上招聘	20.8%
网络聊天室	20.8%
个人主页空间	20.3%
电子杂志	17.1%
网络教育	14.3%
网络销售(含网上推广、网上拍卖)	13.3%
网络电话(包括网上 IP 电话、PC to Phone)	11.2%
网络金融(包括银行、网上炒股)	10.5%
短信息/彩信服务	9.7%
网上预订(酒店、票务、挂号等)	8.6%
电子政务(网上投诉、网上审批、网上监督等)	7.7%
征婚、交友、社区俱乐部	6.4%
其他	6.4%

正如调查所示,网络成了人们获取信息、休闲娱乐的重要工具,人们越来越习惯于使用电子邮箱、浏览新闻、搜索引擎、软件上传或下载服务、音乐影视下载、网络游戏、BBS/论坛/讨论组、虚拟社区、网络校友录、博客等网络服务。也许这些新的方式在技术上并不是难度最大的前沿技术,然而其亲民性、人性化的取向,其对人们生活和交往方式的变革却是革命性的,给网络主体新的生存体验和新的快乐感觉,这是前所未有的。但是,尽管从操作的角度看,电脑、网络正在变得越来越简单、友善、轻松、人

性化,但其实际的可接受程度却因年龄、性别、职业、智力、文化素养以及心理因素等不同而呈现出显著的差异。对于那些在一定程度上患有"技术恐惧症"的中老年人,对于所谓与技术"格格不入"的妇女,对于那些缺乏基本文化素养的"文盲",要真正"驯服"电脑、掌握网络技术,仍然不是一件轻松的事。这会使他们在信息化社会中感到工作、生活的巨大压力,更不用说文化上相对奢侈的享受与提高了。

此外,还有一个网民的空间分布不平衡的问题。目前占世界人口 16% 的发达国家拥有全球 90% 的网络主机。据 Nielsen/NetRatings 的调查,截至到 2001 年末,全球家庭互联网的接入数量已达到 4.98 亿户。其中北美地区的家庭互联网用户占全球的 40%,居全球首位;欧洲、中东和非洲地区占 27% 的份额;而亚洲占 22% 的市场份额。在所调查的 8 个亚洲国家和地区中,新加坡的家庭互联网接入率最高,达 60%。韩国和我国香港特区分别以 58% 和 56% 的份额分居二、三位。其中印度的互联网接入率最低,仅为 7%。① 网络发展的不平衡源于经济发展的不平衡。由于电脑、因特网只在一些发达国家比较普及,并且联结的主要是一些大城市、大公司、政府机构,在线的是一些有一定经济基础的人,因而,人们占有和利用信息的能力、从事网络文化活动的机会是极不平等的,在国与国之间、地区与地区之间、不同的人之间,信息贫富差距已经或正在拉大,"信息穷国"和"信息富国"、"信息穷人"和"信息富人"已经出现,并且未来的发展趋势很可能是"贫者愈贫、富者愈富"。

与宏观统计取向的网民分析不同,Castells 开创了另一种微观分析的方法。他在分析信息化范式的劳动过程中,将就业者分为"网络工作者"、"被网络连接者"和"被隔离的劳工"三类。吕本富在其

---

① http://www.sina.com.cn 2002 年 03 月 08 日 09:47 赛迪网。

《网络社会的阶层分析》[1]对此进行了细化,对虚拟空间的阶层和虚拟世界建设者阶层的构成进行了分类和介绍:

虚拟空间的阶层共有三类人:第一类是建设者,包括:奉献者(指最初在没有任何商业目的的前提下,辛勤地工作的人,如致力于制定各种互联网标准的人,总数有 10 万以上);博客(blogger,数量在50—100 万之间,有新闻博客、专业博客和个人与社区博客等,博客逐渐成为主流社会的代言人);闪客(flasher,指制作漂亮的动画使虚拟世界更加漂亮的人,总数在几十万人以上)。第二类是破坏者,包括:黑客(haker,他们通常是具有较高的技术能力的专业或业余网民阶层,比真实世界的人们更具有反社会的倾向);垃圾邮件制造者(制造垃圾邮件的人,已成为世界公害);罪犯(指利用网络从事犯罪活动的人)。第三类是使用者,包括:看客(利用网络浏览新闻和利用搜索引擎检索信息的人)、交流者(通过电子邮件、QQ、短信、BBS 和其他网民进行沟通的人)、娱乐者(指网络游戏、MP3 音乐、网络动画、网上电影的欣赏者)、交易者(指电子商务的先锋一族)等。

虚拟世界建设者阶层 美国的网络评论家 Steve Baldwin 和 Bill Lessard 在 2000 年《网络奴隶:关于网上工作的真实故事》中,将网络技术阶层从网络工人到网络寡头进行了分类,有 11 个等级:一是鼹鼠人类(他们从一个网站到另一个网站,只是网站的临时帮工,没有报酬或者报酬很低、不修边幅、常常玩世不恭),二是警察和娼妓(娼妓靠网上的色情业赚钱,而警察则包括过滤色情内容的编辑和反对猥亵内容的各种说客),三是社会工作者(负责网上聊天室、电子公告板和新闻组,是虚拟网络世界的情感激励大师),四是清洁工(负责帮助桌面、做底层编码、检查各网站是否存在故障的技术人员),五是出租车司机(指一些类似现实世界自由撰稿人的阶层,经常设计独特

① 鲍宗豪主编:《数字化与人文精神》,上海三联书店 2003 年版,第 169—176页。

网页,提供特别的技术服务,获取丰厚报酬),六是烹调大厨(指在不为人知的格子间里不知疲倦地工作,制定出一个个业务计划,然后由营销管理人员去执行),七是淘金者(指一些网络专家、诡辩家,善于围绕一些主题,比如电子商务和门户个性化而编造出一种诱人的神秘氛围),八是牛仔和玩牌高手(即所谓的咨询专家阶级,最擅长抓项目,构建起一个百孔千疮的项目,腰包里塞满了金钱,然后就在当局要抓他们的时候溜之大吉),九是牧师和狂人(也被人称为幻想家、预言家、空谈家,经常在电视台做嘉宾客串,声称能够预知数字化的未来,结果常常很荒唐),十是机器人类(他们对电脑和网络的性能有着深刻的理解,但善于钻营),十一是封建领主(是指数字王国的全权统治者,拥有最多股票的人,他们令下层感到敬畏,又被下层瞧不起)。

此外,国外目前在对网络主体的前沿研究中,还有对网络中的人种问题的研究,如中村(Nakamura)的《网络空间中的人种:身份游历和网上人种》;有对网络主体的性别研究,如男性主宰研究和女权主义倾向研究等。

(二)网际身份的解读

我国学者王雅林曾经指出:"网络技术的神奇功能将为人们的社会交往提供最先进的手段,无限扩大人们的交往范围,把'天涯若比邻'变为现实从而为人们的社会交往提供了更多的选择性、灵活性、快捷性和交往深度"。网络提供了种种新的交往的可能性,是人类交往的新平台,这种新的交往方式,按照瑞因高德(Rheingold)的观点,是既可以面对面,也可以不是相互面对面的交往,人们通过电脑公告牌和网络媒介彼此交流语言和思想,展开集体讨论,履行商业行为,交流知识,共享情感,做设计,闲聊,争斗,恋爱,找朋友,玩游戏,调情或创作一些高雅艺术等。他们做人们聚到一起时所做的任何事情,只不过是用语言在电脑屏幕上做,把身体留在电脑后面。在网络交往中,身体的缺席,就令人们首先面对的是自己和他者身份的问题。

任何有收发电子邮件、网上聊天和在BBS、讨论区灌水经验的人都知道如何设立网络ID,如何给自己起名、起昵称。在网络里,我们也可以碰到各种特色的网名:如"帝星普照我是魔"、"午夜精灵飘飘飘"、"永远有多远"、"搂住你的温柔"、"天使与海豚的完美"等等。网络身份虚虚实实,看不出性别男女,读不出身份喜好,人们既可以撕掉很多也可以带上很多伪装,正可谓扑朔迷离。最早研究网际身份的人是雪莉·特克尔(Sherry Turkle),她在1995年发表了《屏幕生活:因特网时代的身份》(Life on the Screen:Identity in the Age of the Internet)。她的研究是基于虚拟环境下的个体的研究,包括多用户领域,或者多用户网络游戏。她发现当有的用户使用网络空间来抑制那个更少功能意义的"真实"或离线真实,大部分人却借数字领域经验着一种更加真实的身份或一个多样性的身份。在每一种情形下,使用者都在用布鲁克曼(Bruckman)所指称的"身份车间"自由地挑选一种社会性别、自然性别和个性。之后,不少人也在研究网际身份的问题,以期在认清网际身份的前提下,在网际身份与真实身份之间获得某种平衡。

就实质而言,网际身份是网络主体对身份的电子文本化的虚拟,它与主体的真实身份可以相同,可以不同,也可以不尽相同,具有独特的特征:

首先,网络主体是一种主观自然。在网络社会中,由于其身份的虚拟性,主体只是现象学意义上的我的身体(我的自然),而非自然科学意义上的我的身体(我的自然)。自然科学意义上的我的身体是一种"客观的自然",即一种为每一个人所构成的主体间的自然。相反,网络意义上的我的身体则是一种主观自然,即"我"所构成的非主体间的自然。胡塞尔在《笛卡尔沉思录》中明确道:在我们的抽象活动的情况里,"属于世界的一切东西都被主体间构成的,为每一个人可经验的那种'客观的'意义完全消失了。……该意义或'纯粹自然'已经恰恰失去了'对于每一个人'而言的那种东西,从而无论如何都不必被看作为世界或世界意义的一个抽象的层。"

其次,网际身份是一种自我建构。网际身份是由主体设定的,任何参与网络互动的人,不论是申请邮箱、聊天室、QQ、论坛会员或成为其他用户,都要输入用户名和密码,通过验证,然后才能在网络上占据一席之地。至于给自己取什么样的名,昵称是什么,身份、性别、爱好、个性如何,全然由主体一时的兴趣、当时的语境、心情而定。由此,网际身份具有获得性、匿名性、体验性、多样性、想象性、个人性、自主性、变换性及缺乏内在一致性等特征。网际身份的这种自我建构并不是对原有的实体社会身份的全部抛弃,事实上虚拟身份也处处影射出实体社会的影子。但网民可以跨越实体社会的伦理、道德、法律、规范、习俗以及各种意识形态的规限却是不争的事实,网际身份不一定与离线身份(真实身份)相符或相近。事实上,网络给真实全面的自我投射提供了一个无限的空间,多元化、多重性自我的创造是虚拟身份的切实表现。这样的虚拟身份一方面可以避免个人信息的流失而受到意外的伤害,另一方面也可以体验其他角色的行为逻辑、情感交流方式和从他人的反馈信息中获得新的体验等等。正如雪莉·特克所言,"你可以做个孤独者,但决不会孤独,你可以交互作用,但不会感到被别人伤害。"[①]

再次,网际身份以电子文本化的形式表征,人们利用以文字和图符为主的一系列信息来描述主体的身份。这实际上可称为一种虚拟实在,即以作为主体拟像的电子文本对主体进行的仿真,或者说主体通过其书写的电子文本确立其网络身份。对此,马克·波斯特的评价是"在主客体的边界上书写"。他指出:"人类面对机器,其关系像

---

① 雪莉·特克:《电脑革命》,远流出版事业股份有限公司1994年版,第189页;见张义兵:《逃出束缚"赛博教育"的社会学解读》,北京师范大学出版社2003年版,第118页。

照镜子一样,令人焦虑:电脑作为机器以它的非物质性模仿着人类。电脑的这种镜像效果(mirror effect)使得书写主体双重化;人类在机器可怕的非物质性中认出了自己。[①]

最后,网际身份体现了主体的多维取向。网际身份是主体的自我建构,体现了主体的兴趣和价值取向。后现代主义的代表人贝克尔(Becker)认为,在网络中所出现的主体多维性身份正在对传统的人格主体观念进行着挑战,即"主体实际上是一种可以自主界定自己的客体"。当虚拟自我在多样性、差异性、灵活性的网络中活动时,网络主体常常表现出要求改变自己主体身份的需要和冲动。就像在传统的仪式上,在狂欢节,在假面舞会,甚至在文学和戏剧中所常见的:人们总是表现出需要以一种新的方式创造自己,并且从他们被设定的角色中解放出来。在这些娱乐形式中,行为主体不仅表现出了逃避现实,要求改变自己主体身份的需要和冲动,更进而表示了主体性的创造。后现代主义者认为网络主体的特征表明,主体要求表达创造性,解构现有文化结构和统治权的愿望,主体身份的多维性是对传统身份观念的单一性、确定性和僵化性的挑战,它是主体性的发展、重新创造和表达。

社会批判理论代表人弗洛姆(E. Fromm)认为,对现实事物和环境的失望,会导致人们去想像和幻想。这就导致人们常常需要在一种想像和虚拟的环境中塑造另一个或多个不同于现实中的自己。在虚拟和构造性的自我环境中,人们可以打破现实社会的限制从而体验一种自由的意境。网络主体的多维性和平等性是对人们现实环境和现状的抗议和悖反。弗洛姆认为"我们已经丧失了对个体意义与独特性的感受;我们已经使自己作为商品来体验和处置;而我们自己的各种力量已从我们自身异化出去了。"[②]由此,他断言,网络主体的

① 马克·波斯特:《信息方式》,范静哗译,商务印书馆2000年版,第151页。
② 弗洛姆:《自为的人》,万俊人译,国际文化出版社1996年版,第219页。

虚拟性、平等性和多维性,实际上是自己对所缺乏的事物的一种心灵上的"补偿"。在网络中,主体自身创造物在很大程度上是一种新的崇拜和偶像。

在真实身份与网际身份之间,既不要迷信网际身份,也不需揣摩其真实的面孔。Marc Smith 和 Peter Kollock 提出了对待网络交往的两种态度:一种是将网络交往作为对物理时空的突破,把网友视为其真实社会网络的一部分;另一种态度是仅将赛博空间当成一种幻想(fantasy)空间,将网络中的行为当作游戏和演戏。在两种立场下,对在线身份的认识是完全不同的:前者的行为态度是"作为其所是"(intend to "be"),故推及他人的身份也应该是其所声称的身份人;后者的行为态度是"成为其所演"(intend to "perform"),推及他人的身份亦为其所幻想成为的身份。① 因此,对于网际身份来说,与其用真和假加以区分,不如以"作为其所是"和"成为其所扮演"进行区分。

(三)网络文化主体的特征

网络作为座架限定了网络文化主体区别于其他媒介文化主体的特征:

虚拟主体与真实主体的融合:网络区别于其他技术的座架的特点就是其虚拟性。借助虚拟身份,真实的主体以不同的角色、个性、年龄、性别等出现在赛博之境,经验多种角色行为。一个真实的主体可以同时扮演多个虚拟主体,可以出现在不同的对话场景,"成为其所演"。

① Marc Smith, Peter Kollock, ed. Communities in Cyberspace. London: Routledge,1999:76—106;见曾国屏等:《赛博空间的哲学探索》,清华大学出版社 2002 年版,第 118—119 页。

区域性主体与全球化主体的融合：赛博之境无疆域，既没有物理意义上的空间界限，也不受自然意义上的时间的限制。地球上任何一个角落的人都可能会与你相遇，而与你相遇的，既可能是你的同屋、邻居，认识的同学和朋友，也可能是华盛顿的一名职员，悉尼葡萄园里一个度假的学生。一切都可能发生，一切都可以发生，不同的是，网络主体的视野将不会局限于自己的周边环境，而是真正的"放眼世界"。

身体的缺场与心灵的在场：网络交往的形式是将身体留在电脑屏幕前，而将心灵放飞于赛博之境。身体的缺场，同时也是心灵之缚的缺场，在网络里，人们更倾向于无拘无束地交流。史蒂夫·罗伯茨认为，"在网络空间中物理位置是无关紧要的。真正的友谊不受条件的限制，人与人之间的友谊来自心心相印，而不是因为他们住在一个城镇。而且，通过网络人们无需见面便可以交流关系"。吉登斯也认为，随着网络化全球化时代的到来，"个人交往的独立性亦大大增强了。这是由于全球化客观上增加了个体认同的选择机会，这便使个人主观上的自主性较之以往更加突出了。"[1]网络交往不再受到年龄、性别、身份、地位的限制，而是按照自己的主观需要，自由地建立起交往的网络，因此，在线交往可达到对为了功利性目的而进行的"虚拟交往"的消解，易于实现交往理性的最高境地——心灵沟通。

多极主体性：长期以来，人们的基本实践和视界是处在主体－客体的两极框架之中，所宣扬和实行的是单一主体中心论，每个人都把"他者"看作是被消灭或被支配的"客体"。数字化、网络化社会使得交往实践成为人的基本生存方式。在生存方式的转型中，单一主体性开始转变为多极主体性。在数字网络社会中的交往既不受时间的限制，也不受"社会藩篱"的控制。交往成为个人的自由自觉的活动。

---

① 　白淑英：《基于 BBS 的网络交往特征》，见鲍宗豪主编：《数字化与人文精神》，上海三联书店 2003 年版，第 166 页。

个人实现了对其交往关系的自由占有，表现的是一种互为主体的状态，每个主体是与另一主体交往，交往方式也从单向度向交互性、非中心化转变，创造并逐渐固化群体的特殊意义系统和身份认证系统，形成了从玩世不恭到浪漫主义者之间的友谊，造就了网络和面对面两种互动，创造并保持了一种理想的群体互动规范。

主体间性的扩张：网络的多极主体的形成，体现了主体间性的扩张。主体间或主体际，指的是两个或两个以上主体的关系，主体间性是主体间即"主体—主体"关系中内在的性质。它超出了主体与客体关系的模式，进入主体与主体关系的模式。就单纯的主体与客体的关系而言，主体所面对的是客体，他人也被视为客体；而在多主体的关系中，他们所面对的既有主体之间的关系，也有主体与客体间的关系。在处理人与人之间的关系时，强调与主客体关系不同的主体间或主体际关系，这是一种新的态度和思路，可以导致完全不同的过程和结果。单纯的"主体—客体"或"主体—中介—客体"模式，在处理人与自然、人与物的关系时是行之有效的，但在处理人与人之间的关系时，就遇到了"他人不是客体"的困窘。从理论上解决这个问题的办法，就在于在面对人与人之间的关系时，从"主体—客体"或"主体—中介—客体"的模式向"主体—主体"或"主体—中介—主体"的模式转变。

在网络世界里，现实世界不再是一个我的"周围世界"，而成为一个我们的"共同世界"。"随着'同感'的进行，一种与一个共同的世界，与一个以不同的展示方式展示给不同主体的世界的关系便得以形成了"。[1] 在同一个自然里，他的生命和他人的生命必然同化，他在其个体的和共同化的生活和行动中已经使之形成为一种文化的世界——一种具有共同交互意义的世界的自然。在网络中，主体的文

---

[1] Husserl，E，Cartesian Meditations，Martunus Nijhoff Publishers，Hague，1982：113；见：卢山冰、黄孟芳：《网络主体的理性解读》。

化通过一种"对另外某人的体验"，"把我们自身投射入异己的文化的共同体和文化里"，达到主体间文化的交互和彼此分享。

在网络中，主体之间的交流需要共同合作。因此，它代表的是"对话"式的人际交流方式，"而对话则是双方互为听者和说者的双向交流。"交流的内容不是由一个人单方面完成的，它需要交流者双方的共同合作才能完成。"对话式交流作为一种人际关系方式，预设了说话者的自我意识是不完整的、片面的，因此谈话双方都要倾听对方的意见。这表现了一种反中心的、平等的互相交流的意向，表现了一种二元互构意识，强调交流双方的个性差异和独特价值，通过网上交流，双方在差异中达到统一。"在网络中，"个人不是对象。我们包含互相承认为主观性的众多主观性。"这意味着"在这个世界中，我和别人一起以对等的和互相关联的结构表现出来。"

网络主体体现出对异己心灵和异己我的移情的体验。在网络中，网络主体借助于"类比的统觉"(analogical apperception)和"联对的(pairing)联想"，使自己在对他人的把握中领悟到他人内在的心智，领悟到他人的意识、行为和情感。因此，"'类比的统觉'或'联对的联想'为我们打开了一条畅通无阻地进入他人的通道，使我们对他人的把握成为可能。它不仅可以使我们意识到人同此身，身同此行，他人的身体与我的身体别无二致，而且还可以使我们意识到人同此心，心同此理，他人的心灵与我的心灵亦完全地同一的"。① 可见，网络行为者"把我自己放在他的位置里"从而"被同化于他"。"我把我自身放在其他主体中"，使自己不仅仅成为理解他人的一个手段，而且也使主体自身成为对方的客体，即成为一个代表了真正必须被理解的东西的对象。从而，使得网络主体间的这种异己的、体验的、间接性被加以增强。

---

① 张再林：《我与你和我与它——中西本体论比较研究》，西北大学出版社 1999 年版，第 161—162 页。

心理分析学派从弗洛伊德（Freud）的观点出发来分析网络主体。他们认为，人格可以分为"超我（superego）"、"自我（ego）"和"本我（id）"三重性。"超我"是由社会道德原则和规范所形成的人的行为方式和个性人格特征，它是对于意识的严格控制，使意识引起紧张和忧虑。"为了免除这种忧虑，""自我"必须有计划、有节制地采取行动。"自我"调节"超我"现实原则与"本我"快乐原则之间的冲突，要求人们在社会活动中遵循一定的行为规范。它一方面慰抚"超我"，另一方面给"本我"的欲求以部分的或间接的实现。"自我"所起的调节作用，有时表现为对现实的退让，有时则表现为适当地缓和"超我"的苛刻要求。这样，经过"自我"调节而得到修改、调整的"本我"的要求就可以适当地表现出来。"本我"是一种本能的冲动，追求的是自身的欲望和满足。它不问时机、不看条件、不顾后果地一味要求自我满足。因此，在正常人的心理活动中，它很自然地要被压抑、受阻止。在网络社会中，主体虚拟自我的人格身份，实际是本我人格的发泄和外露。网络主体在网络中的行为只不过是表达受压抑意识的一种手段。正如弗洛伊德在《精神分析学新论》中对梦的研究时所表述的"一个梦是一个被压抑的愿望之假装的满足；它是被压抑的冲动与自我的检查力的阻扰之间的一种妥协。"①在网络社会中，"为'本我'所激动、为'超我'所包围、又为现实所阻扰的'自我'"努力通过网络这一信息交流平台实现自身的调剂和平衡。可见，在心理分析学派那里，网络只是网络主体的一种工具和介质。

就本质而言，虚拟空间建造的是一个"双重生活世界"，将同一个体置于不同的生存环境之中，一个是现实世界，另一个是网络世界。在现实世界里，作为社会个体，人承担着现实社会赋予他的义务；作为生物个体，人要与周围现实世界进行维持其生命的物质和能量的交换。在虚拟世界里，人要遵循网络世界的秩序和规则，通过符号进

---

① 高宣扬：《弗洛伊德传》，作家出版社1986年版，第115页。

行信息交换以维持个体的精神存在。同一个体要在现实世界和网络世界两个不同世界里"切换",在"双重生活世界"里扮演着"双重角色",这种转换如果过于频繁,就会引起心理上的不适应,以致于产生心理问题,极有可能造成人格分裂。由于无法忍受生活在双重世界里产生的分裂感,为了找到自我同一感,个体必须主要依赖于某一世界,作为其生活的支点,获得心理上的整合。而网络中可以容易地得到迎合自己意愿和兴趣的信息,从而处于一种"无限度期望"状态。因而虚拟世界更能满足个体的需要,更能随心所欲地构造出一个理想的自我。因此,许多人更愿意沉湎于其中以得到精神上的支持和心理上的自我同一感。① 因此,虚拟世界被某些个体视为逃循现实世界、寻求精神慰藉、缓解压抑情结的精神家园。可当一个人沉湎于虚拟世界时,他便往往与现实世界格格不入,成了厌世者,患了孤僻症!

三、新信息文化主体的境遇

网络文化的主体属于新信息文化主体的范畴,然而,新信息文化的主体却不限于此。网络文化的主体限定于参与网络文化活动的人,而新信息文化的主体则扩大到所有在新信息环境背景下的人。

(一)主体的新信息环境

美国著名的新媒介技术专家罗杰·菲德勒在《媒介形态变化:认识新媒介》一书中描述了 2010 年信息家庭的两种情境:"电脑居民"和"交互式电视家庭"。在"电脑居民"的情境中,麦克斯和爱米莉拥

---

① 郑荣双、严全治:《互联网的信息超载、虚拟性与 PIU》,《自然辩证法研究》,1999,15(5):第 19—20 页。

有一个装备有最新式的融入式虚拟现实系统的"全能套房",那儿同时是他们的家庭影院和健身房。穿上装满传感器的服装,戴上超轻虚拟现实耳机,每天麦克斯爬上运动车进行锻炼,同时开始他在电脑空间的心灵疾驰。耳机包括受话机、麦克风,和一个看来像是时髦的全包式太阳镜的面盔。面盔顶端有一个微小的放映机,直接将影像集中在视网膜上。凭借面盔上的眼睛追踪装置、麦克风和把手上的触摸垫,麦克斯得以毫不费力地穿行在动态的、三维的、被称作超宇宙的虚拟环境中。一旦麦克斯接入全球虚拟现实网络后,他立刻被"束入"一个电子港,遨游在一个小镇模样的地方,那里有完备的商店、银行、图书馆、学校、医疗诊所、娱乐中心、政府建筑和私人住所。镇上 1024 名居民全部由栩栩如生的三维模像表现,被称为"化身"。在超宇宙里,人们可以成为他们想要成为的任何人,也可以快速地飞往任何地方。当天,麦克斯在虚拟空间的一家轮胎商店买了轮胎、约好了安装时间,然后又飞往城里的电子会议中心,参加一个私人讨论组,这个讨论组共有来自五个国家的十四个成员,他们已通过每日闲谈成为互相信任的电脑朋友。与此同时,爱米莉飞往城里的虚拟银行,给她在哥伦比亚大学读书的女儿在纽约的银行户头发了汇票;接着她飞往虚拟兽医诊所,预约一位当地的兽医来检查她家似乎怀孕的母羊驼;之后,她又飞往电子会议中心,与国际羊驼主人联合会的成员交谈,获得了有关羊驼产前护养的知识;最后,她又和麦克斯一道飞往电脑市政厅,在那儿他们与其他几十名接入网络的居民一起参加会议,他们认为,再过十年,为民、民治的政府也许会成为现实世界里的虚拟现实。他们还通过电脑定制个人化的报纸,它由一组个人代理器从几十种新闻源汇编而来,每张"报纸"的内容都经过选择,以符合个人的兴趣和口味。爱米莉把她的报纸称为《特尔斐》,命名自古希腊著名的神谕所。麦克斯则给自己的报纸取名为《疯狂的麦克斯监察报》。此外,他们还订阅了几个"真正的"新闻报纸和杂志的电子版,只不过它们是在便携式电子平板上而非在纸上读取。在他们的"全能套房"里，有一个挂在墙上的大型平面显示器，用来观看电影和电视节目，偶尔用来参加远程教学课程，并通过可视邮件与远在新加坡的外孙女联络沟通。① 这就是菲德勒描绘的 2010 年电脑居民的生活样式，现实的生活被复制到了虚拟空间，在那里，生活可以毫不费力地继续，虚拟与现实的边界在消解。

在 2010 年"交互式电视家庭"的情境中，菲德勒突出了一个高分辨率的、挂在卧室墙上的数字式电视屏幕，它由中央家庭服务器遥制。家庭的主人名为卡萝尔和科特。每天早晨，他们在海浪声中醒来，睁开眼就看到粉红色的太阳在海面上冉冉升起，海鸥在浪尖捕食雀跃，这是他们最喜欢的由互动式电视服务提供的叫醒程序，可以把他们带回到当年在毛伊岛欢度蜜月时的浪漫回忆中。起床后，卡萝尔在厨房里开启了煮咖啡器，同时在平面可携电视上观看和收听最新的新闻。他们都有自己的个人电视代理器，每天从上千个广播节目中过滤出最可能令他们感兴趣的节目和电影。然后，卡萝尔和科特用遥控器从定制导视中挑选他们喜欢的节目，并将它们放入他们的私人日程表，这张表也在显示屏上出现。这样，他们可以容易地按照日程，重新安排观看顺序和时间，创造出适合自己的个人频道。他们的女儿罗切在准备一个多媒体报告，内容是比较当前的多国火星探险和约四十年前的美国阿波罗项目，做完之后，她压缩了作品，并使用交互式电视电缆联接，将它发往她的学校。这个联接是由交互式电视服务为当地学校提供的一个免费宽带通道。罗切的家庭作业、课程材料、足球游戏的影像剪辑和学校董事会会议的一切东西，都可以通过联接路线发送，并被服务器捕捉，以供观看和离线使用。在卡萝尔和罗切离家之后，科特坐在家庭影院房间的长沙发里，收听由交互式电视教育联接和由全球网提供的会议服务系统提供的关于

---

① ［美］罗杰·菲德勒著：《媒介形态变化——认识新媒介》，华夏出版社 2000 年版，第 140—147 页。

全息摄影系统模型技术的演讲，并在全球网上跟老师讨论问题。学习课结束后，他在中央服务器上储存了整堂课的内容。之后，他就在交互式电视上看科幻电影，让心灵遁入幻想的世界。

在这两个典型的案例中，我们看到了人们即将（一些人已经拥有）要过的完全自由的、非常个性化的信息生活。在目前的新信息文化的平台上，主体至少面临着这样的新信息环境：

一是数字化的物质环境。人们的物质行为，从生产到消费，从工作到生活，从休闲到娱乐，无不打上了数字化、信息化的痕迹；人们所接触的物质产品，从居家的电器、出行的车辆、办公室的设备到电子数据输入平板、移动硬盘、存储卡等信息存储设备，无不应用了数字化的技术，提高了产品的品质，建构了人们崭新的物质生活环境。如在影片《宝贝智多星 4 之玩转新家》中，数字化的声控家电给小家伙带来了无穷的乐趣，"door, open"、"window, close"，一切应声而动，一切尽在言语掌控之中，一切都变得简单易行。

二是数字化的交往平台。交往是人们社会化的生存方式，而新信息技术则提供了新的数字化的沟通工具。从城控电话、传真机、移动电话（手机）到网络平台，从手机图片铃声、语音视频聊天到远程信息共享、异地电视电话会议，现代的信息交流方式超越了时间与空间的界限，连接了城市与乡村、国内与国外、高山与大海，人们在光速里共享信息，真正达到了"沟通无极限"。

三是数字化的精神世界。数字化的精神产品，如音频、视频；数字化的作品，如电子图书、网上出版；数字化的精神表达，数字化的思想沟通……数字化作为一种技术，不仅改变了作为成果的精神产品的表现与出版形式，还渗透到精神产品的创作过程本身，成为创作的一种方式和精神思维的一种取向。如网络文学创作中的"接龙"方式，让人们可以自由地想象和书写故事的发展与结局。读者与作者的界限模糊了，读者不再仅仅是读者，人们进入了一个前所未有的话语空间，精神进入自由之境。

四是个人化的信息取向。数字化的信息环境使个人化的信息取向成为可能，人们可以根据自己的喜好，定制个人化的信息产品或信息频道。如"2010年电脑居民"情境中麦克斯和爱米莉个性化的报纸和"2010年交互式电视家庭"情境中卡萝尔和科特的个人化的电视频道。就报纸而言，从《我们的日报》到《我的日报》已是不少技术人员的梦想。在赖特·里德着手开发视特灵系统时，尼古拉斯·尼葛洛庞帝和他的同事就构想他们称之为"新闻窥视"的数字印刷媒介，它对每个读者有足够的了解，因而能向他们提供完全个性化的版本。尼葛洛庞帝想像出一个完全以电脑为媒介的系统，能从所有有用的新闻源中，自动地选择需要的材料—不需要借助人工编辑的帮助—其根据是每个读者的兴趣的动态概况。① 电视的"个人频道"的思想，则是因为随着观看选择的增多，用控制器"频道冲浪"和每日扫描电视导视变得日益扫兴且不实用。通过使用一种在屏导视，就像卡萝尔一样，观众可以选择经常观看的节目和想看的电影，然后用盒式录像机或其他数字式继承者自动录下节目，并根据日程来排序。有的技术公司已经开始探索，为观众提供自己的"智能视频代理器"，它可以"学会了解"他们的兴趣并且承担所有的遥控搜寻、收集和排序工作。实际上，从每个用户的角度来看，拥有500个频道的满意度可以减为一个个人化的频道。②

如果说罗杰·菲德勒描述的是对2010年信息家庭的想像，而韩国却正把这种想像变成现实。2004年以来，韩国政府一直致力于数码城市的建设。按照韩国政府公布的"数码城市建设综合计划"，数码城市就是选择尖端信息通信网络作为城市基本的基础设施。城市内所有公寓、商业区、办公室、公园都装有超高速、特级信息通信网

---

① ［美］罗杰·菲德勒著：《媒介形态变化——认识新媒介》，华夏出版社2000年版，第207—208页。

② 同上书，第175页。

络,提供比一般城市高 10—30 倍以上的快速通信服务。在韩国信息通信部展览馆里,公众可以体验到数码城市建成后的模样:清晨,随着太阳冉冉升起,居室的窗帘徐徐打开,音响自动放出主人最喜欢的音乐;大屏幕高清晰度双向数码电视根据主人的意愿播出当日新闻。厨房里的智能冰箱显示出食物的种类和储存时间,并提供一日三餐的营养配餐食谱。上班前只要发一个指令,清扫机器人就会把地面打扫得干干净净。如果出门时忘记了关水电和煤气,在外面用手机即可确认并将其关掉。下班回家时,手指贴到指纹识别器上大门就会打开,踏入客厅只要说一声"我回来了",电灯、空调都会自动打开。此时,室外下起大雨,室内温度在上调的同时,开始自动换气,以改善室内湿度……按计划,数码城市将设置公共信息控制中心,可以实时准确地掌握到数码城市里发生的各种环境污染事态,实现亲环境的城市管理;可以启动专门向弱势群体提供服务的网络,实时掌握城市的食品、生水等供应情况;可以利用电子标签的远程控制和双向交互控制实现对城市设施的管理;通过设置的监视交通流量的智能交通信息系统,居民在上班前可以确认上班路上是否存在交通拥堵和所需时间。在数码城市里,人们足不出户即可购物、看病、取款结账,甚至在家上课和上班①……韩国的数码城市建设已经在进行中,他们想在 6 年内建成 14 座这样的数码城市,相信全新的数码生活时代离韩国民众将越来越近,而对世界其他地方的民众也不再是一种梦想,而是一种可以实现也必将实现的新选择。

当这样的新信息化生存方式从梦想变成现实,人们要面对的就不再是纯自然的环境与状态,而是技术化的人工化的环境和状态,尤其要面对这样几种有别于往日的界面:

---

① 凌志、詹德斌:《韩国想 6 年建 14 座数码城市》,《环球时报》2007 年 1 月 5 日,第 18 版。

一是新信息技术的物化界面。正如上述的各种新信息化环境，人类的衣食住行都被包围在信息化的物质产品中，信息技术成为生活的基本环境和条件，人类直接面对的，不再单纯是天然的自然，更多地是信息化的人工自然，它成为了人类生活的物质构成。

二是人机互动的界面。媒介是肢体的延伸，人类制造了媒介，却又愈发地依赖媒介。人与电脑、网络的互动，交互式的电视、电影点播系统，手机等，都是人们越来越无法离弃的信息方式，是人们认识世界、认识人生的窗口。人与外界的联结，从主体－客体和主体－主体的关系模式，转向了主体－信息化媒介－客体和主体－信息化媒介－主体的关系模式，人与世界、与其他主体的联系，需要借助媒介、机器的力量来完成。

三是人机相融的界面。人类对信息化媒介的依赖已经到了人机相融的境界，如在"2010年电脑居民"情境中，麦克斯和爱米莉的融入式虚拟现实系统，就实现了人与机器、现实与虚拟的真实融合，在虚拟的空间解决现实世界的问题，虚拟的也是真实的。凯瑟琳·海斯（Katherine Hayles）正是基于这种情形，提出了"后现代人"的概念，来标志人机共融的时代。在她看来，作为一个全球化时代的居民，自然和文化的二元对立已经被解构。人是会使用技术的动物的观点似乎已经成为过时的哲学传统的残余。在20世纪后期，在广泛的后生物体修辞中，它已经被这样的观点所代替：任何技术都是一种基于特殊的反生物工程学的自我诱导性身体突变。例如，我的耳朵通过最新的摩托罗拉电池电话来听外国人讲话，我的脸面对的是互动电视屏幕，我的手用电脑鼠标来操作图标。这些不仅仅是技术与生物体之间交流的例证，它们就是人的新的电子身体，一个完全不同于传统的对人的分析的新身体。①

---

① 杨新敏：《国外网络文化研究评价》，见鲍宗豪主编：《数字化与人文精神》，上海三联书店2003年版，第534—535页。

四是电子人的界面。信息化的最高境界应是在某些领域电子人对生物人的替代。新科技造就了各种类型的电子机器人,替代人力活跃在各个领域。为此,人类学的学者们开始建立一个新的分支即电子人人类学,深入探究个人、社会和电脑网络之间的交叉关系。其实早在 1985 年,意大利学者安东尼奥·卡罗尼亚(Antonio Caronia)就已经研究了电子人,并著有《电子人:人造人研究》(the Cyborg: an Essay on Artificial Man),但由于当时是意大利文出版的,所以直到 90 年代才引起国际学术界的注意。在此书的 2001 年修订版中,他把电子人研究视野扩展到了 20—30 年代的科幻小说中关于电子人的构想、60 年代的化学电子人实验、1984 的电脑朋克直至 90 年代早期的虚拟人和现在的基因控制。哈勒维(Harraway)也恰在此时发表了在美国女权主义思想发展史上具有里程碑意义的《电子人宣言》。

(二)大众的狂欢

新信息文化主体的发展是大众的狂欢与精英的终结。

新信息文化语境下的"大众"与电子媒介时代的"大众"是不一样的。电子时代的大众是"听众"之众,电波将文化产品送到了千家万户,达到了有别于印刷式的精英文化时代的主体之众,但人们是在"听"和"看"中体会文化的内涵、精神与快乐;而新信息时代的大众是"授众"之众,人们可以自由地进入由网络和新技术建构的缤纷的世界,自主地选择、参与与互动,体验表达的自由、游戏的疯狂、禁忌的快乐与精神的狂欢。大众的狂欢是传统精英文化的终结。

首先是文化主体的新大众化。早在 19 世纪后半叶和 20 世纪前半叶,技术和社会创新的爆发导致了广泛的文化媒介的变革,电的应用极大地加速了新传播媒介的发展。录音扩展了音乐表演和公开演讲的途径,广播采纳了戏剧、音乐演出和公开演讲的成分作为其内容,电视拓展了广播、电影和戏剧的形式与内涵。同时,借助工业化的力量,大众化生产、大众化传播和大众化消费成了大众文化的主要表象,媒介文化受众的数量大大增加。娱乐节目表演或演说者不再是一次只为几百人表演,而是有可能被全国成百上千万人同时或几乎同时看见或听见。按照马克·波斯特(Mark Poster)的观点,这是以电子化模拟技术为标志的、以信息播放型模式占主导地位的第一媒介时代的文化景观,也是人类文化史上的重要发展时期。但这仅仅是大众化时代的开始,而以数字化与互联网技术为标志的第二媒介时代则在全球范围内扩大了文化大众化的新趋向。数字媒体的发展,使东西半球的人们在同一时间观看同一场球赛、收听同一个电台、共享在线聊天成为现实。世界各国无不借助新技术展示和传播本国、本民族的文化作品,推广本土的文化与价值理念,并关注他者的文化进展。如果说文化大众化的扩张在数量上可以归结为受众之众的话,那么数字化技术的扩散无疑是推进了这种扩张。从受众的角度看,数字化的力量使报纸、广播、电视、互联网络的受众不仅覆盖了整个国家,还扩大到全球不同民族、不同肤色、讲着不同语言、接受不同教育并有着不同背景的人,读者与观众的圈子在扩张,没有上限的数量也在暴涨。国际广播与国家广播同时进行,电视从有线电视、卫星电视向数字化电视发展,吸纳了所有可能的和潜在的家庭和群体。而全球性互联网用户的迅速扩张,更标志着大众化的不断推进。

其次是大众的真正自由与崛起。传统的大众文化是独白式的文化传播,听众只有"听"与"看"的选择,极少有"听什么"与"干什么"的选择,大众是被动的"受众"。而新信息环境下的大众,却可以实践"我选择,我喜欢"的基本理念,拥有表达的自由、选择的自由与精神的自由,享受新技术带来的心灵的狂欢,体验"主体"、"授众"的感觉。随着大众对信息追求的升级,新媒介所提供的资讯也在发生深刻的变革,已从最初的"信息为王"、"吸引眼球"时代进入了"内容为王"、"服务为王"的时代。互联网络以超文本、超媒体的形式建构了图文并茂、无限链接、色彩斑斓、内涵丰富的赛博文化。而走向数字化的电视正使电视机成为一个集公共传播、信息服务、文化娱乐、交流互动于一体的多媒体信息终端,有线电视分配网可传送的频道从几十套增加到几百套。百姓家庭电视机可以看到像 DVD 一样清晰的电视图像,享受到电影院一样的立体逼真音响效果。观众不仅可以看到现有的电视频道,还可以获得天气预报、生活信息、交通信息、股票信息等大量的资讯信息。享受到电视政务、电视商务、短信彩信等新型服务项目。还可以设置"个人频道"存储并在自己方便的时候随时调看已经播出的节目,享受在线游戏等交互式娱乐服务。昔日曾被称为"巨大的荒原"的电视将成为百姓可以自选的产品丰富的"文化超市"! 现代之后的西方民众与正走在现代化道路上的发展中国家人民一道共行大众化的文化的狂欢!

三是大众与精英的同质化。"同质化"是一个极易招人反感的词,尤其是在全球化的语境下。全球化导致的悖论在于,它一方面加剧了某种一体化,但同时也培育了多元化的可能。多元化是对同质化的消解和对异质性的宽容,全球化的文化既要融入世界主流,又强调要保持本国本土化的文化,这时如果谈"同质化"就极易被打入保守、僵化甚至专制主义的行列。但这里我所谈的同质化,是指精英文化与大众文化相互渗透、融会共生,走向同质。

通俗与高雅、大众与精英文化的二元对立表征了两类文化的共生状态。导致精英文化走向大众化的,是源于工业化之后尤其是新信息技术发展以来精英文化的困境和大众文化的张扬。与由新技术、新传媒和大量资金打造的时尚文化产品流传甚广、深受大众喜爱不同,现代以来,传统精英文化的空间变得越来越狭窄。经典依旧,但研究经典的人却越来越少,制造精品、享受经典的方式也在不断改变。正如詹姆逊指出的,后工业社会消费文化的崛起使高雅文化和经典文学受到了有力的挑战。西方国家在上世纪 60 年代以来的后工业时代,曾经一度被认为是高级精神产品的文化和艺术也被当成了消费品：无限制的重复、模拟、增殖，甚至大批量的生产和制作代替了现代主义时代对艺术这一高级精神文化产品的精雕细琢，平面的人物描写代替了达到心理现实之深度的充满忧郁感的人物的分析，破碎的甚至精神分裂式的艺术结构代替了现代主义的深度模式，心理分析式的精神分析为精神分裂式的分析所替代。文学、艺术的生产方式遭遇变革，创作也变得越来越取悦于观众（读者）的欣赏趣味，往日的高雅渐渐走远，文化变得越来越具有消费性和制作性。

当下，大众文化的力量是显性的，不可能忽视或取消它的存在；而任何时代又都应该拥有具有最高水平、引导时代精神追求的文化精品和传承传统的文化经典；二者并存却又相互对立，如何协调二者的关系已成为学界关注的热点。传统的充满精英意识的现代主义文化之所以在当代面临严重危机，其重要原因之一是自我封闭在象牙塔中，与广大的读者观众格格不入；解决问题的路径是在精英文化和大众文化之间架起一座桥梁，使其直接面向大众；同时，大众文化也要改变自身，提升自我的品位和深度，逐渐模糊甚至消解精英文化与大众文化之间的人为界限。而事实表明，新信息技术和新媒介在这方面表现了极佳的优势，成为不可或缺的"路径依赖"：

一是精英文化越来越多地采用新信息媒介等大众化形式传播，扩大自己的影响。名人出书、名著再版、名曲制成 HDCD、名画刻成光盘，音乐会、演唱会实行现场直播，在万维网上制作音乐、绘画、文学等专业网站，提供在线欣赏、电子论坛和专业指导。"好酒也怕巷子深"，一些历史久远的经典文化经由现代科学技术重新包装重新出场，吸引和感染了一大批新的读者和观众。

二是大众媒体从"信息为王"转向"内容为王"，在内容上下功夫，既抓广度，又抓深度，特别注重开发传统优秀文化，推出了一大批形式新颖、内涵丰富的作品，提升了大众文化的品位。

　　精英文化采用大众化的形式和大众媒体开发精英化的内容，事实上是从不同的路线向同一个目标靠近，即都追求形式与内容的完美结合（当然这种"完美"只能是一个动态的不断发展完善的概念）：既具有合乎时代特点的形式和表征，又蕴含内在的文化色彩或精神价值。从这个意义上讲，这是精英文化与大众文化同质化的过程。精英文化抛弃了高高在上、离群索居的架子，而大众文化也在努力摘掉"粗"与"俗"的帽子，精英与大众融合，形式是殊途同归。

　　当文化客体趋同的时候，还有一个重要的因素，就是文化主体。当文化的主体都大众化或精英化的时候，"精英"和"大众"的区分就失却了其原初的意义。传统的精英阶层与大众阶层的划分，或以出身、权贵，或以资本为依据，平常人家出身的文人，即使天资过人、才华横溢，但若没有达官贵人或显富的保荐或庇护，恐怕难以挤入精英们的社交圈，更难以成为精英分子。当莫扎特一贫如洗，为了还债而创作"安魂曲"而奄奄一息的时候，谁还记得这个少年精英？中国的传统是"学而优则仕"，如果不走仕途，始终不过一介落迫书生！但现在的情况完全不同了，不仅有"人人生而平等"的理念，更有"优胜劣汰"、"人才辈出"的机制。当面对无数个最初除了拥有知识、技术和创新勇气及精神之外就一无所有却最终功成名就的张朝阳、丁磊甚至是比尔·盖茨的时候，我们能够真切地感受所谓精英与大众的分层从来就不是天生的！因此，面对同样的文化环境、同样的文化客体，人人都是平等的，只有受教育程度、个人素养、个体偏好的不同，没有精英与大众的区分。过去一般的民众无法接触到贵族们享受的文化作品，加深了精英与大众的隔阂；而今，平等的主体面对同样丰厚的文化客体，面临的只是可以选择和如何选择的问题。如果说按主体受教育程度的不同，依然可以区分精英与大众，但当"精英"的数量达到一定比例时，恐怕"精英"也就变成了"大众"！

（三）主体性的朝霞

在关于新信息文化时代主体境遇的论争中，有悲观论和乐观论两种截然不同的观点。悲观论强调数字化等新信息技术带来的全面异化特征，认为与机器工业时代相比，数字化"更普遍"、"更强烈"地侵入生产、生活领域，生活世界被"数字化殖民"的特征愈加明显。人文精神在数字化境遇中变得岌岌可危，其合法性受到挑战。数字化主体就被消解为"数字人"、"信息人"（赵剑英）。乐观论则强调数字化技术提供了超越现实的各种可能性，人在"数字化"浪潮或"数字化"生存中，不会丧失"自我"，失去"主体"，人只有借助数字化技术，才能不断提升人追求对象世界真善美的能力与水平（鲍宗豪）。

同样的技术与社会背景，却得出不同的结论。在这个问题上，其实最关键的，是在什么样的角度和立场来谈主体，不同的思考与理解的角度将引出不一样的结论。

主体性的黄昏？ 在传统的社会批判理论里，从阿多诺、霍克海默到哈贝马斯和鲍德里亚都批判播放型电子媒介对观（听）众主体性的侵蚀，甚至是法西斯主义式的专制。阿多诺、霍克海默在《启蒙辩证法》(1972)中写到："从电话到收音机，主体的角色就被这一步明确区别开了。前者仍然容许用户承当主体的角色，因而是自由的。而后者的情况则是民主的：它把所有参与者都转化为听众，并且以一种极具权威的方式迫使他们全都收听完全一样的广播节目……（第122页）。言说无孔不入，这一惊人事实便替代了言说的内容……广播的这一内在趋势能使言说者的言辞由虚拟的圣训变得绝对正确。一个建议于是变成了一道命令（第159页）。"[1]鲍德里亚也被播放媒介的独白性质所困

---

① 〔美〕马克·波斯特(Poster, Mark)著：《第二媒介时代》，范静哗译，南京大学出版社2000年版，第7页。

扰,曾在《媒介安魂曲》(1981)中抱怨电影、电台和电视是"无回应的言语"。哈贝马斯更注意到了媒介环境对受众观念的影响,认为18世纪以来逐渐出现的公共领域遭受了电子媒介的威胁,电子媒介左右着观(听)者的视听甚至观点,使公共领域的民主化潜能失去效力。他在《公共领域的结构转型》(1989)中写道:公共舆论的构成中,"人们所看到的经常讨论的事物,因文化工业而变得不辩自明;它们不过是媒介的宣传操纵和评论员辛辣连续的时事评论所带来的短暂结果,而消费者则浸淫在媒介中……"①

批判理论学家的批判确实抓住了传统电子媒介时代的弱点。按照传播学的传统,一般认为第一媒介时代的大众传播采用的是由"大众传播研究之父"威尔伯·施拉姆(Wilbur Schramm)提出的模式——SMCR,即源—信息—信道—接收者(Source-Message-Channel-Receiver)模式。② 源是传播的起点,信息是需要交流传播的内容,信道是用以从某地向异地传递信息的媒介或传输系统,接收者是传播的终点。按照这种模式,大众传播是一对多或者一点对多点的传播,即通过广播、电视或电影等媒介,信息被从单一的源传播给成百上千的接收者,受众只是信息的一个被动容器。

这种观点后来随着媒介研究的深化而受到批判。学者逐渐认识到受众接受信息的过程其实也是在以自己的方式解读信息。信息提供者创造了文本(如广播电视节目),他们有一个假定的解读方案,即他们想让受众从文本中读到的东西。但受众不是必然接受甚至不是必然了解到这种预设的解读。受众也许会排斥它,而在他们的想法和文本的内容间作出一些妥协性的解释,或者用另一些解释来对抗

---

① [美]马克·波斯特(Poster,Mark):《第二媒介时代》,范静哗译,南京大学出版社2000年版,第13页。

② [美]约瑟夫·斯特劳巴哈、罗伯特·拉罗斯:《今日媒介:信息时代的传播媒介》,清华大学出版社2002年版,第12页。

文本的内容(Morley,1992)①这就是受众在面对大众传媒信息时特有的自主性,当然这种自主性的大小取决于受众本身的知识、素养、价值观和个人偏好等因素。

　　进入新信息时代,受众具有了更大的自主性。用 DV(数码摄像机)可以轻轻松松、随心所欲地拍下好看的风景、重要的时刻和生活中快乐的细节,即使做不了张艺谋也可以过一把当导演或摄像的瘾!利用数字化电视可以建立个人化的频道,预先录下好的节目等自己有了时间再舒舒服服地猫在沙发里看个天昏地暗!"交互"是一个越来越现实的词,有交互式电视、交互式电话、交互式光盘。交互意味着双向的交流,不断地接受和反馈信息、调整行动,这就是主体性或自主性的发挥!

　　更突出的是上网,新闻、资讯、专业论文、研究报告随意搜索;MSN、QQ、BBS,任你聊天和灌水。在传统的世界里,文字大多以印刷品的形式存在,写作是文化精英的事,普通人只有读的份,鲜有将自己的话语变成文字的权利。文人把持着文字,就像把持着玻璃旋转大门的门童,只允许少许持票者进入,让他们去舞文弄墨,去风花雪月,去进行自己的文字狂欢,而把大众排斥在门外,文字的霸权俨然文化的一种象征。然而在新信息时代,在网络里,人人都可以畅所欲言,个个都可以当"作家"、出"原创"!用文字表现真实,用语言表达幻想,用符号表现情绪。文字可以充满激情,也可以充满悲伤,甚至可以宣泄、责骂与愤慨,只要是在思考与表达!最大众化的是收发短信息,只要识字,人人都可以参与这个历史性的文化狂欢,只消手指按动,语言就会变成文字。短信息打破了那扇看似透明高雅却壁垒森严的玻璃门,让任何人可以出入自由。手机短信无疑是一种对以往文字把持世界的造反,是一种新形式的语言资源的"均贫富",也

---

　　①　[美]约瑟夫·斯特劳巴哈、罗伯特·拉罗斯:《今日媒介:信息时代的传播媒介》,清华大学出版社 2002 年版,第 40 页。

是对日益没落的文字制造者所把持的死气沉沉的文字空间的一种补氧。

总之,新信息技术为人的主体性发展创造了新的条件:(1)以交互性、虚拟性、学习性为标志的动作模式,以多边性、全时性、共享性为标志的机制特质,使人类实践的主体、客体、手段及结果均呈现出新的特点,并为人的主体性发展提供了更广阔的舞台。(2)信息化、知识化的实践客体提升了人的学习性、能动性、主宰性。(3)智能化、虚拟化、直接化的实践手段促进了人的开放性、平等性、交往性。正是在这个意义上,乐观论强调数字化技术提供了超越现实的各种可能性,使主体在数字化背景下,不断提升追求对象世界真善美的能力与水平。

马克·波斯特曾经批评阿多诺、霍克海默从未经明证的主体的自律/他律的二元律的立场出发,夸大了媒介的副作用,犯了现代理论传统的逻各斯中心主义的错误;也曾批评鲍德里亚过多地关注了播放媒介的独白性质,却没有给第二媒介时代的双向型、去中心化的媒介留有余地。事实上,新媒介不是消解了主体的主体性,而是在另一个层面上释放了人的自主能力,在大众狂欢的文化里,人们焕发了新的激情和活力。主体性不是落日的黄昏,而是冉冉升起的朝阳!

主体性的异化 新信息技术的发展为主体性的发挥建构了广阔的世界,但同时也产生了一些不和谐的音符,如主体性的异化,成为影响人类发展的乌云。所谓主体性的异化,是指随着计算机和网络等信息技术手段的广泛运用,使人所特有的主体性、主体力量异化为与人相对立的属性、力量和行为,如自我的碎片化、符号的异化、人对机器的依赖和电脑"黑客"的非理性行为等。

自我的分裂 实体社会中的统一自我是以身体为中心看待其周围环境的,是以自己的心灵为中心看待周围的他人;进入虚拟社会,身体也好、心灵也好,感性也好、理性也好,都不再是不可分割的亘古不变的东西,更不可能是统一于个体中心的牢不可破的整体。网络人格是各种个性的拼贴，自我转化为各种片段，所有的片段之间没有所谓的统一性，而且还可能是相互矛盾的。这在"泥巴（MUD）"游戏所建构的虚拟社区中表现最为明显，"'泥巴'让流动性、多重的身份概念得以实现，并将它发挥到极致。"①自我中心的消解意味着原有自我认同的崩溃，开始了由单一的自我向多重的自我、由固定不变的自我向流动变化的自我、由集中的自我向分散的自我、由整体的自我向片段的自我进行全面的分裂。网民使用电脑与网络的过程就是"拼凑"的过程，在一堆符号、文字与程序中搬来贴去，"先尝试一件事、再试别的事、建立连接、把不同的元素凑在一起"②没有了唯一正确的自我，只有按自己的意愿组合出的动态的自我。自我零散成碎片，人也非中心化地没有了自己的存在，无法感知自己与现实的切实联系，无法将此刻和历史乃至未来相依存，无法使自己统一起来，这是一个没有中心的自我，一个既有多种身份却又是没有身份的自我。人是语言的中心的看法业已失效。并非我们控制语言或我们说语言，相反，我们被语言所控制。不是"我在说话"而是"话在说我"。人从万物的中心终于退到连语言也把握不了而要被语言所把握的地步，其结果表现在艺术家那里，则是昔日那种写出"真理"、"终极意义"的冲动，退化为今日的无言。③ 不仅如此，网民还把自己实体社会的生活当做一个视窗，与虚拟社会多重自我中的每一个自我一样，现实中的我只不过是多个自我之一。个体所形成的各种自我，并不是一成不变的，而是不断变化、不断流动的。

　　符号的异化　符号是人类自觉创造的、用来认识和改造世界的手段和工具。一切符号本质上都是人的创造物，是人用来表

---

　　①　［美］雪莉·特克著，谭天等译：《虚拟化身：网络时代的身份认同》，远流出版事业股份有限公司 1998 年版，第 7 页。

　　②　同上书，第 77 页。

　　③　王岳川、尚水：《后现代主义文化与美学》，北京大学出版社 1992 年版，第 26 页。

达思想、情感、欲望、观念和控制客观对象的概念性手段和工具。然而,现在的问题是,人们所创造和使用的符号却成为控制人的一种异己的力量,其通过具有物质性存在形式的计算机和网络来控制人。然而,从本质上说,计算机之所以为计算机,网络之所以为网络,并不是因为其特殊的物质性硬件,而主要是因为其具有特殊的软件。软件既不是物质,也不是能量,它是某种类似于然而又不等于语言、艺术、符号、规则之类的东西,用西方有的哲学家所言,它是一种"具体的抽象"①,或者说是一种根据计算机语言的规则而编写的有序信息(或符号),正是这些有序的符号支持和控制着计算机和网络。从这个意义上说,计算机和网络对人的控制实质上是一种符号控制。最主要的表现是计算机和网络"只认号码不认人"。也就是说,人们只能按照计算机和网络的语言、代码和游戏规则行事,否则,机子要"死机",网络要"掉线",从而直接影响和控制人类认识世界和改造世界的现实生活过程。这样,使得本来是主体所创造和控制的符号机器,转而成为人的主人,成为人所创造的手段的手段。符号异化对主体最突出的危害是,它使主体逐渐真假易位和虚实不辨,尤其是在网络世界,主体以符号的形式出现,却经常被符号所迷惑并以符号形式迷惑对方,在符号的森林里迷失。

机器依赖症 新信息技术建构了新信息环境,人们在新信息时空里体验新的生活和感觉,网络及其所传播的信息成为我们所处时代的全部内容。但同时,技术力量的扩张也导致现代人过分地依赖于机器,离开了机器,人类似乎寸步难行。如一旦计算机和网络系统停止工作,银行就无法发挥作用;投资就无法进行;飞机只能停在地面;机票无法售出;报纸无法付印;库存不能盘点;账单不能汇出;越来越多的生产线必须停顿;国家很可能无法抵御敌人的突然进攻;原

---

① 杨富斌:《信息化认识系统导论》,军事科学出版社 2000 年版,第 268 页。

子弹可能会突然爆炸；而且计算机和网络还在不断扩张它们的领地，我们的家庭、工作场所和学校很快就会更多地依赖电子化的信息流。一旦丧失计算机和网络信息的稳定供应，儿童就无法学习，收支无法平衡，约会无法安排，税款无法支付，或许连饭菜都不能上桌了。①计算机和网络从最初的出现已经发展到人类若没有它们，一切皆难作为的境地。正因为如此，所谓计算机"千年虫"的问题，才造成当年的人心惶惶！

　　另一方面，是人们在思想深处对机器的依赖。虽然从表层看，信息传播在量和速度上大大提高，使我们的选择范围扩大了。但事实上，我们依然只是信息的被动的接受者，信息毕竟只是属于外在资源的范畴，信息的丰富程度并不能代替生存的智慧。随着信息化程度的提高，人们对计算机网络系统的依赖性也日益增强，人们的思维模式则越来越技术化和标准化，人们的求知模式越来越转向对单纯的、有形的信息和知识的获取，而忽视了对人自身的智慧和思想的追求。网络正在形成一种独特的文化类型，这种文化类型拥有自己的技术语言、自己的思维方式、自主的沟通标准，具有独特的生存状态，对人类表现出越来越大的统治功能，人在这种统治面前已经日益失去反抗的能力，慢慢失去主体思考的功能，成为网络的延伸和信息的载体。

　　黑客的异化　　最初的黑客是一批"少年英雄"，他们个个"身怀绝技"，有"侠义心肠"，是"电脑界"的"顶尖高手"。"在60年代和70年代，做一名计算机黑客是一件很荣耀的事情。它使人想到一个个智力超群、躁动不安的灵魂，为完善一个程序而彻底不眠，直到这一程序无法再完善为止。它意味着对电脑的全身心投入，这种投入可能被外人视为疯狂之举，但在黑客看来，却是自身生命的必然。""（黑客）这个带有褒义的词在60年代至70年代用来形容独立思考，然而

---

① 郝瑞庭、赖辉亮主编：《信息霍乱》，世界知识出版社1999年版，第34页。

却是奉公守法的计算机迷。"①正是这些英雄黑客的"行侠义举",计算机的发展才从"贵族式"的主机型电脑时代进入到"大众化"的个人电脑时代,从少数人"垄断信息"的时代进入到"信息共享"的时代。但到了80年代,新的一代盗用了"黑客"的名称,在新闻界的推波助澜下,黑客成了口令大盗和社会窃贼的代名词。公众对黑客的印象也由此改变,他们不再被视为无害的探索者,而是阴险恶毒的侵略者。② 黑客走上了"异化"之路。

标志黑客走上"异化"之路的一起重大轰动的事件就是1988年11月的互联网"蠕虫事件"。1988年11月2日下午5时1分59秒,美国康奈尔大学计算机系的研究生、23岁的罗伯特·泰潘·莫里斯将其编写的蠕虫程序输入计算机网络,在几小时内导致因特网堵塞。蠕虫程序感染了约6000台计算机,造成了包括航空航天局在内的一些军事基地及一些大学的计算机停止运行,直接经济损失估计在9600万美元以上。莫里斯因计算机欺诈和滥用罪成为依据美国1986年制定的计算机安全法被法院起诉的第一个计算机犯罪者。"莫里斯的蠕虫就像是计算机世界的一次大地震,引起巨大反响,震惊了全世界,引起了人们对计算机病毒的恐慌,也使更多的计算机专家重视和致力于病毒研究。"③现在,黑客和病毒已经成了网络的潜在危机。

有人说,正是因为新信息技术带来的种种异化现象,才造成了现代人的普遍孤独。这种孤独,既有感性的,也有理性上的。感性方面,指现代人由于有了新技术,可以做到足不出户,便疏于交往,宁愿将自己沉溺于由计算机、网络和现代影视建构的文化世界,而忽略了窗外的阳光、绿草、行人,忘记了外面精彩的世界。理性的孤独指现

---

① 胡泳、范海燕:《黑客——电脑时代的牛仔》,中国人民大学出版社1998年版,第58、59、62页。

② 同上书,第156页。

③ 张汉亭:《计算机病毒与反病毒技术》,清华大学出版社1996年版,第1页。

代人倾向于接收现成的信息或知识而过分依赖搜索引擎和引用信息的思维模式,理性的智慧被信息的海洋所淹没,理性的思考为"检索"所替代,造成创造性思维与创造性创作的困境。正是在这个意义上,才有了悲观论者关于信息化、数字化对人的主体性的压抑与束缚的论断。

作为自由的发展　信息化作为一个技术目标,与人的内在发展目标是有冲突的。信息化、数字化的存在逻辑和根本动力是张扬工具理性,它拥有自己的一套规则和条件;同时,人所具有的属人的、非理性的特征在数字化的生存境遇中,越来越渴望表达和实现。这种人文目的性与理性工具性的断裂始终保持着张力,矛盾双方暗含着彼此存在合法性的前提。

作为信息化的后果,新信息技术延伸了人类的感觉器官和思维器官,成为影响人类存在方式、生活世界及生存意义的巨大力量。在虚拟社会中,人的存在方式发生了重大变革,人的创造性获得了空前发挥,人的生存具有了前所未有的自由性、开放性和平等性,人们对虚拟社会的依赖性也越来越强。但同时也引发了许多新的代价,造成新的危机和悲剧。在虚拟社会中,人们在凭借高新技术获得发展、享乐、幸福、自由的同时,也常常被技术所束缚、所损害、所奴役。人们在享受虚拟实践带来的享乐、快意、自由的同时,又不得不忍受虚拟实践对计算机和网络、技术的过分依赖所造成的主体性的部分丧失;人们在轻而易举地使用别人设计的"软件"进行虚拟实践时,其自身的能动性、创造性却被"搁置"、"荒废"、"抑制",其智慧、悟性、判断力、创造力等都面临着不断蜕化的危险;人们感叹着当代技术革命的高歌猛进,自己却不论愿意与否也不得不努力适应技术升级;人们面对空前丰富的交往对象和空间,但过度的"虚拟交往"却往往成为人与人之间真正交流的障碍;人们直接面对海量的信息和可供选择的生存方式,却只能按照技术规定好了的方式去选择、交往和

实践，辨别能力、选择能力的"钝化"使人们竟然经常不知道自己的真正需要到底是什么。因此，人类在新技术面前往往会迷惘、彷徨，甚至有些不知所措。

但就本质而言，人的解放是人和人类社会的理想目标和必然归宿，即人类始终要摆脱自然力，摆脱异己的社会关系对人的限制和束缚。马克思曾从人的发展的角度，将社会发展划分为三大形态：一是人对人的依赖关系占统治地位的阶段。二是以物的关系为基础的人的独立性的阶段。三是建立在个人全面发展和他们共同的社会生产成为他们的社会财富这一基础上的自由个性阶段，在这一阶段，人将在自觉、丰富、全面的社会关系中获得自由而全面的发展，成为具有自由性的人。

而事实上，数字化、网络化、知识化和信息化是为人的自由而全面的发展创造了新的平台。时间以光速存在，空间以全球为舞台，以虚拟为补充，这种时空给予人充分发挥自由、主体性、创造性的技术手段，并且使人拥有更多的自由时间和空间。"时间是人类发展的空间"。这是马克思关于人的解放和全面发展条件的重要命题。数字化的快捷节约了大量的自由时间，它超出了人生必需的限制，以自身的全面发展、潜能的开发作为目的，使自身超越自然主体、生产主体，成为自由的社会主体。

而且，比特世界是一个解放心灵的自由空间。它抛弃了实体社会的线性时间和可预测的空间，创设了一个无边无界的具有无限包容性的赛博空间。这个空间并不具有物理意义上的边界与容量，它所容纳的也不是物质与能量。它给在实体社会中失落的心灵找到栖息地，给人们重建了精神家园。在抛开了实体社会的种种规限之后，人类精神具备了解放的可能，各种思想都可以找到自己的归宿，人们不再受现实的国家、民族、阶级等因素的制约，因为这些因素所造成的差异在比特世界已经被极大地消解掉了，人们可以尝试马克思所说的从"必然王国"到"自由王国"的过渡。

也许，人们所能选择的，就是在享受新技术的新体验的同时，不要忘了对技术本身的批判与反思，保持自己在技术上的独立与自主！

结语:新技术·新文化·新思维

　　以计算机、网络与通信技术为核心的新信息技术以毋庸置疑的霸权重构着人类的物质生活与精神世界。在物质层面,网络化重构了人类文化的新平台,数字化技术重塑着人类的信息媒介,信息化则作为世界范围内的政策取向推进着全球信息高速公路的建设。新技术建构了社会文化的新平台,建构了新的文化时空观,同时也导致了媒介的整合和新的媒介文化,至此,一种新的文化形态——新信息文化应运而生。

　　就本质而言,新信息文化的支撑点不是文字,不是宗教,不是建筑或艺术,也不是理念或道德,而主要是技术,是新信息技术带来的革命,建构了新信息文化。因此,从某种意义上说,新信息文化是一种新技术文化。基于新信息技术的新信息文化具有明显的技术特征和独特的精神气质。它以信息化的方式来运行,符号化、在线化、虚拟化是其基本方式。信息方式是一种全新的实践形式,其主要内涵就是从信息的角度看待世界、理解世界,并指导我们在世界中的行动。尽管信息论的初衷是减少不确定性和加强控制,信息方式却坦然地将其行动的基础建立在本身未必准确的信息之上。换言之,信息方式所关注的并不是信息在本体论意味的精确性,而是将信息置于复杂的闭环反馈系统之中,希望通过动态的相互作用,使信息具有有效性。信息方式的实践目标是有效性而不必然地等同于真理性,人们可以从似是而非的数据和消息中获得有价值的信息,而并不一味强调信息的逼真度或抱怨它们在占有信息方面的不对称地位。信息方式的前提并不是世界完整无误的本体论描述,而是在现有的实践能力的基础上用符号化的信息来表征世界,展现其真理性,这一过程正是世界信息化展现的过程。

信息化的运行方式赋予新信息文化新的精神气质,与传统的信息文化相比,新信息文化更具自由、开放与多元化的特征;在全球化的信息空间里,人类比以往任何时候都更能挥洒激情,体验创造、成功与快乐,人们已经习惯于将工作与娱乐、学习与游戏相融合,在游戏中生活,在网络中成长。这是一种大众狂欢的文化:缤纷的世界,表达的自由,游戏的疯狂,还有禁忌的快乐! 此外,新信息文化还表现了前所未有的精神性超越:从现实世界到虚拟空间的精神性超越,公共精神对私人精神空间的超越和博客精神与个体理性的现实性超越等。

新信息技术的发展令我们与风云的世界近在咫尺。我们轻易地得到越来越多的好消息与越来越惨的坏消息。伊拉克战争、9·11恐怖事件、3·11西班牙火车站大屠杀、哈马斯精神领袖亚辛被炸、"非典"、霍乱、禽流感、海啸、空难……从天灾到人祸,每个事件都那么触目惊心! 是世界变坏了吗,还是因为从前我们不知道世界与存在本身就是这般惨烈? 现代网络和宽带通信技术,令我们以光的速度了解世界,以数字化的清晰直面人生。面对风云的世界,我们需要一种生存的智慧!

在这之前,即在西方国家信息化的后工业社会之初,随着新技术革命的兴起,随着电视、电脑的普及,知识的迅速增长和信息的迅速膨胀使得旧有的知识体系破碎了,"知识是千变万化的"、"知识是无法控制的"、"没有什么东西是固定不变的和绝对可靠的",这些观念渗入到人们的思想中,对西方人旧有的世界观产生了革命性的冲击。面对汹涌而来的信息大潮,以传播知识为生的、对知识一向自信能确切把握其现实基础的知识分子也变得茫然不知所措了。特别是两次世界大战的血雨腥风,将人们心目中一切美好的信念(理性、人道主义)都摔得粉碎。韦伯"启蒙运动的玫瑰正不可挽回地消褪"的说法表达了整整一代人的消极情绪。对此,西方人采取的是后现代主义(post-modernism)的策略,这是 20 世纪下半叶西方社会具有重大影响的文化思潮。后现代主义可以从三个层面上加以理解:文学艺术上的后现代主义,社会文化上的后现代主义,哲学上的后现代主义。哲学上的后现代主义至今也没有一个公认的定义,但有一点是明确的:后现代哲学所讲的"后现代"主要不是指"时代化"意义上的一个历史时期,而是指一种思维方式。① 这种思维方式是以强调否定性、非中心化、破碎性、反正统性、不确定性、非连续以及多元性为特征的。王治河将这种思维方式形象地称之为"流浪者的思维"。因为流浪者流浪的过程就是不断突破、摧毁界线的过程。而后现代思维恰恰是以持续不断的否定、摧毁为特征的。这与始于笛卡尔的以肯定、建设为特征的现代主义哲学形成了明显的对照。哈桑在《后现代转向》一书中,比较了后现代主义和现代主义的区别,它具有几大特征:一是不确定性。它包括多元论、反叛、随机性、分化、模糊和破裂;二是破碎性。这包括综合和总体性的不信任;三是非正统性。对权威的挑战是其重要内容;四是非我性。抛弃将主体等同于实体的传统;五是内在性。反对超验性,强调心灵与语言的自生能力。哈桑反复强调后现代主义的一个核心特征是它的破坏性。用他自己的话说就是:"后现代主义总是毁弃他人已建构之物"。这是后现代主义的一个重要标志。正是在这个意义上,他将后现代主义界定为"摧毁"(unmaking)运动。纽曼也写道:"以各种系统的观点来看世界是一种非常二十世纪的态度;而把所有的体系都看成是易破易碎的,则是一种非常后现代的态度"。

　　以后现代主义的破坏性与摧毁性来对抗信息化社会的不确定

---

　　① 王治河:《扑朔迷离的游戏——后现代哲学思潮研究》,社会科学文献出版社 1993 年版,第 4 页。

性,或许是一种选择,但未必就是智慧的选择,正如以消极的态度对抗消极的状态无益于消极的消除一样,后现代主义除了随波逐流,似乎并没有触及信息化社会的根本问题,更无益于问题的解决。

新信息技术带来许多新的问题,如:符号的异化、身份的碎片化、自我的分裂;信息崇拜、机器依赖症、电子足迹与隐私的危机;信息空间文化多样性的问题、信息交往的困境、信息鸿沟的问题……应对这些问题无不需要一种选择的智慧!

譬如,互联网的出现,从根本上解决了人类信息稀缺的问题。但是,当互联网本身变成信息海洋的时候,人类不得不面临另一场新的挑战:超越信息洪流,将信息转化为知识。

赛博空间中,虚拟与真实交错,我们不太能分辨真实与虚幻;网络如同身份的制造车间,经历着身份的多重体验。面对网络中的人,我们甚至不能说清"他是谁?"正确的选择是:在真实身份与网际身份之间,既不要迷信网际身份,也不需揣摩其真实的面孔。正如 Marc Smith 和 Peter Kollock 所提出的两种态度:一种是将网络交往作为对物理时空的突破,把网友视为其真实社会网络的一部分;另一种态度是仅将赛博空间当成一种幻想(fantasy)空间,将网络中的行为当作游戏和演戏。在两种立场下,对在线身份的认识是完全不同的:前者的行为态度是"作为其所是"(intend to "be"),故推及他人的身份也应该是其所声称的身份人;后者的行为态度是"成为其所演"(intend to "perform"),推及他人的身份亦为其所幻想成为的身份。① 因此,对于网际身份来说,与其用真和假加以区分,不如以"作为其所是"和"成为其所演"进行区分。

博客的出现,标志着网络时代已经从"信息共享"阶段走向"思想共享"的阶段。如果说,早期的黑客代表了互联网技术野蛮的张力,

① Marc Smith, Peter Kollock, ed. Communities in Cyberspace. London: Routledge, 1999. 76-106;见《赛博空间的哲学探索》,第 118-119 页。

而博客则代表了重建互联网秩序的向往。在解构中建设，在离散中合作，在学习中开放，已成为博客对世界的关怀方式。他们展示的博客文体、博客行为和博客思想，将重新定义互联网的界限，改变我们生存的背景。博客的零进入壁垒，吸引了越来越多的人加盟，共行知识的狂欢；而博客身体的缺场，博客世界的自由性和无监督性，又使其面临着信息的真实性与可靠性的问题和道德上的合理性问题。解决这些问题，不仅需要博客的他律，同时也需要博客的自律，在他律与自律之间，保持一种张力，达到一种平衡……

科技改变生活与世界，它既是人类的福祉，也暗含某种破坏性甚至毁灭性的潜在后果。"科技与我们的经济并驾齐驱，我们则只能插上插头、上网、浏览、剪贴、把零碎信息拼凑起来。我们觉得有点不对劲，但没法下达指令修改。上瘾区令人精神空虚、不满而危险，可是人无力脱离，除非先明白自己置身此区之内"。①

约翰·奈斯比特在上世纪 90 年代就提出要以高思维应对高科技，科学与文化结合，寻求高思维的平衡，寻求人性的稳定。科技与文化的分离，无益于主体性的发展，在信息化技术高度发展的今天，更需要选择人文的情怀，温暖技术冰冷的身躯，滋润干涸的技术理性！

---

① ［美］约翰·奈斯比特等著：《高科技、高思维：科技与人性意义的追寻》，尹萍译，新华出版社 2000 年版《导论》第 3 页。

参 考 文 献

文化理论类：

1.［美］詹明信（Jameson，Fredric）著，张旭东编，陈清侨等译：《晚期资本主义的文化逻辑》（詹明信批评理论文选），北京生活·读书·新知三联书店，英国牛津大学出版社 1997 年。

2.［美］弗雷德里克·詹姆逊（Jameson，Fredric）著：《文化转向》，胡亚敏等译，中国社会科学出版社 2000 年。

3.［美］弗雷德里克·杰姆逊（Jameson，Fredric）、三好将夫编：《全球化的文化》，马丁译，南京大学出版社 2002 年。

4.［美］塞缪尔·亨廷顿（Huntington，Samuel P.）、劳伦斯·哈里森主编：《文化的重要作用——价值观如何影响人类进步》，程克雄译，新华出版社 2002 年。

5.史蒂文·康纳著：《后现代主义文化——当代理论导刊》，严忠志译，商务印书馆 2000 年。

6.［德］卡尔·曼海姆（Mannheim，Karl）著：《文化社会学论要》，刘继同、左芙蓉译，中国城市出版社 2002 年。

7.［英］约翰·R.霍尔、玛丽·乔·尼兹著：《文化：社会学的视野》，商务印书馆 2002 年。

8.［英］约翰·斯道雷（Storey，John）著：《文化理论与通俗文化导论》，杨竹山、郭发勇、周辉译，南京大学出版社 2001 年。

9.［美］戴安娜・克兰(Crane, D.)著:《文化生产 媒体与都市艺术》,赵国新译,译林出版社 2001 年。

10.［英］迈克・费瑟斯通(Featherstone, Mike)著:《消费文化与后现代主义》,刘精明译,译林出版社 2000 年。

11.［德］瓦尔特・本雅明(Benjamin, Walter)著:《机械复制时代的艺术作品》,王才勇译,中国城市出版社 2002 年。

12.［英］C. P. 斯诺(Snow, Charles Percy)著:《两种文化》,纪树立译,北京三联书店 1994 年。

13.［美］罗蒂著:《后哲学文化》,黄勇编译,上海译文出版社 1992 年。

14.［美］丹尼尔・贝尔著:《资本主义文化矛盾》,赵一凡等译,北京三联书店 1989 年。

15.［美］欧文・拉兹洛编:《多种文化的星球》,戴侃、辛未译,社会科学文献出版社 2001 年。

16.［英］戴维・赫尔德等著:《全球大变革 全球化时代的政治、经济与文化》,杨雪冬等译,社会科学文献出版社 2001 年。

17.［美］C. 恩伯、M. 恩伯著:《文化的变异——现代文化人类学通论》,杜杉杉译,刘钦审校,辽宁人民出版社 2003 年。

18.［美］罗兰・罗伯森:《全球化:社会理论和全球文化》,梁光严译,上海人民出版社 2000 年。

19.［美］怀特著:《文化科学 人和文明的研究 》,曹锦清等译,浙江人民出版社 1988 年。

20.［德］彼得・科斯洛夫斯基著:《后现代文化——技术发展的社会文化后果》,毛怡红译,中央编译出版社 1999 年。

21.［英］汤林森著:《文化帝国主义》,冯建三译,上海人民出版社 1999 年。

22.［波兰］弗・兹纳涅茨基著:《知识人的社会角色》,郑斌祥译,译林出版社 2000 年。

23. [美]怀特(White, L. A.)著:《文化的科学 人类与文明研究》,沈原等译,山东人民出版社 1988 年。

24. 罗钢、刘象愚主编:《文化研究读本》,中国社会科学出版社 2000 年。

25. 柴庆云、陈兴超等著:《信息文化——人类文明的新形态》,军事科学出版社 2002 年。

26. 上海中西哲学与文化比较研究会编:《20 世纪末的文化审视》,学林出版社 2000 年。

27. 衣俊卿著:《文化哲学 理论理性和实践理性交汇处的文化批判》,云南人民出版社 2001 年。

28. 胡潇著:《文化的形上之思》,湖南美术出版社 2002 年。

29. 杨善民、韩锋著:《文化哲学》,山东大学出版社 2002 年。

30. 司马云杰:《文化价值论——关于文化建构价值意识的学说》,陕西人民出版社 2003 年。

31. 王跃:《变迁中的心态》,湖南教育出版社 2000 年。

32. 司马云杰著:《文化悖论 关于文化价值悖谬及其超越的理论研究》,陕西人民出版社 2003 年。

33. 刘大椿、吴向红著:《新学苦旅 科学·社会·文化的大撞击》,江西高校出版社 1995 年。

34. 刘大椿、吴向红著:《新学苦旅 中国科学文化兴起的历程》,广西师范大学出版社 2003 年。

35. 洪晓楠著:《文化哲学思潮简论》,上海三联书店 2000 年。

36. 龚友德著:《原始信息文化:少数民族记事表意方式》,云南人民出版社 1996 年。

37. 卢泰宏著:《信息文化导论:IT 会带来什么》,吉林教育出版社 1990 年。

媒介理论类：

38.［美］丹尼尔·杰·切特罗姆著：《传播媒介与美国人的思想：从莫尔斯到麦克卢汉》，曹静生、黄艾禾译，中国广播电视出版社1991年。

39.国际交流问题研究委员会编写：《多种声音，一个世界 交流与社会、现状和展望》，中国对外翻译出版公司第二编译室译，中国对外翻译出版公司1981年。

40.［美］约书亚·梅罗雄茨著：《消失的地域：电子媒介对社会行为的影响》，肖志军译，清华大学出版社2002年。

41.［加］埃里克·麦克卢汉（Mcluhan，E.）、弗兰克·秦格龙编：《麦克卢汉精粹》，何道宽译，南京大学大学出版社2000年。

42.［加］马歇尔·麦克卢汉著：《理解媒介—— 论人的延伸》，何道宽译，商务印书馆2000年。

43.［美］马克·波斯特（Poster，Mark）著：《第二媒介时代》，范静哗译，南京大学出版社2000年。

44.［美］马克·波斯特著：《信息方式—后结构主义与社会语境》，范静哗译，商务印书馆2000年。

45.［英］尼克·史蒂文森（Stevenson，Nick）著：《认识媒介文化——社会理论与大众传播》，王文斌译，商务印书馆2001年。

46.［加］德克霍夫著：《文化肌肤 真实社会的电子克隆》，汪冰译，河北大学出版社1998年。

47.［美］摩尔著：《皇帝的虚衣—因特网文化实情》，王克迪、冯鹏志译，河北大学出版社1998年。

48.［英］尼克·史蒂文森著：《认识媒介文化》，商务印书馆2001年。

49.［英］戴维·莫利（Morley，David）、〔英］凯文·罗宾斯著：《认同的空间——全球媒介、电子世界景观与文化边界》，司艳译，南京大学出版社 2001 年。

50.[加]哈罗德·伊尼斯著:《帝国与传播》,何道宽译,中国人民大学出版社 2003 年。

51.[美]派卡·海曼(Himanen,Pekka)著:《黑客伦理与信息时代精神》(The Hacker ethic and the spirit of the information age),李伦等译,中信出版社 2002 年。

52.[美]罗杰·菲德勒(Roger Fidler)著:《媒介形态变化—认识新媒介》(Media morphosis Understanding new media),明安香译,华夏出版社 2000 年。

53.[英]尼古拉斯·阿伯克龙比 N.(Abercrombie,Nicholas)著:《电视与社会》,张永喜、鲍贵等译,南京大学出版社 2001 年。

54.[美]保罗·利文森(Levinson,Paul)著:《软边缘:信息革命的历史与未来》,熊澄宇等译,清华大学出版社 2002 年。

55.张穗华主编:《媒介的变迁》,中国对外翻译出版公司 2002 年。

56.熊澄宇编选:《媒介与创新思维》,清华大学出版社 2001 年。

57.张咏华著:《媒介分析:传播技术神话的解读》,复旦大学出版社 2002 年。

58.陆俊著:《重建巴比塔　文化视野中的网络》,北京出版社 1999 年。

59.江潜著:《数字家园:网络传播与文化》,复旦大学出版社 2001 年。

60.曾国屏等著:《赛博空间的哲学探索》,清华大学出版社 2002 年。

61.陈晓云著:《众人狂欢:网络传播与娱乐》,复旦大学出版社 2001 年。

62.程乐华著:《网络心理行为公开报告》,广东经济出版社 2002 年。

63. 严耕、陆俊著:《网络悖论——网络的文化反思》,国防科技大学出版社 1998 年。

64. 李河著:《得乐园·失乐园——网络与文明的传说》,中国人民大学出版社 1998 年。

65. 吴伯凡著:《孤独的狂欢——数字时代的交往》,中国人民大学出版社 1998 年。

66. 方兴东、王俊秀著:《博客:E 时代的盗火者》,中国方正出版社 2003 年。

67. 汪天云著:《电视社会学研究》,上海三联书店 1998 年。

68. 项翔著:《近代西欧印刷媒介研究—从古腾堡到启蒙运动》,华东师范大学出版社 2001 年。

技术、科学、知识与社会:

69. 尼科·斯特尔著:《知识社会》,殷晓蓉译,上海译文出版社 1998 年。

70. [美]曼纽尔·卡斯特(Castells, Manuel)著:《网络社会的崛起》(The Rise of the network society),夏铸九、王志弘等译,社会科学文献出版社 2001 年。

71. 曼纽尔·卡斯特著:《千年终结》(End of millennium),夏铸九、黄慧琦等译,社会科学文献出版社 2003 年。

73. [美]曼纽尔·卡斯泰尔(Castells,Manuel)著:《信息化城市》,崔保国等译,江苏人民出版社。

74. [美]威廉·J.米切尔(Mitchell,William J.)著,《比特之城空间·场所·信息高速公路》,范海燕、胡泳译,北京生活·读书·新知三联书店 1999 年。

75. [法]西蒙·诺拉、阿兰·孟克著:《社会的信息化》,商务印书馆 1985 年。

76. [法]R.舍普著:《技术帝国》,刘莉译,北京生活·读书·新知三联书店 1999 年。

77.〔美〕比尔·盖茨著:《未来时速》,北京大学出版社 1999 年。

78.〔美〕保罗·莱文森著:《数字麦克卢汉 信息化新纪元指南》,何道宽译,社会科学文献出版社。

79.埃瑟·戴森:《2.0 版数字化时代的生活设计》,胡泳、范海燕译,海南出版社 1998 年。

80.〔美〕约翰·阿奎拉、戴维·伦菲尔德等著:《决战信息时代》,宋正华等译,吉林人民出版社 2001 年。

81.〔美〕乔治·吉尔德(Gilder,George)著:《通信革命 无限带宽如何改变我们的世界》,姚毅译,上海译文出版社 2003 年。

82.〔加〕约翰·索普著:《信息悖论——信息技术的商业利益》,陈劲主译,1999 年。

83.吴国盛著:《科学的历程》,北京大学出版社 2002 年。

84.孔昭君编著:《网上漫步——进入信息高速公路》,黑龙江科学技术出版社 2000 年。

85.周兴铭、徐明著:《信息化社会的基石》,清华大学出版社、暨南大学出版社 2000 年。

86.李衍达编著:《信息世界漫谈》,清华大学出版社、暨南大学出版社 2000 年。

87.田惠生、罗新民、王 霞编著:《现代社会的神经系统——通信技术》,陕西科学技术出版社 2000 年。

88.高策、刘大椿著:《跨越界线走向圆融——关于当代科技革命与人文关怀的思考》,山西科学技术出版社 2003 年。

89.刘大椿、段伟文著:《转型驱动力——现代科技革命与社会变革》,江西高校出版社 2001 年。

90.段伟文著:《被捆绑的时间——技术与人的生活世界》,广东教育出版社 2001 年。

91.湘成著:《信息代表什么——信息科学与人文视野》,安徽教

育出版社 2002 年。

92. 胡心智、陈雷、王恒桓著:《信息哲学——E 时代的感悟》,军事科学出版社 2003 年。

93. 蒋录全著:《信息生态与社会可持续发展》,北京图书馆出版社 2003 年。

94. 姜奇平著:《数字财富》,海洋出版社 1999 年。

95. 张旭梅、黄河、刘飞编著:《敏捷虚拟企业——21 世纪领先企业的经营模式》,科学出版社 2003 年。

96. 游五洋、陶青著:《信息化与未来中国》,中国社会科学出版社 2003 年。

97. 董焱著:《信息文化论——数字化生存状态冷思考》,北京图书馆出版社 2003 年。

98. 林坚著:《从书海到网路——科技传播的演进》,江西高校出版社 2002 年。

99. 王前著:《技术现代化的文化制约》,东北大学出版社 2002 年。

100. 张雷著:《注意力经济学》(Attention economy),浙江大学出版社 2002 年。

101. 吴国盛著:《让科学回归人文= Science VS humanism Interlocution》,江苏人民出版社 2003 年。

102. 邹德秀著:《500 年科技文明与人文思潮》,科学出版社 2002 年。

哲学理论类:

103.[美]迈克尔·海姆(Michael Heim)著:《从界面到网络空间——虚拟实在的形而上学》,金吾伦、刘钢译,上海科技教育出版社 2000 年。

104.[法]让·博德里亚尔(Baudrillard, Jean)著:《完美的罪

行》，王为民译，商务印书馆 2000 年。

105.[苏]格·姆·达夫里扬著:《技术·文化·人》，薛启亮、易杰雄等译，河北人民出版社 1987 年。

106.[法]让·拉特利尔(Ladriere,Jean)著:《科学和技术对文化的挑战》，吕乃基等译，商务印书馆 1997 年。

107.[德]冈特·绍伊博尔德(Seubold,Gunten)著:《海德格尔分析新时代的技术》，宋祖良译，中国社会科学出版社 1993 年。

108.吴冠军著:《多元的现代性——从 9·11 灾难到汪晖"中国的现代性"论说》，上海三联学术文库 2002 年。

109.常士闫著:《政治现代性的解构——后现代多元主义政治思想分析》，天津人民出版社 2001 年。

110.[德]恩斯特·卡西尔著:《人论》，上海译文出版社 1985 年。

111.[英]安东尼·吉登斯(Giddens,A.)著:《现代性的后果》，田禾译，译林出版社 2000 年。

112.[德]乌尔里希·贝、[英]安东尼、吉登斯著:《自反性现代化(现代社会秩序中的政治、传统与美学)》，商务印书馆 2001 年。

113.[美]斯蒂文·贝斯特(Best,Steven)、道格拉斯·凯尔纳著,张志斌译:《后现代理论(批判性的质疑)》，中央编译出版社 1999 年。

114.[美]斯蒂芬·贝斯特(Best,Steven)、[美]道格拉斯·科尔纳著:《后现代转向》，陈刚等译，南京大学出版社 2002 年。

115.[美]马泰·卡林内斯库著:《现代性的五副面孔》，顾爱彬、李瑞华译，商务印书馆 2002 年。

116.[美]桑德拉·哈丁著:《科学的文化多元性——后殖民主义、女性主义和认识论》，夏侯炳、谭兆民译 ，江西教育出版社 2002 年。

117.[美]特雷西著:《诠释学·宗教·希望——多元性与含混性》，冯川译，上海三联书店 1998 年。

118.[英]汤因比等著:《历史的话语—现代西方历史哲学译文集》,张文杰编,广西师范大学出版社 2002 年。

119.[美]卡尔·博格斯著:《知识分子与现代性的危机》,李俊、蔡海榕译,江苏人民出版社 2002 年。

120.[美]大卫·格里芬编:《后现代精神》,王成兵译,中央编译出版社 1998 年。

121.[法]让·波德里亚著:《消费社会》(La societe de consommation),刘成富、全志钢译,南京大学出版社 2001 年。

122.[德]哈贝马斯(Habermas, Jurgen)著:《作为"意识形态"的技术与科学》[Technik und Wissenschaft als "Ideologie"],李黎、郭官义译,学林出版社 1999 年。

123.[美]丹·希勒著:《数字资本主义》,杨立平译,江西人民出版社 2001 年。

124.[美]N.维纳著:《人有人的用处—控制论和社会》,陈步译,商务印书馆 1989 年。

125.[美]卡尔·米切姆著:《技术哲学概论》,殷登祥、曹南燕等译,天津科学技术出版社 1999 年。

126.包亚明主编:《现代性与空间的生产》,上海教育出版社 2002 年。

127.邬琨著:《信息认识论》,中国社会科学出版社 2002 年。

128.俞吾金等著:《现代性现象学——与西方马克思主义者的对话》,上海社会科学院出版社 2002 年。

129.郭湛著:《主体性哲学——人的存在及其意义》,云南人民出版社 2002 年。

130.陈嘉明著:《现代性与后现代性》,人民出版社 2001 年。

131.王治河著:《扑朔迷离的游戏—后现代哲学思潮研究》,社会科学文献出版社 1993 年。

132.董耀鹏著:《人的主体性初探》,北京图书馆出版社 1996 年。

133. 刘安刚著:《意义哲学纲要》,中央编译出版社 1998 年。

134. 杜小真、张宁主编:《德里达中国讲演录》,中央编译出版社 2003 年。

135. 傅永军等著:《批判的意义——马尔库塞、哈贝马斯文化与意识形态批判理论研究》,山东大学出版社 1997 年。

136.〔美〕马尔库塞(Marcuse, H.)著:《单向度的人——发达工业社会意识形态研究》,刘继译,上海译文出版社 1989 年。

137. 周向军、傅永军主编:《控制与反抗》,泰山出版社 1998 年。

138. 傅永军、王元军、孙增霖著:《批判的意义——马尔库塞、哈贝马斯文化与意识形态批判理论》,山东大学出版社 1997 年。

139. 张义兵著:《逃出束缚》,北京师范大学出版社 2003 年。

140. 胡心智、陈雷、王恒桓著:《信息哲学——E 时代的感悟》,军事科学出版社 2003 年。

141. 刘大椿著:《在真与善之间 科技时代的伦理问题与道德选择》,中国社会科学出版社 2000 年。

142. 吴国盛著:《时间的观念》,中国社会科学出版社 1996 年。

143. 吴国盛著:《希腊空间概念的发展》,四川教育出版社 1994 年。

144. 王维国著:《论知识的公共性维度》,中国社会科学出版社 2003 年。

145. 鲍宗豪著:《数字化与人文精神》,上海三联书店 2003 年。

文章:

146. 刘大椿、刘永谋:《技术现代性与文化现代性的困惑——以虚拟现实及其沉浸性为例》,《江苏社会科学》2003 年第 3 期。

147. 刘大椿、张星昭:《网络伦理的若干视点》,《教学与研究》2003 年第 7 期。

148. 陈志良:《虚拟:人类中介系统的革命》,中国人民大学学报

2000 年第 3 期。

149. 陈志良:《虚拟:人类中介系统的革命》,中国人民大学学报 2000 年第 4 期。

150. 陈志良:《虚拟,哲学必须面对的课题》,《光明日报》2000 年 1 月 18 日。

151. 陈志良:《现实与创造——张世英与陈志良访谈录》,《中国人民大学学报》2001 年第 3 期。

152. 张世英:《哲学的新方向》,《北京大学学报》1998 年第 2 期。

153. 齐鹏:《论网络时代的感性》,中国人民大学学报,2002 年 2 期年。

154. 陈志良:《观念方式的变革:从区域性走向全球性通则》,《新思路》2002 年第 2 期。

155. 邴正:《全球化与文化发展》,《哲学研究》1998 年第 12 期。

156. 南帆:《双重视野与文化研究》,《读书》2001 年第 4 期。

157. 胡心智:《信息网络技术的哲学思考》,《马克思主义与现实》1998 年第 5 期。

158. 刘悦迪:《论哈贝马斯"生活世界"的意蕴》,《河北学刊》2002 年第 3 期。

159. 任皑:《哈贝马斯"生活世界"学说管窥》,《马克思主义研究》2002 年第 4 期。

160. 孙正聿:《恢复"爱智"本性的新世纪哲学》,中国学术期刊网。

161. 沈阳:《论信息技术文化》,云南师范大学学报,1999 年第 3 期。

162. 陈晓明:《时尚文化:生活中可以承受之"轻"》,jyw.com.cn(精英网),2004 年 5 月 19 日。

英文文献：

163. Howard Rheingold. [monograph], Smart mobs : the next social revolution /Cambridge, MA : Perseus Pub. , c2003 (2002 printing).

164. Howard Rheingold. [monograph],The virtual community : homesteading on the electronic frontier, Cambridge, Mass. : MIT Press, 2000.

165. Cf, Electronic Privacy Information Center, Privacy and Human Rights 1999:An International Survey of Privacy Laws and Developments.

166. Raymond,"How to Become a Hacker"(1999).

167. Rebecca Blood, We've Got Blog : How Weblogs Are Changing Our Culture, Perseus Publishing,2002.

168. Meyrowitz, Joshua,No Sense of Place: The Impact of the Electronic Media on Social Behavior.

169. Beniger,James Ralph, The control revolution : technological and economic origins of the information society. [Monograph] , Cambridge, Mass. : Harvard Univ. Pr. , 1986.

170. Shapiro, Andrew L. ., The control revolution : how the Internet is putting individuals in charge and changing the world we know / Andrew L. Shapiro. [monograph] , New York : PublicAffairs, c1999.

177. Martin Rieser (Editor), Andrea Zapp (Editor); New Screen Media: Cinema / Art / Narrative , BFI (British Film Institute) Publishing Paperback-April 2002.

178. David Gauntlett (Editor),Web. studies: Rewiring Media Studies for the Digital Age.

参
考
文
献

179. Sut Jhally, Communications and the materialist conception of history: Marx, Innis and technology.

180. Ebersole, Samuel, Media Determinism in cyberspace.

181. Daniel Chandler, Imagining Futures, Dramatizing Fears: The Portrayal of Technology in Literature and Film.

182. Roman Onufrijchuk, Introducing Innis/McLuhan concluding: The Innis in McLuhan's "System".

183. Daniel Chandler, Marxist Media Theory.

184. Jonathan Goldstein, Neil Postman's Criticisms of the Television Medium.

185. Marie Gibert, Watching Television or Film as an Active Process of Interpretation.

186. Emma Cerrone, Mobile Phone Users: A Small-Scale Observational Study.

187. Michael Heim, Reflections on the computer screen.

188. The Economist. "The Accidental Superhighway: A Survey of the Internet" July 1, 1995, http://www. economist. com/internet. htm⟩.

189. Julian Dibbell's ,'Rape in Cyberspace,' in Flame Wars.

http://www. ludd. luth. se/mud/aber/articles/village _ voice. html

190. Mark Poster's 'Cyberdemocracy: Internet and the Public Sphere.'

http://joshua. hnet. uci. edu/mposter/writings/democ. html.

191. John Perry Barlow : "Crime and Puzzlemen",

gopher://wiretap. spies. com/00/Library/Cyber/barlow. txt.

192. John Perry Barlow: "Decrypting the Puzzle Palace," from *Communications of the ACM*, June, 1992.

http：//www. eff. org/pub/Publications/John_Perry_Barlow/
TML/decrypting_puzzle_palace. html.

193. Neutopia："The Feminization of Cyberspace"，Pittsburgh：
English Server，1994.

http：//rescomp. stanford. edu/binder/feminism. html

主要参考网站：

http：//www. culstudies. com/(文化研究：中国与西方)

http：//www. xslx. com/htm/xslx/(学术)

http：//www. magic. ca/mcl-prj/(麦克卢汉)

http：//www. mcluhan. ca/mcluhan(麦克卢汉)

http：//www. discovery. org/Gilder/ggindex. html(吉尔德)

http：//www. seas. upenn. edu/gajl/ggindex. html(吉尔德)

http：//www. mheim. com/(迈克尔·海姆)

http：//www. blogchina. com/(博客中国)

http：//joyfire. net/jln/project/7. html(埃里克·雷蒙德 Eric
Raymond 的五部曲)

http：//www. jish. nu/webloggers(最佳博客网链)

Http：//www. digiblog. org(数字部落)

Http：//www. cnblog. org(Cnblog 中文心得集)

http：//www. drudgereport. com(德拉吉报道)

http：//weblog. siliconvalley. com/column/dangillmor/(丹·吉
尔默 Dan Gillmor)

http：//www. ccidnet. com/赛迪网

http：//www. cnet news. com

http：//www. smartmobs. com/index. html

http：//www. unirule. org. cn/(中国学术城)

http：//www. beida-online. com/(北大在线)

http://www.cybertranslator.idv.tw/(网络翻译家)

http://www.wired.com/wired/(连线杂志)

http://www.unirule.org.cn/(天则经济研究所)

http://informationr.net/ir/5-3/paper77.html(Business Information Culture)

http://www.aber.ac.uk/media/sections/influ05.html

http://www.regent.edu/acad/schcom/rojc/mdic/md.html

http://wwwmcc.murdoch.edu.au/

http://www.users.interport.net

http://www.wenxue.com/

http://www.unesco.org/general/chi/

http://www.mii.gov.cn/mii/index.html

http://wwwmcc.murdoch.edu.au/

后　记

本书是在我的博士学位论文《新信息文化论》基础上整理而成的。对以往文字的梳理亦是对过去生活的一种回忆，字里行间，常常自然地回想起攻读博士学位时在校园学习生活的点点滴滴！

我于 2001 年 9 月考入中国人民大学哲学系，师从著名学者刘大椿先生研究科学技术哲学，2004 年 6 月通过学位论文答辩如期毕业并获哲学博士学位。三年的博士学习生活，使我从一名普通的高校行政管理人员慢慢向学术研究型人员转型。在中国人民大学浓郁的学术氛围里，我每天都欣喜地期待与各种新的学术信息的相遇与碰撞。在导师的指引下，我对科技哲学、经济哲学、科学社会学、知识社会学等学科始终保持着浓厚的兴趣，广泛阅读了相关书籍。但最终我把博士论文定位于新信息文化研究，首先是因为我认为科学技术哲学不仅应在理论思辨的层面，而且应在实践运作的层面，对最新的技术与社会问题做出回应；其次是因为新信息技术是当下与人类社会关系最为密切的技术，它深深地改变了人类的物质生活空间和精神世界。面对新信息技术及其引发的新现象、新问题，需要一种选择的智慧。选择意味着存在多种可能性，而可能性的多样性与多元化，则为研究提供了无限的空间，这就是论题的魅力所在；也是我在论文写作结束之后，感觉不是厌倦而是依然意犹未尽的原因所在。

恩师刘大椿教授在我研究与写作的过程中给予精心的指导，从论文选题、提纲设计、谋篇布局乃至观点的斟酌，都予以精心的指导与帮助。在跟随先生学习的三年中，常常感叹先生思想的深邃、逻辑的严谨与文笔中流淌的智慧与大气。师母与先生相濡以沫,她慈祥的笑容如同阳光温暖着我们的心。

　　三年的人大学习经历令我有更多的机会聆听知名学者的学术讲座,同时也结识了许多良师益友,并得到他们的热心指导和帮助,每每回忆往昔,感恩之情油然而生:中国人民大学哲学系的欧阳志远教授、王鸿生教授、何立松教授对我的专业学习与论文写作给予了重要指导和帮助;殷登祥研究员、赵汀阳研究员、王德胜教授、胡新和教授、吴国盛教授、陈禹教授和赵建军教授在对论文进行评阅和担任本人博士学位答辩委员会委员时,给文章予充分的肯定,并提出了极其宝贵的修改意见,师长们的关心与关注始终是我不断前行的推动力!

　　我是一个生于南方、长于南方的广西人,三年的北方生活为我浓郁的南方经历增添了别样的色彩。即使现在我已经回到了南方,却依然时想起 2001 级哲学博士班的同学们,想念情同手足的同门师兄弟妹王伯鲁、刘劲杨、林振玮、邬晓燕……,想念我的同屋海鸥、挚友孙璐、高鸿、学明……,想念羽毛球队的球友们……我们共同经历了学习的愉悦、"非典"的焦虑和论文写作的艰辛与憔悴!

　　本书是我的第一本学术专著,在书稿付梓之际,特别感谢我的硕士导师梁国钊教授和范旭教授,是他们把我带上了学术探求之路!他们对事业的执著追求至今仍深深地激励着我,尤其是梁国钊教授,虽然已近古稀之年,却依然笔耕不止,佳作倍出,令我备受鼓舞,也常常自叹惭愧!

　　感谢培养我的母校——广西大学!我于 1990 年 9 月考入哲学系就读哲学本科专业,至今已经走过了十七个春夏秋冬。十七年来,学校的自然环境和人文环境发生了巨大的变化,我也相继完成了本科、硕士研究生和博士研究生的学业,从一名普通的大学生成长为一名以教书育人为己任的大学教师,在这成长的历程中,我得到了许多师长、同事的关心和帮助,也得益于学校建设与发展的种种新变革,这令我在内心深处对学校常怀一份特殊的眷恋与感激之情! 本书的出版得到了学校"211工程"、"十一五"建设项目的大力支持,在此谨对关心和支持包括本书在内的科技哲学系列丛书出版的学校领导和学院领导表示深深的谢意!

本书的出版,得到了人民出版社的大力支持,邓仁娥女士为此做了大量热情而富有成效的工作,在此致以衷心的感谢!

最后,谨以此书献给默默支持与关爱我的家人,他们的目光与牵挂始终是伴我前行的力量! 特别献给我们刚刚出生的甜甜宝宝,祝愿宝宝从此拥有健康、快乐和充满才智的人生!

陆 秀 红

2007 年 8 月 28 日于广西大学西园

后 记

责任编辑:邓仁娥
装帧设计:周涛勇
版式设计:程凤琴

图书在版编目(CIP)数据

数字化变革中崛起的新信息文化/陆秀红 著.
-北京:人民出版社,2007.9
ISBN 978-7-01-006452-9

Ⅰ.数… Ⅱ.陆… Ⅲ.信息学:文化学-研究 Ⅳ.G201

中国版本图书馆 CIP 数据核字(2007)第 12951 号

数字化变革中崛起的新信息文化
SHUZIHUA BIANGE ZHONG JUEQI DE XIN XINXI WENHUA

陆秀红 著

人民出版社 出版发行
(100706 北京朝阳门内大街 166 号)

文林印务有限公司印刷 新华书店经销

2007 年 9 月第 1 版 2007 年 9 月北京第 1 次印刷
开本:787 毫米×960 毫米 1/16 印张:18.25
字数:280 千字 印数:0,001-3,000 册

ISBN 978-7-01-006452-9 定价:34.00 元

邮购地址 100706 北京朝阳门内大街 166 号
人民东方图书销售中心 电话 (010)65250042 65289539